ANIMATION
DE GROUPES

Approche théorique
et pratique
pour une participation
optimale

DANIEL BOISVERT

FRANÇOIS COSSETTE

MICHEL POISSON

2003

Presses Inter Universitaires
C.P. 36, Cap-Rouge (Québec)
Canada G1Y 3C6

Canada *Nous reconnaissons l'aide financière du gouvernement du Canada par l'entremise du Programme d'Aide au Développement de l'Industrie de l'Édition (PADIÉ) pour nos activités d'édition.*

Conception de la couverture: Mono-Lino

Infographie: Production André Ayotte inc.

ISBN 2-89441-021-2

Dépôt légal: 3e trimestre 1995
5e impression, janvier 2003
Bibliothèque nationale du Québec
Bibliothèque nationale du Canada

IMPRIMÉ AU CANADA

Remerciements

Le projet d'écrire un livre prend habituellement naissance dans la tête d'une première personne. Il se développe toutefois avec l'aide d'une multitude d'autres personnes qui aident avec leurs idées, leur travail de recherche et leurs commentaires, aux différentes étapes de sa réalisation. Qu'il nous soit permis de souligner le travail de quelques collaborateurs qui ont contribué à faire de ce projet une réalité.

Nous voulons d'abord remercier Nadine Tremblay, Hélène Poirier, Colette Durocher, Paule Giasson, Nathalie Boudreau et François Caron qui ont fouillé, à maintes reprises, les recoins de plusieurs bibliothèques à la recherche d'informations pertinentes. L'analyse documentaire qui a suivi, à chaque fois, cette recherche « sur le terrain », a toujours eu un effet positif sur la qualité de cet ouvrage.

Plusieurs étudiants et étudiantes des cours d'animation en groupes restreints, donnés depuis déjà quelques années, ont également participé à la réalisation de ce projet. Ils ont notamment questionné la présentation théorique de cet ouvrage et vécu avec enthousiasme les simulations proposées, tout en formulant sur elles un jugement critique. Nous les remercions pour la générosité dont ils ont fait preuve en formulant leurs questions ainsi qu'en insistant pour obtenir une réponse satisfaisante. Merci aussi pour les commentaires visant à l'amélioration du contenu et de la facture de cet ouvrage.

Merci également à mesdames Ghislaine Fabre, Colette Magnan, Thérèse Roberge et Lisette Gélinas qui ont lu et relu à plusieurs reprises les textes que nous leur transmettions et qui ont su leur donner une forme de haute qualité sans jamais se plaindre du travail parfois ingrat de la dactylographie. Leur collaboration a été plus que précieuse.

Table des matières

Liste des tableaux

Liste des figures

Introduction

La participation à des équipes ou à des groupes est reconnue aujourd'hui comme un phénomène majeur aux retombées importantes, tant pour les individus eux-mêmes que pour leur collectivité. Elle est devenue plus qu'un simple moyen de coordonner l'ensemble des actions individuelles en vue de la réalisation d'une mission collective, bien que l'on concède facilement le fait que la coordination des efforts de chacun soit une condition *sine qua non* à la quantité et à la qualité de la production d'un groupe ou d'une communauté. La participation est un mode de vie, qui s'est enraciné dans nos us et coutumes, à un point tel qu'elle s'est transformée en norme qui guide maintenant nos comportements socio-culturels. On ne saurait, par exemple, considérer le devenir d'un peuple, le développement d'une institution publique ou le progrès d'une entreprise, sans faire appel à ce mouvement d'ensemble qu'est la participation de ses membres.

La participation est aussi plus qu'une méthode pédagogique différente destinée à soutenir l'enseignant dans sa tâche d'éducateur. La participation est une manière d'apprendre par et avec ses semblables en tant que partie dynamique d'une totalité tout aussi dynamisante. Qu'est-ce que j'apprends avec les autres? Comme membre d'un groupe, j'apprends notamment à développer et à exploiter mes compétences sociales et ainsi à développer la qualité de ma vie en collectivité et celle des autres.

Un grand nombre de personnes prennent conscience, au quotidien, de la nécessité et de l'importance de ce mode de vie participatif. Nous avons tous une certaine idée de la participation, et ce, quel que soit notre degré d'implication et quel que soit le domaine d'activités dans lequel nous nous impliquons: loisirs, culture, éducation, travail ou autres. Participer exige d'exercer une présence auprès des autres, que nous souhaitons de plus en plus efficace.

Pour ceux qui s'intéressent et s'engagent même déjà à oeuvrer dans le domaine des relations humaines, le contact avec d'autres individus ne provoque pas d'étonnement. Coopérer avec d'autres personnes dans l'accomplissement d'un mandat se produit souvent sans même qu'on y prenne vraiment garde. Cela va de soi, un peu comme respirer! Nous sommes habituellement bien à l'aise quand il s'agit d'établir des liens sociaux de personne à personne.

L'exercice de la participation, dans les activités habituelles de travail et de loisir que nous partageons généralement avec plusieurs personnes, nous ont permis de découvrir graduellement le spectre des caractéristiques individuelles décelables au sein de ces rassemblements. L'appartenance, à des degrés variés d'homogénéité, à diverses strates d'âge, à des cultures différentes, à des communautés particulières, entre autres, a souvent éveillé en nous des réactions d'attraction ou de répulsion à l'égard de catégories de personnes ou de groupes bien nettement identifiables: par exemple, on peut se sentir en confiance avec des dames du troisième ou du quatrième âge, avec des louveteaux ou avec des assistés sociaux. Chez les intervenants, se développent des préférences pour telle catégorie ou tel type de personnes. Ainsi, lorsqu'il est possible de choisir ceux avec qui l'on désire travailler, ceux avec qui l'on désire participer, la « clientèle » retenue correspondra aux attirances ou aux répulsions que nous éprouvons.

Le présent ouvrage a été rédigé pour favoriser une bonne compréhension des réalités de la vie en groupe que nous avons voulu considérer sous l'angle d'une caractéristique principale: celle du grégarisme. Il vise également au développement des habiletés des personnes qui participent et qui interviennent dans ces groupes. Il aborde six dimensions importantes qui servent, en quelque sorte, de toile de fond au monde de l'animation et de la participation. D'abord, la notion de clientèle est examinée en premier lieu pour montrer toute l'importance que l'animateur doit accorder à ses clients, les membres du groupe, et à son client, le groupe lui-même comme syntalité. On y examine l'anatomie et la physiologie des groupes-clients pour en observer les points de ressemblance. Ensuite, une typologie des groupes est abordée pour faire ressortir les particularités propres à chacun de ses clients.

Le deuxième chapitre identifie quelques grands paramètres de la participation : engagement volontaire et responsable, poursuite d'une action collective, recherche destinée à satisfaire des besoins individuels, développement de la confiance interpersonnelle, sentiment d'utilité au groupe et acceptation des influences réciproques. Ce chapitre aborde également les conditions de réalisation optimales pour l'atteinte des objectifs qui sont regroupées sous trois catégories: « groupales », environnementales et celles liées à l'animateur. Les circonstances de la création du groupe, le type de recrutement des membres et la fonction sociale du groupe permettent de tracer le portrait-type du participant et de son mode de participation.

Le troisième chapitre présente certains aspects de la communication en groupe qui est considérée, en plus d'être un échange d'informations entre des personnes, comme un processus systémique dynamisant. Communiquer en groupe, c'est former des réseaux, influencer les autres, se transformer sous l'influence des autres, livrer nos informations et nos sentiments par des supports verbaux et non verbaux. La communication en groupe ouvre sur des notions fondamentales pour la vie du groupe et sa productivité: interactions et interdépendance.

Les réunions, activités privilégiées dans la vie des groupes, font l'objet du quatrième chapitre. Une certaine typologie des réunions y est présentée, typologie qui tient compte du but que le groupe poursuit, du nombre de participants, de la production souhaitée ainsi que du processus et des procédés de communica-tion utilisés. Chaque type de réunion commande un déroulement spécifique dont nous faisons également la description.

L'espace et son aménagement, cinquième chapitre, font suite à l'étude des réunions pour en préciser le contexte physique et les conditions matérielles de réalisation. Le choix du lieu de la réunion, les dimensions de la salle, la qualité de son acoustique, l'éclairage, l'aération et quelques autres facteurs sont considérés dans l'étude de ce thème. Même la disposition des participants autour de la table de réunion est abordée puisqu'elle a un impact sur la qualité des échanges. L'organisation spatiale des différents modes de structuration de réunions permet à l'animateur d'utiliser les lieux physiques et les moyens matériels mis à sa disposition pour guider plus efficacement le groupe vers l'atteinte de ses objectifs.

Le sixième chapitre insiste sur la nécessité d'offrir au groupe-client une activité hautement planifiée et exige donc des participants et de l'animateur une préparation soignée. Le processus de planification proposée dans ce chapitre met en évidence cinq étapes d'un cycle de préparation: la connaissance de la situation actuelle du groupe et de son environnement, l'identification de l'écart entre la situation actuelle et la situation désirée, la formulation claire et précise des objectifs, une sélection appropriée des activités et l'évaluation des résultats atteints.

Chaque chapitre de cet ouvrage présente quatre aspects différents d'un même thème. Le contexte théorique situe d'abord le lecteur en regard des écrits sur le sujet et tente de faire ressortir certaines dimensions qui pourront l'aider à comprendre la situation de son client, des ressources de son environnement et de celles de l'animateur. Le lecteur pourra vérifier ses connaissances en répondant à de brèves questions sur la présentation théorique de chaque chapitre. Ces interrogations sont également destinées à susciter la réflexion qui va bien au-delà de la simple réponse à une question objective ou à choix multiple. Dans une troisième partie, le lecteur est invité à utiliser l'une ou l'autre des deux simulations pour développer ses habiletés en regard du thème à l'étude et à partager ses découvertes avec d'autres participants. Enfin, des lectures commentées permettent de poursuivre une démarche d'exploration plus en profondeur sur l'une ou l'autre des dimensions de chaque thème abordé.

Chapitre

1

La Clientèle
de
l'Animateur

La confiance des membres, leur
capacité à exprimer des
sentiments pénibles, leur
spontanéité, la conscience de ce
qu'ils sont, leur ouverture et leur
sincérité envers chacun, toutes ces
qualités importantes ne peuvent
se manifester que si l'animateur
témoigne, sans ambiguïté, respect
et acceptation, et montre qu'il
accorde un réel et vif intérêt à ce
que les membres disent et font.

Ken Heap

Plan du chapitre

Contexte théorique

PRÉSENTATION

On définit habituellement l'animation comme l'art et la science de permettre aux autres de progresser. Elle favorise, comme le mentionne Toraille (1985), une auto-éducation qui permet à chacun de faire ses propres choix et de les assumer dans sa vie quotidienne. Cette perception de la nature de l'animation correspond bien à la définition de l'animateur que donne Le Petit Robert (1985) lorsqu'il le décrit comme une personne qui insuffle l'ardeur et qui motive les autres. Cependant, ce sens générique du terme animation est trop vaste pour qu'il puisse être utilisé avec nuance par des initiés de l'animation. Le terme animation convient à un nombre impressionnant de réalités différentes: animation de groupe, animation de réunions, animation de clubs de loisirs, animation socio-culturelle...

Quelle que soit la caractéristique de l'animation, elle doit toujours répondre aux besoins de sa clientèle, le groupe. Pour cela, l'animateur a besoin de le connaître en regard de ses valeurs, ses attitudes, ses coutumes et ses modes de fonctionnement. Plus encore, pour parvenir à apprivoiser le groupe et à établir avec lui un lien de confiance, l'animateur devra se rendre semblable aux autres, dans son langage, ses normes de conduite et parfois même par ses vêtements. Il ne doit pas s'isoler, il fait partie du groupe. L'animation est donc un acte d'intégration aux spécificités du groupe et non une tentative de les annuler. Ainsi, on doit reconnaître à chaque groupe des caractéristiques spécifiques, qui se manifestent par des comportements particuliers: manière de parler, intérêts communs, cohésion dans la pensée et l'action, normes officielles et officieuses, etc. C'est ce que l'on appelle la culture propre du groupe.

Le présent chapitre propose d'explorer les spécificités du client avec lequel l'animateur aura à transiger. Du rassemblement d'individus à l'équipe de travail, un spectre impressionnant de groupes se dessine. Comment les reconnaître? Quelles sont leurs spécificités propres, en termes de dynamique et de composantes? Voilà les questions principales abordées dans cette section consacrée à la clientèle.

1.1 ANATOMIE DU GROUPE

Les groupes
p.4-35

La découverte du groupe débute par l'observation de son portrait, à l'instar d'une photo qui le montrerait statique, immobile et figé dans l'attente d'une action ajournée, suspension qui laisse imaginer l'action déjà réalisée et la suite encore à venir.

Que révèle une telle image? Sans doute doit-on convenir qu'à première vue le groupe rassemble des personnes qui paraissent, elles, se considérer comme des parties nécessaires de cet ensemble et s'estimer rattachées à ce rassemblement. Le groupe nous est révélé ainsi dans la présence de ses membres, des personnes qui posséderaient une part du groupe tout en lui appartenant. Membres et groupe sont donc inséparables. C'est sans doute ce qui intimide d'abord l'animateur lorsqu'il se retrouve en présence de nombreuses personnes, en quelque sorte copropriétaires du groupe, qui semblent tellement de connivence devant celui qui se présente comme un futur locataire. Il faut aussi convenir que l'intimidation croît avec le nombre de « spectateurs » et avec l'intensité de la connivence qu'il est possible de sentir chez eux !

La présence de ces nombreuses personnes provoque-t-elle de l'inconfort ? L'impression d'étroite connivence ou de complicité qui les unit ajoute-t-elle aux appréhensions souvent légitimes de l'animateur ?

1.1.1 La quantité

Cette importance du nombre de personnes, membres ou participants, et son impact en regard de l'action de l'animateur méritent d'être interrogés en profondeur.

Que le groupe soit fort de quatre ou de quarante personnes, ce nombre ne devrait-il pas laisser indifférent ? Poser la question du nombre, à propos des membres du groupe, situe l'observateur dans une perspective de quantité comme y incite le proverbe « L'union fait la force ! » qui laisse croire, qu'à prime abord plus il y a de personnes qui sont unies, plus grande sera leur force ! Or, ce qui pointe déjà dans notre réflexion, c'est la question de la complicité; qu'il n'importe pas tellement d'être nombreux mais plutôt d'être très unis, par une très forte connivence.

→ le nombre importe peu tant qu'il y a de la complicité

Ainsi, plus l'union sera étroite et plus le groupe sera fort ! La photo du groupe révèle des personnes dont on peut sans doute dire qu'elles sont membres puisque « de connivence », unies, et que c'est la qualité de cette union qui doit attirer l'intérêt. Quelle relation établir entre la quantité de personnes membres et la qualité de l'union que tisse leur connivence ?

Il est intéressant de constater que le Code du travail québécois (section III, art. 21) reconnaît l'existence d'un groupe à partir d'une seule personne. Même si c'est là une situation où la connivence peut atteindre son paroxysme, l'expérience quotidienne montre plutôt qu'une personne isolée ne peut être qu'un ermite ! Mais il faut préciser qu'il s'agit, ici, d'un travailleur inséré dans le contexte d'une entreprise et porteur d'une caractéristique de compétence qui justifierait qu'il puisse jouir, à lui seul, d'une reconnaissance pour l'accréditation et la négociation de ses conditions de travail, marchant ainsi dans les traces d'autres qui, par ailleurs, lui ressembleraient. Ce travailleur appartient donc à un groupe virtuel...

La présence simultanée de deux personnes semblerait souvent tomber, elle, sous l'emprise du Code de la Famille. La vie de couple se préoccupe déjà :

— de cette personne morale qu'est la famille et qui ne réside d'abord qu'en espoir et formes variées de préparatifs ;

— de cette réalité socio-psycho-économico-politique que constituent le couple et les soins du foyer familial.

Le couple, appelé aussi dyade, duo ou paire, illustre bien l'influence qu'exerce l'attraction interpersonnelle dans le rapprochement de personnes. Il est important de noter, ici, que d'autres perceptions peuvent aussi se dégager du « portrait » du groupe. C'est le cas, par exemple:

— du rôle souvent subtil des affinités ;

— de l'objectif que concrétise la préoccupation du couple, le souci pour sa vie de famille ;

— de l'existence d'entités « morales » bien prégnantes: le couple et la famille ;

— de règles de conduite et de normes qui vont marquer la performance de chaque membre de la dyade ;

— de la spécialisation des tâches, etc.

Les qualités ou les caractéristiques de l'intimité et de l'intensité d'une telle relation de couple correspondent habituellement à une orientation surtout tournée vers l'autre ou « duelle », sans « sortir » de cette entité socio-psychologique constituée par le couple. L'arrivée d'un tiers semble toujours perturber. Une telle intensité d'union semble quasi « réductionniste », aboutissant à une entité unitaire, plutôt qu'à une « dualité » qui projetterait, sans équivoque, le jeu de l'interaction (LeCamus, 1989). La densité de l'union, l'étroitesse de la complicité, la compacité de l'unité tendent à créer et à entretenir une hésitation à reconnaître dans la « paire » un groupe authentique.

D'autres perceptions se dégagent également du « portrait » du groupe :

- celle de l'effet ou de l'impact produit par le groupe auprès des témoins de ses opérations;

- celle des liens qui existent entre les membres, celle des liens qui existent entre chaque membre et le groupe – la connivence – en tant que réalité socio-psychologique;

- celle de la réaction des membres à l'impact du groupe;

- celle de l'environnement du groupe.

L'effet de « masquage » qui met l'accent sur la totalité plutôt que sur l'individualité et qui caractérise le duo incite à l'exclure de l'appartenance au groupe. Cependant, considérant que se trouvent virtuellement présents, dans cette interaction pairée, tous les traits qui identifient le phénomène « groupe », l'unanimité n'existe pas quant à l'à propos de cette exclusion. Le couple, ce serait l'antichambre du groupe.

Quand, inévitablement, s'extériorisent les échanges que nourrissent les personnes « accouplées », il est habituel, sinon fréquent, que l'attention de personnes situées dans leur environnement soit captée et qu'un de ces témoins réponde à cette stimulation, ce qui transformera, de façon plus ou moins durable, la dyade en trio, à tout le moins. L'apparition de « l'éternel » triangle rompt l'effet de « masquage » auquel est soumis le duo et tend à diffuser maintenant dans le domaine public le contenu des échanges qui se trament entre les membres du trio. La silhouette de chaque membre de la triade se détache aussi alors nettement sur la toile de fond des échanges qui s'y jouent.

La dilution de l'unité, la rupture de l'exclusivité et de son unicité mettent en lumière l'action de chaque membre, les réactions provoquées chez autrui et l'établissement des interactions typiquement attribuées au phénomène « groupe ». Chaque membre du trio se rattache à chacun des deux autres, à sa droite et à sa gauche en quelque sorte, tout comme il se relie au trio jugé, en soi, comme une entité socio-psychologique dont il faut s'occuper. Nous nous trouvons ainsi en présence du groupe « minimal » (Farace *et al.*, 1977).

Il est intéressant de constater, ici, qu'apparaît du mouvement dans le portrait que plusieurs croyaient figé et inerte ! Nous sommes donc en présence d'expériences humaines et leur évocation suscite chez nous le rappel du vécu. Nous attribuons au groupe la responsabilité d'une certaine performance. Considérées ensemble, ces caractéristiques débouchent sur une analogie qui accorde au groupe l'équivalent d'une personnalité qui lui serait propre : la syntalité. La vie du groupe peut donc être pressentie, avec tous ses avatars. C'est, analogiquement, la réaction de Michel-Ange devant son « Moïse » (« Mais, parle donc !... »).

L'attention suscitée par les échanges décelés entre les partenaires pairés a pu s'éveiller chez un autre duo qui se joindra au premier pour constituer un quatuor. La rencontre de quatre membres ne provoque pas nécessairement une telle juxtaposition de deux dyades mais le quatuor est déjà à la merci d'une scission en deux sous-groupes, à moins que ne se sépare un trio isolant alors un « rejeté » ! La réalité socio-psychologique du quatuor doit cependant constituer une préoccupation pour ses membres et son maintien doit requérir des soins de leur part. La quadrette se rapproche-t-elle de l'impossible quadrature du cercle qui rendrait sa subsistance utopique?

Face au « portrait » du groupe, l'animateur peut pressentir d'autres réalités: celle de l'influence de la réputation ou de l'image du groupe réel, celle de l'attraction du but. C'est qu'avec la constitution du quatuor se manifeste la nécessité de soigner l'attraction propre au groupe d'où viendra le ciment qui lie la motivation des membres entre eux et qui prévient les risques d'éclatement ou d'effritement en sous-groupes (Farace *et al.*, 1977).

Qu'en est-il du quintet ? Composé de deux dyades et d'un membre isolé ou d'un couple et d'un trio, marqué par le nombre impair, le quintet pose le premier la question cruciale de l'affrontement entre une minorité et une majorité. Surgissent alors la nécessité du compromis et l'importance de la discussion. Désormais, il faut faire preuve de persuasion et essayer de répandre ses convictions. Cette influence est d'autant plus possible que le nombre de cinq favorise encore le contact physique entre les membres : chacun peut se trouver facilement à portée de la main de chacun des quatre autres et demeure donc accessible aux contenus non-verbaux de la communication. Pourtant, dorénavant, persuasion et conviction devront beaucoup aux contenus verbaux de la communication. Pour certains, c'est avec cinq membres qu'apparaît le groupe (Mucchielli, 1980). D'autres font du quintet le plus excellent exemple de groupe pour la qualité des interactions.

D'autres perceptions se dégagent du « portrait » du groupe: celle des relations elles-mêmes qui devront faire l'objet d'une attention toute particulière dans le contexte de la persuasion et de la solidarité, celle de la communication comme véhicule des valeurs et des idées; celle de l'explicitation de normes de conduite qu'impose le conflit potentiel et permanent entre minorité et majorité, arbitrage nécessaire des différends.

Au-delà de cinq membres, nous avons affaire à une croissance de combinaisons en duos, trios, quatuors et quintettes susceptibles de morcellement ou d'éclatement en sous-groupes. Jusqu'à 25 ou 30 membres, il est pourtant toujours question de micro-groupe ou groupe restreint (Douglas, 1983). Si le nombre va en croissant, les échanges s'y établissent de plus en plus hors du contact physique pour la plupart des membres, à l'intérieur de cet espace dit zone de l'espace social, rayon d'un à cinq mètres, incitant très souvent les membres au rapprochement physique (Hall, 1971). Déjà la distance provoque une attraction centrifuge. La subsistance, voire la survie, de ces groupes impliquera des investissements consacrés spécialement à consolider et à resserrer les liens entre les membres et à stimuler leurs échanges, internes et externes. Ces coûts de maintien ou de conservation du groupe s'imposent lorsque le nombre dépasse une douzaine.

Le macrogroupe, communément appelé grand groupe, compte plus de trente membres et, pour le rendre efficace, il faut le ramener à des sous-groupes de moindre taille. Ses membres sont susceptibles de ne pas connaître tous leurs collègues dont ils n'aperçoivent certains qu'à la périphérie de la zone dite de l'espace public, rayon de cinq à quinze mètres (Hall, 1971). Le contact physique immédiat n'est alors plus possible, les liens deviennent exclusivement visuels et sonores, la voix et le ton doivent s'élever, voire être soutenus par une amplification électro-acoustique, pour pouvoir porter jusqu'à la périphérie du groupe et rejoindre tous les auditeurs. Dans de telles conditions, la méconnaissance de certains membres conduit inévitablement à l'anonymat et tend à fondre la participation dans une grisaille et une confusion semblables à celles constatées dans le cas du duo : l'individualité s'estompe ! Ainsi se trouvent posées les frontières quantitatives à l'intérieur desquelles se situe le groupe client, celui avec lequel on peut se mettre utilement au travail : c'est un groupe restreint composé de moins de trente membres.

Le juriste québécois Jean-Charles Bonenfant, expert en procédures, estimait que le groupe de quinze offrait une efficacité particulière inaccessible à tout autre groupe composé d'un plus grand nombre de participants.

En effet, l'accroissement du nombre de personnes dans un rassemblement n'est limité par aucune contrainte, sauf en cas de restriction d'espace ou en cas de désordre appréhendé où s'appliqueraient des mesures d'exception. Ainsi, les participants peuvent en venir à constituer une foule, réunion massive et souvent spontanée, aux comportements aussi difficiles à prévoir que sa constitution elle-même (LeBon, 1895).

LA FOULE. Une foule plante les uns à côté des autres, de façon hasardeuse ou très rationnelle, une multitude d'individus dont chacun a implicitement fait l'abandon de la plus grande part de son autonomie au profit de l'anonymat, en acceptant l'emprisonnement au sein de cette marée humaine. Une telle masse de personnes oublie le recours à l'intelligence et se cherche un meneur, sorte de haut-parleur qui s'adresse à ses émotions avec suffisamment de conviction pour la mobiliser et la lancer à la poursuite d'une réponse à des besoins que ressentent la plupart de ses participants, sans qu'ils aient individuellement trouvé l'énergie de la poursuivre. Privée de logique, la foule, exposée à tous les débordements, illustre la puissance du groupe dans une amplification caricaturale et exacerbe la connivence des participants devenus des moutons de Panurge.

Les comportements de foules s'observent lorsque des individus, et non des membres puisque ce terme suggère une participation active, se trouvent en grand nombre, c'est-à-dire par centaines ou milliers, dans un même endroit sans explicitement poursuivre un même but. Cette situation, étudiée en profondeur par LeBon (1895) à la fin du siècle dernier et au début du 20ᵉ siècle, fonde l'hypothèse émise d'une loi de l'unité mentale des foules. Nous pourrions, à la suite des observations faites par cet auteur, énoncer quatre grandes caractéristiques propres aux foules:

1. passivité des individus réunis envers les stimuli qui ne correspondent pas à leur motivation individuelle immédiate;

2. absence ou faible occurrence des contacts sociaux ou des relations interpersonnelles;

3. contagion et propagation des émotions à partir d'un endroit restreint et précis;

4. stimulation latente produite par la présence quantitativement importante des autres, stimulation pouvant être vectorisée par l'action collective vers la violence, l'enthousiasme ou même encore, vers l'apathie collective.

La foule possède une structuration particulière qui la distingue des autres phénomènes groupaux. En effet, il semble que le degré d'organisation interne soit très faible. À titre d'exemple, il n'y a pas de différenciation des rôles individuels ni de relations interhumaines régulées. La durée de vie est courte, pouvant s'étendre entre un minimum de quelques minutes et un maximum de quelques jours. Cependant, bien que le nombre d'individus soit élevé, les interrelations sont presqu'inexistantes et font place à l'irruption de croyances latentes. Les bandes sont l'illustration de l'application du concept de foule à des groupes plus organisés.

LA BANDE. La recherche de personnes semblables devient le facteur déterminant de la composition d'une bande. Cette recherche est alors accompagnée du désir de partager un vécu affectif avec les autres. Cette même caractéristique a été longuement étudiée par Maisonneuve (1966) et Drevillon (1973). Cependant, elle a pris davantage une dimension psychologique que sociologique. On parlera alors d'affinités ou, plus particulièrement, d'homophilie. Ce caractère homophilique est fort complexe et déborde le simple cadre de la proximité physique des individus. L'attraction entre personnes est un phénomène complexe dans lequel interviennent de nombreux facteurs tels que l'âge, le sexe, la profession et le niveau culturel.

Contrairement à la foule, la bande comporte un nombre limité de personnes. Au plus, elle peut atteindre quelques dizaines de membres. Ils tentent alors de multiplier les signes extérieurs de similitude: posture, habillement, langage, objets, fétiches, etc. C'est ce que l'on appelle l'effet de groupe, c'est-à-dire la perte de caractéristiques propres à chaque membre au profit de caractéristiques de groupe.

LE GROUPEMENT. Le groupement est un concept plus récent que la foule ou la bande. Les buts du groupement répondent habituellement aux intérêts des membres qui le composent sans pour autant que ces derniers soient particulièrement actifs. On préfère agir par l'entremise de représentants, à qui on laisse le soin d'intervenir. Les membres n'ont guère de liens entre eux, ni de contacts fréquents.

En fait, le groupement peut prendre la forme d'une association, d'une école ou d'un cercle. Anzieu et Martin (1969), en se référant à la Critique de la raison dialectique de Jean-Paul Sartre, nous donnent une énumération idoine des caractéristiques pouvant nous permettre de reconnaître un groupement: « sérialité des individus, sous-humanité de leurs relations, passivité dans la réalisation pratique des buts (le pratico-inerte), exploitations par des meneurs ou des groupements défendant des intérêts antagonistes » (p. 25).

L'observation de certains de ces groupements a amené ces auteurs à constater que les relations humaines y demeuraient superficielles et que, par conséquent, les membres manifestaient habituellement une résistance passive aux actions communes. Mais il y a groupement et groupe.

L'ENTREPRISE. Les macrogroupes se retrouvent aussi couramment au sein d'entreprises, organisations souvent constituées en corporations avec objectifs de bénéfices financiers contre services rendus ou, entre autres, contre biens manufacturés. De telles entreprises mobilisent l'énergie de production d'employés regroupés pour les besoins d'une performance économiquement rentable. Historiquement issues de l'évolution des corporations d'artisans du Moyen-Age, les entreprises se sont vues prises, assez récemment, à leur propre jeu de rentabilisation de leurs ressources humaines en débouchant sur la revalorisation du travail en équipes responsables: les cercles de qualité. La foule qui entoure les édifices d'une entreprise à huit heures du matin y pénètre pour se répartir en postes de travail où des groupes restreints s'affairent à réaliser l'excellence dans leur rendement, tout en se souciant de se procurer, à cette fin, les meilleures conditions possibles pour y arriver. Ainsi, l'entreprise mate la foule pour en tirer un honnête profit, mais elle en assume largement les frais !

1.1.2 L'espace

Dès que l'on prend en considération le nombre de membres dans un groupe, on peut s'interroger sur la dispersion de ses participants et sur leur occupation du territoire.

Si l'observation de la photo attire d'abord l'attention sur les personnes rassemblées et sur leur nombre, la proximité ou la distance des unes par rapport aux autres peut aussi piquer la curiosité. L'organisation, l'aménagement et l'utilisation de cet espace, la disposition ou l'ordre selon lequel sont placés les gens devraient nous apporter de l'information sur la structure et l'organisation du groupe. S'il s'y trouve un certain ordre, il devrait être possible de retrouver l'explication ou le principe qui règle l'application de cet ordre.

La photo d'un groupe pourrait, à la limite, se présenter comme une mosaïque et correspondre, en réalité, à une dispersion géographique des membres qui habiteraient, par exemple, aux quatre coins du pays. Les moyens de communication dont nous disposons maintenant permettent, en effet, de travailler à la réalisation d'un mandat commun sans se retrouver physiquement présent dans un même lieu simultanément. Le groupe existe vraiment, mais ses activités ne se déroulent pas avec toutes les mêmes contraintes que celles habituellement rencontrées; son propre environnement social offrira sans doute aussi des particularités. Dispersés dans une région, dans une ville, les membres d'un groupe ne présenteront pas les mêmes réactions que ceux d'un groupe dont les membres sont confinés en milieu carcéral ou en foyer d'accueil.

↳ les nouvelles technologies font qu'un groupe peut exister même si les membres sont tous à de très grandes distances les uns des autres

1.1.3   L'interaction

Qu'en est-il des transactions qui s'effectuent entre les membres ?

Tout comme l'utilisation de l'espace représentée par la photo, l'utilisation de l'espace qu'occupe le groupe doit aussi être planifiée pour des raisons, par exemple, de prestige, de commodité, d'efficacité et d'affinités. Ainsi, on peut penser que les personnages de l'avant-plan central occupent une place ou une position prédominante parmi les autres membres et exercent un certain pouvoir ou une certaine autorité sur le fonctionnement du groupe. L'observation des positions occupées sur la photo nous fournirait alors des renseignements sur la hiérarchie à l'intérieur du groupe, les réseaux de distribution de l'information, les canaux de communication et d'influence (Farace *et al.*, 1977).

Enfin, en tenant compte de la distance entre les personnes, nous pouvons recueillir des indices sur les affinités : qui se rapproche ou s'éloigne de qui ? Des sous-groupes, réels ou virtuels, alliés ou antagonistes pourraient même se révéler à la lumière de ces observations.

En observant la photo du groupe à la lumière de la recension des écrits réalisée par Boisvert (1988), les caractéristiques suivantes apparaissent :

- le nombre de membres ;
- la connivence ;
- la syntalité, ensemble des traits caractéristiques typiques de son action ou de son apparence ;
- la portée psycho-socio-économico-politique de la réalité du phénomène groupe, attractions ou répulsions ;
- l'effet d'entraînement de l'objectif ;
- l'activité orientée par les normes de conduite et la spécialisation des tâches ;
- l'environnement du groupe ou le cadre de son action collective ;
- l'effet « groupe » ;
- les interactions et communications sélectives ;
- la hiérarchie.

Toutes ces informations sur ce qu'est le groupe proviennent surtout de notre façon habituelle d'apprécier ou d'appréhender les phénomènes qui surgissent dans notre activité quotidienne, et ce, d'abord, en recourant aux catégories d'évaluation du monde physique et, ensuite, à notre expérience de la vie sociale.

L'observation de la photo du groupe client en a fait pressentir l'activité et imaginer l'évolution. A ce stade de notre démarche, il nous faut maintenant passer de la photo au film, du fixe au mobile, du statique au dynamique pour préciser ce que nous avons déjà pressenti devant une seule image. L'enchaînement de ces gestes provoquera devant nos yeux le déroulement d'une pellicule, celui qui illustre le groupe à l'oeuvre. Il est maintenant possible d'observer le groupe mobilisé.

1.2 PHYSIOLOGIE DU GROUPE

Une observation peut être menée avec circonspection, en examinant les images de nos expériences auprès et dans des groupes.

En contrepartie à certaines sensations d'inconfort que peut provoquer un groupe, il faut aussi lui rendre justice et reconnaître que c'est encore en son sein que sont survenus certains des événements les plus heureux et enrichissants dont nous nous rappelions; parfois, le groupe a même joué un rôle indispensable à leur production. Complétons donc ainsi notre représentation de cette « aura », de ce halo presque invisible et à peine tangible de la réalité groupe. Le groupe est une « authentique réalité » et cette réalité, d'abord psycho-sociale, affecte inévitablement ceux qui entrent en contact avec elle.

Pour passer du statique au dynamique, il est normal de convenir que ce qui appartient au groupe en mouvement peut s'interpréter à partir de modèles qui originent de sources variées: psychologie, sociologie, anthropologie, management. Chacune de ces sources s'est diversifiée à travers le temps, selon les événements et l'évolution de sa compréhension de la réalité « groupe ».

Quel que soit le domaine utilisé, l'approche peut se présenter sous forme linéaire ou analytique ou, comme le montre la figure 1.1, sous forme circulaire et systémique.

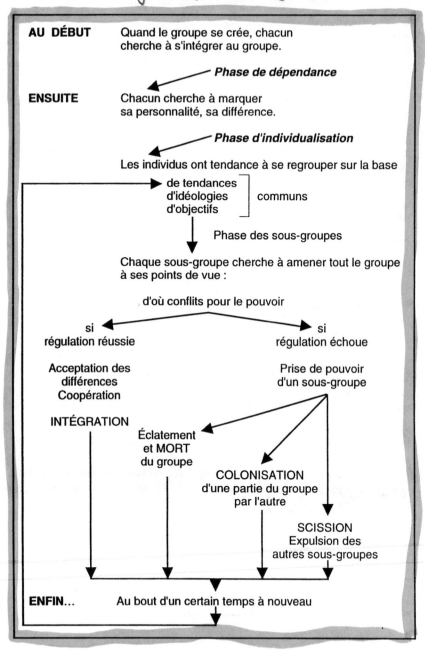

FIGURE 1.1 LA DYNAMIQUE D'UN GROUPE,
TIRÉE DE BOUVARD ET BUISSON (1988).

Reproduit avec l'autorisation des Éditions d'Organisation.

L'illustration de l'évolution dynamique des groupes, présentée dans la figure suivante, met en évidence la nécessité ressentie par les membres d'exprimer leurs caractéristiques et leurs besoins individuels. La vie de groupe a pour effet de susciter la compétition et, par la suite, de régulariser l'énergie qui émerge de cette confrontation de pouvoirs. Un échec d'harmonisation de ses forces internes causerait la mort du groupe, ou la colonisation d'une partie du groupe par l'autre, ou encore l'expulsion de certains membres indésirables. L'évolution dynamique du groupe remet constamment en question les alliances entre les membres, selon les mandats à exécuter, en raison des compétences exigées pour remplir ces mandats ou en raison des tensions qui se développent au cours de la réalisation de différentes tâches.

Il est intéressant de noter que déjà, en 1951, les travaux de Bales et Strodtbeck sur les groupes de résolution de problèmes concluaient à la pertinence de considérer le développement du groupe selon trois phases caractéristiques importantes et distinctes: exploration, orientation et contrôle. Lors de la phase d'exploration, les membres font le point sur leurs acquis et le but du groupe et tentent d'éliminer les confusions et les désaccords qui pourraient persister entre eux. Dans un deuxième temps, lors de la phase d'orientation, les membres acceptent ou rejettent les informations selon leur pertinence en regard de l'objectif commun mis en lumière et accepté. Au cours de cette phase, les membres se donnent également un vocabulaire commun, des normes et des procédures de fonctionnement. Par cette recherche de cohésion interne, le groupe agit sur ses membres pour les modeler, souvent inconsciemment. C'est ce que les auteurs appellent la tendance au conformisme ou pression vers l'uniformité. Enfin, la phase de contrôle permet aux membres de régler leurs actions face à leur environnement.

L'EFFET GROUPE. Le groupe et ses membres entretiennent la plus étonnante source d'énergie que puissent produire les humains. Il n'est plus possible désormais de mettre en doute l'importance de connaître et d'étudier le phénomène groupe. Toute l'histoire de l'humanité en fait la preuve incontestable: jamais assez d'attention ne lui sera consacrée (Fuller, 1980). La scission de l'atome social dégage une énergie qui peut aboutir à provoquer le cataclysme final (Moreno, 1970). Avant de se scinder, l'atome social recèle toute sa puissance dans l'attraction centripète qu'exerce le groupe sur le participant et la répulsion centrifuge qu'éprouve le participant à perdre son identité en se fondant dans le groupe. Le modèle de la participation que propose St-Arnaud (1978) montre cette oscillation que vivent inévitablement tous les membres, qui dansent le tango entre le mandat du groupe et leurs préoccupations personnelles.

Comme le démontre la figure 1.2, la participation d'un membre, au cours d'une même rencontre, peut osciller entre différentes positions en fonction du but du groupe. La position de centre signifie que le participant agit de façon à orienter le groupe vers la recherche, la définition ou la poursuite du but. Un membre occupe la position d'émetteur lorsque ses interventions visent à contribuer à la recherche, à la définition ou à la poursuite du but. Des comportements de réceptivité et d'attention face à ce qui se passe dans le groupe correspondent à la position de récepteur. La position de satellite est attribuable aux personnes qui démontrent clairement qu'elles sont préoccupées par d'autres choses que le but du groupe. Enfin, la position d'absent désigne que le membre du groupe est physiquement absent lors de la rencontre.

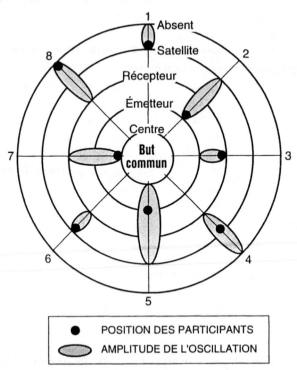

FIGURE 1.2 OSCILLATION DE LA PARTICIPATION DES MEMBRES, D'APRÈS ST-ARNAUD (1978).

Selon St-Arnaud (1978), une même personne, au cours d'une même rencontre, peut occuper différentes positions à différents moments. Les points noirs à l'intérieur de la figure 1.2 reflètent la principale position qu'occupent les huit membres du goupe tandis que les zones ombragées illustrent l'amplitude de l'oscillation de la participation de chacun au cours de la rencontre. A titre d'exemple, l'axe de participation du membre n° 5 révèle que ses comportements sont principalement ceux d'un émetteur. Cependant, l'amplitude de l'oscillation de sa participation témoigne qu'il lui arrive parfois de démontrer des comportements de centre, de récepteur et même de satellite.

Le groupe peut subsister, malgré la remise en question de sa mission par un participant, parce qu'il repose aussi sur les supports que sont la solidarité, la connivence et la complicité.

L'ÉNERGIE.   Cette ambivalence fondamentale propre à chaque membre, le groupe lui-même la ressent à l'égard de son propre environnement social. Tous les éléments d'une virtuelle réaction en chaîne se retrouvent ainsi en place pour construire ou pour détruire. C'est là que réside l'énergie du groupe et c'est cette énergie que l'animateur tente de canaliser pour le bénéfice du groupe et de ses membres.

L'énergie dont dispose le groupe prend sa source dans l'individu et, ensuite, dans la complicité qui le fait collaborer avec son voisin. Qu'est-ce qui a conduit chacun des participants à se joindre à ce groupe ? C'est ici que sont identifiés l'essence du groupe et l'élément historiquement antérieur à sa création: le but, c'est lui qui provoque le rassemblement (Mills, 1967). Pour l'individu ou pour le groupe, le but correspond à un besoin à combler, à un désir à satisfaire et, par conséquent, à une tâche à accomplir. C'est pour assurer l'efficacité de l'action, pour atteindre une réalisation qui dépasse les capacités d'un individu solitaire que se produit le regroupement: le but, étincelle dynamogénique, fait naître le groupe en tant que motivation initiale partagée.

Par expérience, cet individu isolé et nécessiteux constate rapidement qu'il existe autour de lui d'autres individus qui éprouvent le même besoin que lui, sont animés par la même motivation, et veulent aussi y trouver une réponse. Formuler le but, c'est donc tendre à produire un certain effet, à réaliser un certain mandat, à exercer une certaine force. Mais il faut d'abord s'entendre sur l'effet recherché et les ressources à mettre en oeuvre! Tous les ingrédients sont réunis pour que ces individus isolés transigent ou communiquent les uns avec les autres pour arriver à s'entendre et posent des gestes pour répondre à ce besoin éprouvé par eux tous. À partir de leur motivation individuelle s'érige une mobilisation collective. Que la communication ou l'interaction s'établisse maintenant et le phénomène « groupe » apparaîtra !

LES INTERACTIONS. La communication ou l'interaction constitue donc, à son tour, un des éléments caractéristiques du groupe (Boisvert, 1988). Une fois reconnu le fait que l'individu ne peut pas s'abstenir de communiquer ou de s'exprimer, il faut admettre que, dès la formation du groupe, ses membres sont inévitablement connectés ensemble. Successivement, émetteurs et récepteurs tissent des liens les uns avec les autres, faisant ainsi circuler les messages entre eux, au moyen de divers supports ou canaux. Ces canaux révèlent l'organisation des relations entre les membres, la structure sinon formelle du moins officieuse que se sont donnée les membres pour assurer l'efficacité de leur action (Farace *et al.*, 1977). Les informations circulent souvent dissimulées dans et derrière des codes plus ou moins hermétiques dont le secret devient un aide-mémoire subtilement évocateur de l'histoire du groupe, en plus de le protéger des dangers du « babélisme ». Les interactions acquièrent graduellement de l'efficacité au fur et à mesure que se raffine l'interprétation des signes et des significations.

Reliés les uns aux autres, ces individus poursuivent la réponse à un besoin jugé commun et nécessaire au point qu'ils y consacrent leurs ressources. Aussitôt qu'ils sont entrés en interaction, domine l'influence de ceux pour lesquels la satisfaction de ce besoin constitue une priorité absolue. La compétence de ceux qui se révéleront les plus efficaces à assurer, de diverses façons, cette satisfaction succédera ensuite à l'influence de l'urgence initiale. Selon les habiletés manifestées dans l'action, les tâches se préciseront et se spécialiseront. De ces performances émergent progressivement des rôles, attentes de réalisation de la part des membres du groupe, et, de la part des acteurs, certaines attentes de reconnaissance et d'influence accordées par les autres membres (Anzieu et Martin, 1982). Inspirés par les valeurs auxquelles ils adhèrent, les membres ont hiérarchisé les statuts et les rôles exercés dans le groupe de façon à ce que les interactions entre les membres se déroulent selon des rites d'échanges variés. L'échafaudage des tâches, rôles et statuts vient canaliser l'activité des membres du groupe et orienter la mobilisation de leur énergie quotidienne : la structure, système de transformation, opère.

comment les interactions amène le groupe à se structurer

LA STRUCTURE. Instaurée pour favoriser la satisfaction d'un besoin, la structure requiert, à son tour, que les membres du groupe y prêtent attention et soins. Pour la maintenir vigoureuse, la structure demandera que soient observées les conventions explicites ou implicites conclues à propos des rôles et statuts; que soient prévues les tâches utiles; et que soient prévus les mécanismes de vérification de la qualité des produits. Une part des ressources collectives ira ainsi à l'entretien de la structure pour garantir son efficacité: c'est l'énergie de conservation attribuée au fonctionnement du groupe (Anzieu et Martin, 1982). Le fonctionnement du groupe comprendra l'ensemble des opérations de production aussi bien que celles de conservation. Par là se loge la vie du groupe. Pour soutenir ce fonctionnement s'élabore constamment une organisation qui s'étend depuis la campagne de recrutement jusqu'aux gratitudes pour bons et loyaux services et ne vise rien d'autre que d'obtenir des membres une participation optimale.

LES MODES DE FONCTIONNEMENT. Le type d'énergie qui circule par l'interaction plus ou moins structurée entre les membres détermine le mode de fonctionnement du groupe dans la poursuite de son but. Faisant référence à la teneur des messages émis par les membres, l'énergie que ceux-ci déploient peut être vectorisée selon trois modes: le contenu, la procédure et le socio-affectif (Aubry et St-Arnaud, 1963; Simon et Albert, 1978).

types d'interventions (d'énergies)

Une vectorisation de l'énergie des membres vers le mode de fonctionnement selon le contenu s'observe lorsque les propos des membres concernent explicitement la tâche du groupe. Il peut être question d'objectifs, d'idées, de solutions ou de toute autre intervention destinée à enrichir la production du groupe et à atteindre le but. Le mode de fonctionnement selon la procédure prévaut lorsque les interactions des membres visent à définir ou rappeler des méthodes de travail destinées à aider ou à soutenir la production du groupe. Plusieurs messages exprimés dans un groupe ne concernent ni le contenu ni la procédure. Des interactions peuvent en effet n'avoir pour but que de maintenir ou développer des relations harmonieuses entre les membres. Les interventions empreintes d'émotivité et d'affectivité, qui affectent l'ambiance du groupe, correspondent au mode de fonctionnement selon le socio-affectif.

Règle générale, plus le groupe évolue, meilleur est l'équilibre entre les trois modes de fonctionnement. Cela n'exclut toutefois pas la possibilité que l'un des modes prédomine sur les autres à un moment ou l'autre. Par exemple, un groupe de tâche expérimenté mettra nettement l'emphase sur les modes de fonctionnement selon le contenu, appuyé de temps à autre par un fonctionnement selon la procédure. Par contre, un groupe amical fonctionnera exclusivement selon le mode socio-affectif.

1.3 UNE TYPOLOGIE DES GROUPES

Depuis 1909, avec l'avènement de la typologie des groupes proposée par Charles Cooley dans son célèbre volume intitulé « Social Organization », nous pouvons plus aisément différencier et classifier les différents groupes humains. Il propose de les considérer soit comme des groupes primaires, soit comme des groupes secondaires.

1.3.1 Le groupe primaire

On entend généralement par groupe primaire un groupe restreint de personnes dont les membres ont des liens personnels les uns avec les autres. Leur solidarité est naturelle, intime et spontanée et leur comporte-ment favorise généralement l'atteinte d'un but commun ou de fins mutuelles. À titre d'exemple, la bande est l'exemple de groupe primaire utilisé par Olmsted (1969) pour faire ressortir les caractéristiques qui distinguent le groupe primaire du groupe secondaire. Mucchielli (1980) utilise plutôt l'équipe pour illustrer cette typologie et ses caractéristiques. De ce point de vue, l'équipe est un groupe primaire typique, où dominent l'unité d'esprit, la cohésion, les liens interhumains, l'engagement personnel et l'adhésion totale des membres au groupe restreint, avec lequel ils s'identifient.

Anzieu et Martin (1969), en reprenant pour leur compte les expériences de Cooley (1909) et de Olmsted (1969), proposent de considérer le groupe primaire en fonction des six caractéristiques suivantes: (1) le nombre restreint de membres, (2) la poursuite des mêmes buts, (3) les relations affectives intenses, (4) l'interdépendance des membres, (5) la différenciation des rôles et (6) la constitution de normes.

Le nombre restreint de membres permet à chacun d'avoir une perception individualisée des autres. Il permet également à chacun de bénéficier d'échanges interindividuels assez nombreux.

L'atteinte du but partagé se poursuit en commun et de manière active. Ce but est relativement permanent et répond à divers intérêts des membres. Les membres le valorisent et sont valorisés par lui. Les relations affectives peuvent devenir intenses et entraînent souvent la formation de sous-groupes d'affinités soit par sympathie ou encore par antipathie.

L'interdépendance implique que les membres considèrent chacun des autres comme complémentaire à la tâche ou au rôle qu'il assume en propre dans le groupe. Il s'en dégage un sentiment de solidarité, c'est-à-dire une union morale qui va bien au-delà des réunions ou des actions communes. Le groupe primaire favorise par cette complémentarité une spécification des rôles qui entraîne à son tour une plus grande différenciation entre ces derniers. Le groupe primaire favorise la constitution de normes, de croyances ou de codes propres au groupe et compréhensibles de lui seul.

Bien que ces caractéristiques permettent d'éclairer la nature du groupe primaire, certains auteurs emploient indistinctement les termes « petits » et « restreints » pour qualifier ce type de groupe. Cependant, l'un et l'autre de ces qualificatifs engendrent des confusions notables.

Ce terme « petit » ne fait pas référence à la vie propre du groupe et n'indique que le nombre particulièrement peu élevé des membres. Il ne mentionne pas l'importance de la participation pour le membre ou pour la société. Olmsted (1969) exprime bien cette nuance:

> Si l'on veut mettre l'accent sur l'importance de certains sentiments et de certaines relations entre les membres de groupes restreints à l'intérieur de vastes organisations, le mot primaire est souhaitable. D'autre part, si l'on veut éviter de fixer à l'avance les caractères de ses relations internes, petit est le meilleur terme (p. 19).

En ce qui a trait au terme « restreint », la clarification de ce concept est plus difficile à opérer puisque, de manière générale, le groupe primaire est restreint, à l'exception évidemment des communautés religieuses ou tribales qui ont les mêmes caractéristiques qu'un groupe primaire sans être pour autant restreintes. Tout comme le terme « petit », le terme « restreint » met l'accent sur la dimension numérique du groupe, et non sur l'aspect des relations affectives et du sentiment de solidarité des membres. Il n'est aucunement préjugé de la qualité de ces relations ou de ce sentiment de solidarité, bien que l'on admette cependant leur manifestation dans l'un ou l'autre des groupes restreints ou primaires.

1.3.2   Le groupe secondaire

Le groupe secondaire, à l'opposé du groupe primaire, ne favorise pas des relations affectives intenses entre les membres. Sur ce plan, comme le font remarquer Anzieu et Martin (1969): « Les rapports sont souvent plus formels, froids, impersonnels » (p. 31). Il peut même s'agir de rapports bureaucratiques dans des groupes secondaires hautement structurés tels que les corporations ou les associations.

Le nombre de membres est généralement élevé et ceux-ci n'ont entre eux que des contacts intermittents. Chaque membre est considéré comme une unité spécialisée ayant une fonction limitée dans l'organisation. Les liens qui unissent les membres à l'organisation sont habituellement contractuels, implicites ou explicites, et impliquent que le groupe sert à atteindre d'autres fins que la vie propre du groupe lui-même. Ce qui est visé, c'est la satisfaction des besoins sociaux, politiques ou économiques des membres considérés strictement en fonction des caractéristiques communes.

1.4 LE GROUPE COMME CLIENT

La plupart des auteurs s'intéressant au phénomène de syntalité, c'est-à-dire à l'ensemble des caractéristiques internes essentielles au groupe, se sont attardés d'abord à examiner les entités composant le groupe et leurs rapports entre elles. Ces entités sont désignées sous les termes d'individus, de personnes ou de membres.

Ainsi Bales (1950) définissait le groupe de la manière suivante :

> Un groupe restreint se définit comme l'engagement d'un certain nombre de personnes dans des interactions avec toute autre personne à l'occasion d'une seule rencontre de personne à personne ou dans

une suite de telles rencontres, au cours desquelles chaque membre acquiert une certaine impression ou perception suffisamment nette de chaque autre membre de sorte qu'il puisse, à ce moment ou dans des réponses ultérieures, offrir quelque réaction à l'évocation de chacun de ces autres en tant que personne distincte, même si ce n'était que de se souvenir de sa présence (p.33).

L'auteur met nettement l'accent sur l'importance de la perception qu'ont les membres les uns des autres. Cette perception est fondamentale puisqu'elle implique la relation *sine qua non* entre l'existence du groupe et la perception de celui-ci par ses membres. De plus, cette définition nous amène à considérer la motivation des membres à joindre le groupe.

Il est maintenant reconnu que les individus joignent un groupe pour satisfaire des besoins. Bass (1960) met aussi l'accent sur cet aspect particulier en définissant un groupe « comme un regroupement d'individus dont l'existence, en tant que regroupement, est enrichissante pour ces individus » (p.2). L'auteur souligne ici la nécessité de la satisfaction des besoins pour maintenir la vie du groupe. Un groupe qui serait incapable de satisfaire les besoins individuels serait voué à la désintégration.

D'autres auteurs considèrent que les buts du groupe sont aussi importants que la satisfaction des besoins pour son fonctionnement harmonieux. Mills (1967) relate cette tendance en mentionnant que les petits groupes « sont des entités constituées de deux ou de plusieurs personnes qui entrent en rapport en vue d'un objectif et qui jugent ce rapport significatif » (p. 39). La motivation, la satisfaction des besoins individuels et l'atteinte des buts communs semblent étroitement liées dans l'apparition et le maintien du groupe restreint. Il est aussi intéressant de constater que le groupe est considéré comme une unité, c'est-à-dire comme un tout harmonieux et organisé.

C'est d'ailleurs cet aspect organisationnel qui frappe plus particulièrement McDavid et Harari (1968). Ils retrouvent dans les groupes les fonctions essentielles d'un système : composantes fonctionnelles, composantes inter-reliées et mécanisme de régulation.

Un groupe socio-psychologique consiste en un système organisé comprenant deux ou plusieurs individus qui interagissent de telle sorte que le système produise un certain fonctionnement, acquière un répertoire de base des relations de rôles entre ses membres, et se donne un ensemble de normes qui gouverne le fonctionnement du groupe et de chacun de ses membres (p. 237).

La définition de cet auteur précise certaines caractéristiques structurelles propres au groupe: normes, statuts et rôles. D'autres composantes font également partie de la structure groupale. Bien que ces auteurs ne le mentionnent pas explicitement, les relations de pouvoir ou les relations affectives sont maintenant reconnues comme telles.

Mais un groupe est plus qu'un système structuré. Il est une unité dynamique dont les parties (composantes) sont interdépendantes. Lewin l'avait d'ailleurs bien exprimé en 1951 en affirmant qu'un ensemble d'individus ne forme un groupe que s'ils sont interdépendants.

Se représenter un groupe en tant qu'entité dynamique impliquerait une définition du groupe qui se fonde sur l'interdépendance de ses membres. Souligner cet aspect paraît vraiment nécessaire puisque de nombreuses définitions du groupe font appel, en guise de facteur d'existence, à la ressemblance entre ses membres plutôt qu'à leur interdépendance dynamique (p.146-147).

Cette considération est intéressante et permet d'aborder le groupe d'une manière différente des précédentes. Lewin propose de concevoir le groupe par ce qu'il est, plutôt que par ce qu'il a, c'est-à-dire par ce que les membres ont en commun.

Fiedler (1967) précise ce point de vue en faisant ressortir l'importance de considérer le groupe sous l'aspect de l'interdépendance: « (...) par ce mot (groupe), nous signifions habituellement un ensemble d'individus qui partagent une destinée commune, c'est-à-dire qu'ils sont interdépendants au sens où un événement qui touche un membre est susceptible de les marquer tous. » (p.6).

Ainsi, tout ce qui affecte une partie affecte le tout. Les composantes sont vraiment interreliées et elles interagissent, par conséquent, d'un point de vue dynamique. Plusieurs auteurs considèrent cette caractéristique comme l'essence même du groupe et basent leurs définitions sur cet aspect. Par exemple, Stogdill (1959) dira: « Un groupe peut être considéré comme un système d'interactions ouvert au sein duquel des actions produisent la structure du système et un enchaînement d'interactions entraîne des résultats comparables en regard de l'identité de ce système » (p.18). Se référant à plus de dimensions que la définition suggérée par Stogdill, d'autres auteurs énoncent une définition du groupe en incluant de multiples caractéristiques. C'est le cas de DeLamater (1974) qui formule la définition du groupe en fonction des propriétés suivantes:

> L'interaction entre des individus, la perception des autres membres et la formation de perceptions communes, la constitution de liens affectifs et l'élaboration de rôles ou d'une interdépendance (p. 39).

Il semble que la conception englobante du groupe fasse, depuis la fin des années '60, un certain consensus chez les auteurs. Comme Knowles et Knowles (1969: 39-40) le proposent, une analyse du groupe peut s'effectuer à partir d'au moins six considérations.

1. Une participation définissable: un regroupement constitué de deux ou de plusieurs personnes identifiables en raison de leur nom ou de leur genre.

2. La conscience de constituer un groupe: les membres se perçoivent comme un groupe, développent une perception collective d'unité, une identification aux autres.

3. Un sentiment de but commun: les membres partagent des buts ou idéaux identiques ou le même objectif de perfection.

4. Une interdépendance dans la réponse à des besoins: les membres éprouvent le besoin de s'entraider pour réaliser les buts qui les ont rattachés au groupe.

5. Une interaction: les membres communiquent les uns avec les autres, s'influencent réciproquement, réagissent les uns aux autres.

6. Une aptitude à l'unité d'action: le groupe peut se comporter de la même façon qu'un organisme unique.

1.4.1 Équipes de travail ou groupes de tâche

Aubry et St-Arnaud (1963) rappellent que les groupes de travail, ou groupes de tâche, consacrent leur temps et leurs énergies à la réalisation d'un mandat commun. Souvent, chaque membre aborde un aspect différent d'une même question ou d'une recherche puis tous mettent en commun leurs apports respectifs pour la réalisation du mandat.

Selon Mucchielli (1980), la taille optimale des groupes de tâche serait de cinq à six membres. Selon lui, ce nombre favorise des interactions plus riches et plus productives, assure la possibilité d'expression de tous et permet une division du travail sans perdre de vue la globalité du mandat.

Sa composition peut être homogène ou hétérogène. L'homogénéité des caractéristiques personnelles des membres permet, comme l'expliquent Anzieu et Martin (1982), des accords plus faciles sur le plan socio-affectif, ce qui laisse plus de temps et d'énergie à consacrer à la tâche. Cependant, Mucchielli insiste sur l'importance de l'hétérogénéité des compétences comme facteurs de richesse des échanges et de créativité.

1.4.2 Groupes de négociation et groupes de pression

Mucchielli (1980) appelle « groupe de pression » tout groupe qui existe pour se défendre contre une pression extérieure. Cette pression, ou contrainte, peut être directe ou indirecte. Pour sa part, Grawitz (1981) reconnaît certains groupes de pression comme des « organismes professionnels corporatifs ou syndicaux qui agissent directement sur le pouvoir public ou, indirectement, sur l'opinion, pour obtenir des décisions favorables aux intérêts de leurs membres » (p. 78). Ils se distinguent des partis politiques parce qu'ils ne visent pas le pouvoir.

Pour Mucchielli, la tension vécue par les groupes de pression est toujours négative, puisqu'elle manifeste une contrainte subie et qu'elle diminue la puissance créatrice du groupe.

1.4.3   Groupes de créativité

Les membres des groupes de créativité se rencontrent habituellement en vue de résoudre des problèmes à l'aide de techniques comme le brainstorming ou la synectique qui suscitent la production d'idées nouvelles et originales. Leur but est de stimuler les facultés créatrices des membres par l'émulation pour faire jaillir du groupe l'étincelle qui fournira la réponse au besoin à combler.

L'hétérogénéité des membres dans le groupe de créativité et l'utilisation de techniques qui reproduisent et accélèrent le processus mental de la création contribuent à l'efficacité de ce type de groupe. Toutefois, les participants doivent être conscients de l'importance de leur contribution et de ce qu'il adviendra de leur production.

1.4.4   Groupes de jeunes

La notion de « groupe de jeunes » a beaucoup changé au cours des dernières décennies. En effet, cette clientèle occupe de plus en plus de place dans la société et sa participation est désirée et suscitée dans de nombreuses organisations culturelles, de loisirs, scolaires et parfois politiques (Limbos, 1980).

Ces groupes se composent de personnes dont l'âge est inférieur à 18 ans et les motivations qui les réunissent varient selon l'âge des membres. Limbos retient que les objectifs d'amusement et de distraction dominent généralement chez les jeunes de moins de douze ans. Chez les adolescents, les raisons de la formation de groupes reposent souvent sur les besoins d'échapper aux contraintes familiales et de discuter avec des jeunes du même âge dans un contexte de mixité. Chez les « jeunes adultes », les groupes se forment fréquemment dans le but de pratiquer des activités sportives ou culturelles et de s'engager dans des projets communautaires. En général, les groupes de jeunes sont centrés sur l'ambiance, les relations avec les autres en dehors du cadre familial et l'expression sous ses diverses formes.

Le nombre et la variété des groupes que les jeunes peuvent joindre occasionnent un certain « roulement » du membership. Toutefois, Limbos observe que les jeunes, après une certaine période de découverte et de changements fréquents, tendent à fixer leur option et à s'y engager sérieusement.

1.4.5   Groupes de formation (T-Group)

Ancelin-Schützenberger (1972) définit les groupes de formation comme des groupes de sensibilisation à la dynamique des groupes restreints et au diagnostic des interactions. Le principe de ces groupes a été développé aux États-Unis par Kurt Lewin vers 1946. Il consiste en un regroupement sans thème, accompagné par un ou plusieurs moniteurs centrés sur le groupe. Son but est de comprendre et d'analyser les phénomènes à l'intérieur du groupe.

Maisonneuve (1968) souligne que les groupes de formation, souvent appelés groupes de base ou de diagnostic, présentent « un très faible degré de structuration et un déconditionnement maximal » (p.101). Les rencontres consistent souvent en des discussions libres, sans ordre du jour ni problèmes à résoudre et visent à faire vivre une expérience de communication pour en élucider le processus, les difficultés et les issues.

De plus, ces groupes de formation aux relations humaines ont parfois pour but d'opérer un changement d'attitude sociale et d'amener à une certaine maturité socio-affective.

1.4.6   Groupes de loisirs

L'augmentation des temps libres et l'accessibilité des loisirs à un nombre de plus en plus grand de personnes provoquent une multiplication des groupes dits culturels ou de loisirs, dans les domaines d'activité les plus variés (Limbos, 1981).

Les membres de ces groupes se réunissent dans le but de pratiquer une activité ensemble, comme c'est le cas dans les ligues sportives et les clubs d'intérêt. Les groupes de loisirs présentent des caractéristiques d'homogénéité au niveau de l'intérêt pour un certain type d'activité et, souvent, au niveau de l'âge des participants.

Le degré de structuration des groupes de loisirs est variable. Dans certains cas, la participation des membres est réglementée et encadrée, alors que dans d'autres groupes, les membres sont entièrement libres du choix des moments et du type de leur participation.

1.4.7　Groupes de thérapie

Le principe des groupes de thérapie se base sur les recherches de Lewin dont les expériences indiquent qu'il est plus facile de changer des personnes constituées en groupe que de changer chacune d'elles séparément. Les groupes de thérapie se réunissent donc pour déceler et liquider les tensions résultant en un malaise dans un groupe « naturel ».

Ancelin-Schützenberger (1972) souligne que cette forme de thérapie a beaucoup été utilisée dans les institutions pour personnes déficientes intellectuellement. Elle permet de développer des habiletés de communication et favorise la socialisation de la personne.

EN RÉSUMÉ

Toutes les définitions formulées à propos du concept de groupe restreint sont acceptables selon au moins un aspect. Elles en éclairent une facette ou en tracent les limites. Examinant ce concept à partir de points de vue différents, chaque auteur peut présumer de certaines caractéristiques essentielles du groupe. Les différences émergent surtout parce que les auteurs ont des niveaux d'analyse ou des cadres de référence différents. De plus, la recherche de la précision du détail ou l'interprétation sémantique des termes entraînent des divergences de perception. Toutefois, lorsque les définitions reposent sur l'analyse des mêmes caractéristiques, les divergences sont minimes. Par exemple, l'un emploiera l'énoncé « communication directe entre les membres » pour désigner l'échange d'information dans le groupe tandis que l'autre utilisera l'énoncé « communication face-à-face ». Il y a tout lieu de croire qu'il existe suffisamment de ressemblance entre les définitions pour indiquer que ces auteurs réfèrent aux mêmes concepts de base lorsqu'ils traitent du groupe restreint.

De notre point de vue, les termes **interdépendance** et **synergie** induisent plus directement l'ensemble des autres éléments sous-entendus par le vocable **groupe restreint**. L'interdépendance est le degré de liberté avec lequel un membre peut agir en tant que partie d'un ensemble. Les membres ont besoin les uns des autres pour satisfaire leurs objectifs personnels et communs. La synergie réfère à la résultante énergétique canalisée des attitudes et des comportements des membres envers le groupe. La synergie peut être comprise aussi comme le total énergétique disponible au groupe. Quelques-uns, comme Burgoon *et al.* (1974), emploieront le vocable « Assembly Bonus Effect » pour décrire ce phénomène de groupe. La notion d'interdépendance sous-entend que les membres ont un intérêt à joindre le groupe, intérêt qui va au-delà de leurs motivations de départ lorsqu'ils ont rejoint le groupe. Ils ont un but qui leur est propre dans un destin commun. La notion de synergie réfère donc à l'énergie motrice du groupe tandis que l'interdépendance correspond aux liens nécessaires entre les membres pour accomplir la tâche. C'est par ces notions que l'on peut expliquer le changement observé chez le groupe restreint.

Les expériences et les observations faites précédemment nous conduisent à formuler des résultats que nous pourrions envisager sous la forme de postulats ou de théorèmes. Au nombre de huit, ils représentent chacun un aspect propre du groupe restreint:

1. Les groupes se forment pour deux raisons majeures: a) satisfaire les besoins de leurs membres ou b) réaliser un objectif difficilement réalisable, voire irréalisable, sans l'aide des autres;

2. Dès les premiers instants de la vie d'un groupe, chaque membre influence et est influencé par les autres membres. C'est l'établissement de la communication directe et de son support sous forme de réseau;

3. Les membres adhèrent à un objectif commun auquel ils contribuent à des niveaux différents. Ils investissent du temps, de l'information et de l'énergie de manière complémentaire (interaction);

4. Les membres maintiennent un nombre restreint de liens de communication (préférence pour un réseau spécifique), en ne détenant individuellement qu'une portion de la communication totale;

5. Chaque membre du groupe est relié à des sources d'informations extérieures lui permettant d'alimenter le groupe sur une base relativement stable et permanente;

6. Le groupe dégage une personnalité propre, c'est-à-dire des caractéristiques structurales (réseaux, normes, codes, positions) et une dynamique (prise de décision, leadership, etc.) qui lui sont particulières. C'est la reconnaissance de la syntalité du groupe;

7. Le groupe transforme les informations et les énergies disponibles des membres pour réaliser trois fonctions principales: a) créer des supports permettant les échanges, b) maintenir le groupe comme une totalité et c) produire au niveau de la tâche commune;

8. Le dynamisme du groupe est en relation étroite avec la qualité et la quantité des échanges entre les membres. C'est un processus bidirectionnel où la cause influence l'effet et où l'effet influence la cause.

Alors que l'on caractérisait auparavant le groupe restreint par son petit nombre de membres et les relations interpersonnelles qui s'y jouent, on met dorénavant l'accent sur l'interdépendance, les échanges et le but commun. Les auteurs les plus récents conviennent de cette nécessité pour saisir, plus globalement et avec plus d'exactitude, la réalité de ce type de groupe. Les apports de la cybernétique ont très certainement joué un rôle important dans ce changement de perception. D'ailleurs, l'utilisation du terme système pour désigner le groupe est révélateur de cet apport.

Cependant, bien que l'on assume les postulats de cette nouvelle approche, les définitions contiennent presque toujours des traces du passé. On a souvent tendance à définir le groupe par ce qu'il a plutôt que par ce qu'il possède. Ne serait-il pas plus cohérent de définir le groupe comme un ensemble d'interrelations dynamiques concourant à l'atteinte d'un objectif commun ? En fait, la syntalité est plus qu'une agglomération de caractéristiques individuelles. Elle est une totalité spécifique, un client en soi.

RÉFÉRENCES

ANCELIN-SCHUTZENBERGER, A. (1972). *Vocabulaire des techniques de groupe*. Paris: EPI.

ANZIEU, D. et MARTIN, J.-Y. (1969). *La dynamique des groupes restreints*. Paris: Presses Universitaires de France (1982, éd. refondue).

AUBRY, J.-M. et ST-ARNAUD, Y. (1963). *Dynamique des groupes*. Montréal: Éditions de l'Homme, 1975.

BALES, R.-F. (1950). *Interaction Process Analysis: A Method for the Study of Small Groups*. Cambridge: Addison-Wesley.

BALES, R-F. et STRODTBECK, F-L. (1951). Phases in Group Problem Solving. *Journal of Abnormal and Social Psychology, 46*, 485-495.

BASS, B.-M. (1960). *Leadership, Psychology, and Organizational Behavior.* New York: Harper & Row.

BOISVERT, D. (1988). *Le groupe restreint: ses aspects caractéristiques.* Trois-Rivières: Éditions génagogiques.

BOUVARD, C. et BUISSON, M. (1980). *Gérer et animer un groupe.* Paris: Éditions d'Organisation.

BURGOON, M. *et al.* (1974). *Small Group Communication: A Functional Approach.* New York: Holt, Rinehart and Winston Inc.

COOLEY, C.-H. (1909). *Social Organization.* New York: Scrilnes, 1929.

DELAMATER, J. (1974). A Definition of Group. *Small Group Behavior, 5,* 30-44.

DOUGLAS, T. (1983). *Group Understanding People Gathered Together.* New York: Tavistock Publications.

DREVILLON, J. (1973). *Psychologie des groupes humains.* Paris: Bordas.

FARACE, R.V. *et al.* (1977). *Communicating and Organizing.* New York: Random House.

FIEDLER, F.-E. (1967). *A Theory of Leadership Effectiveness.* New York: McGraw-Hill.

FULLER, R.B. (1980). *Manuel d'instruction pour le vaisseau spatial Terre.* Montréal: Les Editions Jean Basile.

GRAWITZ, M. (1981). *Méthodes des sciences sociales.* Paris: Dalloz.

HALL, E.T. (1971). *La dimension cachée.* Paris: Éditions du Seuil.

KNOWLES, M. et KNOWLES, H. (1969). *Introduction to Group Dynamics.* (7e éd.), New York: Association Press.

LEBON, G. (1895). *Psychologie des foules.* Paris: Presses Universitaires de France (1963).

LECAMUS, G. (1989). *Les racines de la socialité.* Paris: Édition Centurion.

LEWIN, K. (1951). *Field Theory in Social Science.* New York: Harper and Row.

LIMBOS, E. (1980). *Les problèmes humains dans les groupes.* Paris: Entreprise Moderne d'Édition.

LIMBOS, E. (1981). *L'animation des groupes de culture et de loisirs.* (2e éd.). Paris: Entreprise Moderne d'Edition.

MAISONNEUVE, J. (1966). *Psycho-sociologie des affinités.* Paris: Presses Universitaires de France.

MAISONNEUVE, J. (1968). *La dynamique des groupes.* Paris: Presses Universitaires de France (1984).

McDAVID, J.-W. et HARARI, H. (1968). *Social Psychology: Individuals, Groups, Societies.* New York: Harper & Row.

MILLS, T.-M. (1967). *The Sociology of Small Groups.* Englewood Cliffs: Prentice-Hall.

MORENO, J.L. (1970). *Les fondements de la sociométrie* (2e éd. revue et augmentée). Paris: Presses Universitaires de France.

MUCCHIELLI, R. (1980). *La dynamique des groupes.* Paris: Entreprise Moderne d'Édition.

OLMSTED, M.S. (1969). *Sociologie des petits groupes.* Paris: SPES.

SIMON, P. et ALBERT, L. (1978). *Les relations interpersonnelles* (3e éd.), Montréal: Éditions Agence d'ARC.

ST-ARNAUD, Y. (1978). *Les petits groupes participation et communication.* Montréal: Presses de l'Université de Montréal.

STOGDILL, R.-M. (1959). *Individual Behavior and Group Achievement.* New York: Oxford University Press.

TORAILLE, R. (1985). *L'animation pédagogique aujourd'hui.* Paris: ESF.

Questions

1. Un animateur ne doit pas se soucier d'amener tous les membres du groupe à une participation entière.   *Vrai ou faux*

2. L'efficacité d'un groupe n'a rien à voir avec l'adhésion à des normes de groupe (règles de conduite).   *Vrai ou faux*

3. L'homogénéité des membres d'un groupe se répercute sur l'efficacité des communications internes.   *Vrai ou faux*

4. L'homogénéité intégrale favorise la créativité du groupe.   *Vrai ou faux*

5. Lorsque l'on parle de groupes, les termes « petit », « restreint » et « primaire » sont synonymes parfaits.   *Vrai ou faux*

6. Comme la personne, le groupe connaît aussi une évolution vers la maturité.   *Vrai ou faux*

7. La principale motivation qui incite les jeunes de moins de douze ans à se réunir est :

   A)   de se distraire et de s'amuser
   B)   d'échapper au contexte familial
   C)   de s'engager dans des projets
   D)   toutes ces réponses

8. Le principe des groupes de thérapie se base sur les recherches de :

   A)   Ancelin-Schützenberger
   B)   Blake et Mouton
   C)   Lewin
   D)   aucune de ces réponses

9. Selon le code Québécois du travail (section III, art. 21), un seul salarié peut former un groupe.   *Vrai ou faux*

10. Le macro-groupe est exposé à se fractionner en sous-groupes. *Vrai ou faux*

11. La bande (« gang ») s'efforce d'encourager la diversité. *Vrai ou faux*

12. Le groupe secondaire favorise d'abord les relations affectives
    entre les membres. *Vrai ou faux*

13. Le cercle de qualité est un groupe centré sur la tâche. *Vrai ou faux*

14. Le groupe secondaire se caractérise par des liens personnalisés
    établis dans un micro-groupe. *Vrai ou faux*

15. La taille optimale des groupes de tâche est, selon Mucchielli :
    A) 3 membres
    B) 5-6 membres
    C) 12 membres
    D) aucune de ces réponses

16. Parmi les équipes de travail, l'efficacité est plus sûrement atteinte
    chez des groupes centrés...
    A) sur le groupe (conservation) exclusivement.
    B) autant sur la tâche que sur le groupe.
    C) sur la tâche (production) uniquement.
    D) aucune de ces réponses.

17. Le groupe de tâche se compose...
    A) uniquement de personnes membres.
    B) uniquement de personnes en interaction.
    C) de participants en interaction liés par un but commun.
    D) aucune de ces réponses.

18. Dans une équipe de travail, l'attention de l'animateur se porte d'abord sur
    chaque membre considéré comme...
    A) source de relations et d'interactions.
    B) détenteur d'une « personnalité de base ».
    C) individu original et unique.
    D) aucune de ces réponses.

19. La vie d'un groupe de tâche ne requiert que la mobilisation d'une énergie...
    A) de production.
    B) de conservation.
    C) qui fusionne production et conservation.
    D) aucune de ces réponses.

20. Les groupes de formation (T-Group) sont des groupes qui
    reçoivent un enseignement professionnel. *Vrai ou faux*

Simulations

1. LA PRÉSENTATION DES PARTICIPANTS
2. LA GRILLE D'ÉVALUATION CORI

SIMULATION 1

LA PRÉSENTATION DES PARTICIPANTS

BUT : Favoriser la connaissance des autres membres du groupe et me présenter à eux.

DURÉE : 30 à 45 minutes.

RESSOURCES : crayons et feuilles.

DÉROULEMENT

PHASE 1 : Dans un premier temps, le responsable demande à chacun des participants de choisir un animal et une couleur qui le représentent le mieux et de les inscrire sur leur feuille en identifiant les raisons de ses choix (cinq minutes).

PHASE 2 : Les membres qui ne se connaissent pas se regroupent en dyades et s'expliquent réciproquement les raisons de leurs choix. Ces discussions d'environ dix minutes devraient permettre à chacun de mieux connaître la personnalité de l'autre.

PHASE 3 : Le responsable demande aux participants de se regrouper en plénière et, à tour de rôle, de présenter la personne avec laquelle ils ont discuté de façon dynamique et originale, en mentionnant la couleur et l'animal choisis par celle-ci.

ÉLÉMENTS DE RÉFLEXION À PROPOS
DE LA SIMULATION 1

LA PRÉSENTATION DES PARTICIPANTS

1. Notez-vous des différences significatives entre la perception que vous aviez de certains participants et ce que vous connaissez maintenant d'eux? Donnez des exemples.

2. Les animaux et les couleurs choisis vous semblent-ils vraiment représentatifs des participants présentés? Pourquoi?

3. D'après les animaux et les couleurs présentés durant la plénière, formez-vous un groupe plutôt homogène ou, au contraire, hétérogène?

4. La discussion en dyade vous a-t-elle fourni assez de renseignements pour pouvoir présenter votre partenaire?

5. Vous sentez-vous mal à l'aise lorsque l'on vous demande de vous présenter aux autres dans un nouveau groupe? Pourquoi?

SIMULATION 2

LA GRILLE D'ÉVALUATION D'ÉQUIPE SELON L'ÉCHELLE DE CORI

Reproduit avec la permission de Actualisation.

BUT : Favoriser la connaissance des autres membres du groupe et me présenter à eux.

DURÉE : 30 à 45 minutes.

RESSOURCES : crayons, questionnaires, feuilles de pointage et d'interprétation.

ORGANISATION : Chaque participant fait l'exercice individuellement.

DÉROULEMENT : Le responsable demande aux participants de remplir le questionnaire d'évaluation d'équipe, de façon spontanée et silencieuse.

DIRECTIVES : Écrire une des lettres suivantes devant chaque affirmation :

TD = Totalement en désaccord ;

D   = Désaccord ;

A   = D'accord ;

TA = Totalement d'accord

1. Je crois que l'équipe m'acceptera comme membre à part entière quels que soient mes faits et gestes.

2. Je cache beaucoup de choses à l'équipe et celle-ci fait de même.

3. Je m'affirme à l'intérieur de l'équipe.

4. Je recherche rarement l'aide des autres pour réaliser une tâche.

5. Il règne une grande confiance parmi les membres de l'équipe.

6. Les membres ne s'intéressent pas vraiment à l'opinion des autres.

7. L'équipe ne pousse pas ses membres à accomplir leurs tâches.

8. Chaque membre accomplit ses tâches sans penser aux autres.

9. Je suis très prudent à l'intérieur de l'équipe.

10. Je ne pense pas devoir cacher des choses au groupe.

11. Je ne travaille qu'aux tâches qui me sont assignées.

12. Je crois que tous les membres de l'équipe m'aideront volontiers si je le leur demande.

13. L'équipe accorde plus d'importance à réaliser les tâches qu'à aider les membres à résoudre leurs problèmes personnels.

14. Les membres s'expriment avec franchise.

15. Les membres réalisent leurs tâches sans se sentir responsables pour l'équipe.

16. L'équipe est très unie.

17. Je fais confiance aux membres de l'équipe.

18. J'ai peur de choquer les membres de l'équipe si je leur dévoile mes véritables pensées.

19. Je me sens libre d'agir selon mes désirs à l'intérieur de l'équipe.

20. Je me sens souvent seul dans l'équipe.

21. Les membres de l'équipe savent qui ils sont; ils se perçoivent vraiment comme des individus.

22. Au travail, les membres de l'équipe s'efforcent de n'exprimer que des idées pertinentes à l'objet de leurs tâches.

23. Les objectifs de l'équipe sont clairs.

24. L'équipe arrive difficilement à progresser et à appliquer ses décisions.
25. Si je quitte l'équipe, les membres déploreront mon départ.
26. Je peux exprimer en toute confiance mes idées et mes opinions les plus importantes et les plus intimes.
27. Mes objectifs diffèrent de ceux des membres de l'équipe.
28. J'ai hâte de me retrouver parmi les membres de l'équipe.
29. Les membres de l'équipe ne sont pas vraiment eux-mêmes et jouent des rôles.
30. Nous nous connaissons très bien les uns les autres.
31. L'équipe pousse ses membres à travailler.
32. L'équipe peut affronter efficacement une situation d'urgence.
33. Je me sens bien dans ma peau à l'intérieur de l'équipe.
34. J'exprime difficilement mes sentiments négatifs à l'intérieur de l'équipe.
35. Je prends facilement des risques lorsque je travaille avec l'équipe.
36. J'accorde souvent mon appui aux autres parce que je m'y sens obligé.
37. Les membres de l'équipe manifestent beaucoup de sollicitude les uns envers les autres.
38. Les membres expriment plus souvent leurs divergences d'opinions à l'extérieur des réunions qu'en présence des autres membres.
39. Les membres sont libres de correspondre à leur identité.
40. Les membres de l'équipe aiment diriger ou être dirigés. Ils n'aiment pas travailler avec les autres d'égal à égal.
41. J'agis de manière très impersonnelle à l'intérieur de l'équipe.
42. Je me sens à l'aise lorsque j'exprime des sentiments qui me tiennent à coeur.
43. Je sens que je ne dois pas exprimer mes véritables opinions.
44. J'aime travailler avec les membres de l'équipe.
45. Chaque membre a un rôle clair et précis à jouer. Plus il agit selon ce rôle, plus on le respecte.
46. Nous pouvons exprimer nos sentiments négatifs à l'intérieur de l'équipe.
47. Les membres paraissent parfois très apathiques et passifs.
48. L'équipe se caractérise par l'intégration et la coordination à plusieurs niveaux.
49. Je me sens un être unique au milieu de l'équipe.
50. Je me sentirais très vulnérable si je dévoilais aux membres de l'équipe mes sentiments et mes opinions les plus intimes.

51. L'équipe attache beaucoup d'importance à ma croissance et à mes apprentissages personnels.

52. Je ne tiens pas à collaborer avec les autres membres de l'équipe.

53. Les membres de l'équipe jugent très favorablement mon apport au groupe.

54. Les membres craignent d'être ouverts et honnêtes les uns avec les autres.

55. Les membres expriment rapidement leurs désirs lors de la prise de décision.

56. Les membres sont très individualistes et ne travaillent pas vraiment ensemble.

57. Je suis insatisfait de moi lorsque je travaille avec l'équipe.

58. A l'intérieur de l'équipe, je suis libre d'être moi-même et je ne sens pas le besoin de jouer un rôle.

59. Il est important pour moi de correspondre à l'image que les autres se font de moi.

60. Toute personne qui quitterait l'équipe me manquerait car chaque membre y est important.

61. On distingue facilement les personnes très impliquées dans l'équipe.

62. Les membres écoutent les autres avec compréhension et sympathie.

63. L'équipe dépense beaucoup d'énergie à pousser les autres à agir contre leurs véritables désirs.

64. Les membres aiment être en présence les uns des autres.

65. Je suis un membre important dans l'équipe.

66. L'équipe déforme souvent mes idées et mes opinions.

67. Mes objectifs ressemblent aux objectifs de l'équipe dans son ensemble.

68. Les membres de l'équipe m'aident rarement lorsque je suis aux prises avec un problème.

69. Les membres de l'équipe m'écoutent lorsque je m'exprime.

70. Les membres ne dévoilent pas leurs sentiments négatifs.

71. Les membres dirigent leurs énergies vers l'action.

72. Le pouvoir est important si vous voulez réaliser quelque chose à l'intérieur de l'équipe.

73. Je ne me sens pas très authentique lorsque je suis en présence de l'équipe.

74. Je connais presque tout sur les membres de l'équipe.

75. Si j'agissais selon mes véritables désirs, mes activités à l'intérieur de l'équipe changeraient complètement.

76. Les membres de l'équipe m'aident souvent à réaliser mes objectifs.

77. Certains membres ont peur de l'équipe et des autres membres.

78. Les membres de l'équipe ne sont pas inhibés et sont très spontanés les uns avec les autres.

79. Les objectifs de l'équipe sont souvent obscurs.

80. Les membres de l'équipe travaillent très bien ensemble.

81. Les membres de l'équipe m'importent beaucoup.

82. Les membres ne comprennent pas mes sentiments et mes opinions.

83. Je suis habituellement d'accord avec les décisions de l'équipe.

84. Je n'ai pas vraiment l'impression d'appartenir à l'équipe.

85. Chaque personne est considérée comme un membre important de l'équipe.

86. J'exprime facilement mes sentiments positifs mais il n'en est pas de même pour mes sentiments négatifs.

87. Les membres de l'équipe évoluent constamment.

88. Nous avons besoin de contrôles sévères pour nous maintenir dans le droit chemin.

89. Je me sens souvent sur la défensive à l'intérieur de l'équipe.

90. Je n'ai presque pas de secrets pour les autres membres de l'équipe.

91 J'éprouve de la difficulté à être moi-même à l'intérieur de l'équipe.

92. Je sens un fort sentiment d'appartenance.

93. Je distingue facilement les membres les plus importants de l'équipe.

94. Les membres de l'équipe n'ont pas de secrets les uns pour les autres.

95. La plupart de nos énergies sont consacrées à des tâches non pertinentes.

96. Il existe très peu de compétition parmi les membres de l'équipe.

Lorsque les participants ont terminé, ils inscrivent leurs résultats sur la feuille de pointage et les interprètent à l'aide du texte d'interprétation.

FEUILLES DE POINTAGE ET INTERPRÉTATION DE LA GRILLE CORI

POINTAGE DE L'ÉVALUATION DE L'ÉQUIPE

DIRECTIVES : La grille d'évaluation de l'équipe propose huit pointages qui se basent sur les quatre processus fondamentaux identifiés plus bas. Les quatre premiers pointages illustrent votre perception à l'intérieur de l'équipe et les quatre autres décrivent votre perception de l'équipe. Lisez vos réponses à chaque question et encerclez le chiffre qui y correspond sur la feuille de pointage. Faites ensuite le total.

CONFIANCE-ÊTRE	OUVERTURE MANIFESTATION	RÉALISATION-CROISSANCE	INTERDÉPENDANCE APPARTENANCE À L'ÉQUIPE
TD D A TA	TD D A TA	TD D A TA	TD D A TA
1. 0 1 2 3	2. 3 2 1 0	3. 0 1 2 3	4. 3 2 1 0
9. 3 2 1 0	10. 0 1 2 3	11. 3 2 1 0	12. 0 1 2 3
17. 0 1 2 3	18. 3 2 1 0	19. 0 1 2 3	20. 3 2 1 0
25. 3 2 1 0	26. 0 1 2 3	27. 3 2 1 0	28. 0 1 2 3
33. 0 1 2 3	34. 3 2 1 0	35. 0 1 2 3	36. 3 2 1 0
41. 3 2 1 0	42. 0 1 2 3	43. 3 2 1 0	44. 0 1 2 3
49. 0 1 2 3	50. 3 2 1 0	51. 0 1 2 3	52. 3 2 1 0
57. 3 2 1 0	58. 0 1 2 3	59. 3 2 1 0	60. 0 1 2 3
65. 0 1 2 3	66. 3 2 1 0	67. 0 1 2 3	68. 3 2 1 0
73. 3 2 1 0	74. 0 1 2 3	75. 3 2 1 0	76. 0 1 2 3
81. 0 1 2 3	82. 3 2 1 0	83. 0 1 2 3	84. 3 2 1 0
89. 3 2 1 0	90. 0 1 2 3	91. 3 2 1 0	92. 0 1 2 3

Je me perçois à l'intérieur de l'équipe : C ___   O___   R___   I__

CONFIANCE-ÊTRE	OUVERTURE MANIFESTATION	RÉALISATION-CROISSANCE	INTERDÉPENDANCE APPARTENANCE À L'ÉQUIPE
TD D A TA	TD D A TA	TD D A TA	TD D A TA
5. 0 1 2 3	6. 3 2 1 0	7. 0 1 2 3	8. 3 2 1 0
13. 3 2 1 0	14. 0 1 2 3	15. 3 2 1 0	16. 0 1 2 3
21. 0 1 2 3	22. 3 2 1 0	23. 0 1 2 3	24. 3 2 1 0
29. 3 2 1 0	30. 0 1 2 3	31. 3 2 1 0	32. 0 1 2 3
37. 0 1 2 3	38. 3 2 1 0	39. 0 1 2 3	40. 3 2 1 0
45. 3 2 1 0	46. 0 1 2 3	47. 3 2 1 0	48. 0 1 2 3
53. 0 1 2 3	54. 3 2 1 0	55. 0 1 2 3	56. 3 2 1 0
61. 3 2 1 0	62. 0 1 2 3	63. 3 2 1 0	64. 0 1 2 3
69. 0 1 2 3	70. 3 2 1 0	71. 0 1 2 3	72. 3 2 1 0
77. 3 2 1 0	78. 0 1 2 3	79. 3 2 1 0	80. 0 1 2 3
85. 0 1 2 3	86. 3 2 1 0	87. 0 1 2 3	88. 3 2 1 0
93. 3 2 1 0	94. 0 1 2 3	95. 3 2 1 0	96. 0 1 2 3

Je perçois l'équipe : C ___   O___   R___   I__

INTERPRÉTATION DE LA GRILLE
D'ÉVALUATION DE L'ÉQUIPE

CONFIANCE – ÊTRE

Des résultats élevés signifient: *Perception de soi:* «J'ai confiance en moi, je perçois assez clairement ma propre identité et mon caractère unique, je me sens bien dans ma peau à l'intérieur de l'équipe». *Perception de l'équipe:* «Je perçois les membres comme confiants et je crois qu'ils m'apportent un environnement de travail favorable».

De faibles résultats signifient : *Perception de soi:* «Je n'ai pas vraiment confiance en moi, je ne perçois pas clairement mon identité et mon caractère unique, je ne me sens pas très bien dans ma peau en présence de l'équipe». *Perception de l'équipe :* « J'ai tendance à percevoir des membres de l'équipe comme méfiants, impersonnels, jouant des rôles; j'ai l'impression qu'ils fournissent un environnement négatif et défensif, tant pour moi que pour les autres membres de l'équipe».

OUVERTURE – MANIFESTATION

Des résultats élevés signifient : *Perception de soi:* «A l'intérieur de l'équipe, je me sens libre de me dévoiler, de montrer qui je suis, d'exprimer mes sentiments ouvertement». *Perception de l'équipe:* « Pour moi, les membres de l'équipe sont ouverts, spontanés et se dévoilent les uns aux autres».

De faibles résultats signifient : *Perception de soi:* «Je ne me sens pas libre d'être ouvert, je me sens vulnérable et obligé de cacher une bonne partie de mes sentiments intimes aux autres membres». *Perception de l'équipe:* «Les membres de l'équipe sont méfiants, prudents et ne veulent pas dévoiler leurs sentiments et leurs opinions surtout si ces derniers sont négatifs».

RÉALISATION – CROISSANCE

Des résultats élevés signifient : *Perception de soi :* « Je me sens libre de prendre des risques, de m'affirmer moi-même, d'agir selon mes désirs et de suivre mes motivations intérieures ». *Perception de l'équipe :* « Les membres de l'équipe ne nuisent pas à la liberté des autres. Ils apportent un environnement favorable à la réalisation de nos objectifs. Ils laissent les autres être eux-mêmes ».

De faibles résultats signifient : *Perception de soi* : « Je *suis* conscient de la présence de motivations extérieures. Je dois tenter de bien remplir mon rôle et de rehausser les attentes des autres membres à mon sujet ». *Perception de l'équipe* : « Les membres de l'équipe forcent les autres à vivre en conformité avec un rôle, à agir contrairement à leurs désirs et à travailler à la réalisation d'objectifs qui leur importent peu ».

INTERDÉPENDANCE – APPARTENANCE À L'ÉQUIPE

Des résultats élevés signifient : *Perception de soi* : « J'ai un fort sentiment d'appartenance à l'équipe, j'aime travailler avec les membres, les rencontrer et les aider ». *Perception de l'équipe* : « Les membres de l'équipe collaborent entre eux, travaillent d'une manière efficace et sont bien intégrés à l'équipe ».

De faibles résultats signifient : *Perception de soi*. « Je n'ai pas un fort sentiment d'appartenance à l'équipe, je n'aime pas particulièrement y travailler. Mon esprit de compétition, ma dépendance ou d'autres sentiments m'empêchent de collaborer avec les autres membres ». *Perception de l'équipe* : « Selon moi, les membres n'ont pas d'esprit de collaboration et ne travaillent pas efficacement les uns avec les autres. Il n'est pas facile de travailler avec eux et leurs sentiments me nuisent ».

**ÉLÉMENTS DE RÉFLEXION À PROPOS
DE LA SIMULATION 2**

LA GRILLE D'ÉVALUATION D'ÉQUIPE SELON L'ÉCHELLE DE CORI

1. **Les résultats de l'exercice correspondent-ils à ce que vous croyiez avant de remplir la grille? Quelles sont les différences?**

2. **Les résultats de cette grille d'évaluation mettent-ils en évidence des aspects de votre personnalité que, comme membre d'un groupe, vous aimeriez améliorer ? Lesquels ?**

3. **Selon les résultats de cette grille d'évaluation, avez-vous tendance à développer un sentiment d'appartenance aux groupes dont vous êtes membres?**

4. **Selon les résultats de cette grille d'évaluation, comment percevez-vous le groupe?**

5. **Selon les résultats de cette grille d'évaluation, comment vous percevez-vous dans le groupe?**

Lectures commentées

ANZIEU, D. et MARTIN, J.-Y. (1982). *La dynamique des groupes restreints* **(7ᵉ éd. rév.). Paris: Presses Universitaires de France.**

Ce classique de l'étude des groupes établit en premier lieu la distinction entre les différents termes utilisés pour décrire les diverses formes de regroupement : foule, bande, groupement, groupe primaire, groupe secondaire et grand groupe.

Il explore par la suite les nombreuses théories et méthodes concernant les phénomènes de groupes et l'historique des recherches effectuées sur le sujet. Plusieurs phénomènes de groupe y sont décrits, tels que le pouvoir, la structure, les communications, l'interaction et l'affectivité. De nombreux domaines d'application de la dynamique de groupe sont notamment explorés dans la dernière partie du livre.

En annexe, le lecteur trouvera la description détaillée de quelques techniques et modes de structuration de réunions-discussions tels le brainstorming, la méthode Phillips 66 et le panel.

Ce livre contient:
  – bibliographie générale.

BASSO, J.A. (1983) *Les groupes de pression.*
Paris: Presses Universitaires de France.

Basso présente dans son ouvrage une vue d'ensemble du phénomène des groupes de pression, tant du point de vue historique que selon une perspective politique. Il y définit la nature des groupes de pression et décrit leurs fondements, composition, manifestations, domaines d'action, les voies d'accès selon les différentes cibles ainsi que les acteurs en présence.

Le mode d'action de ces groupes est relevé et classé selon une certaine classification: la consultation, la négociation, l'influence, la persuasion, l'intervention et l'action directe.

Ce livre contient :
  – bibliographie générale.

BERTCHER, H. et MAPLE, F. (1977). *Creating Groups.*
Beverly Hills: SAGE Publications, 1984.

Affirmant que le succès d'un groupe est étroitement lié aux caracté-ristiques et aux qualités de ses membres, les auteurs proposent un programme qui permet de prédire l'efficacité d'un groupe par l'étude de sa composition.

Ce livre fournit au lecteur des connaissances qui le rendront apte à choisir, parmi des membres potentiels dont il connaît les caractéristiques, ceux qui composeront un groupe particulier, et même à participer à la modification de la composition d'un groupe existant, de façon à assurer une efficacité optimale.

De nombreux outils pratiques et plusieurs exemples favorisent l'acquisition de connaissances et d'habiletés pour constituer des groupes.

Ce livre contient :
— *bibliographie générale,*
— *simulation.*

BESNARD, P. (1980). *L'animation socio-culturelle.*
Paris: Presses Universitaires de France.

Ce livre présente des éléments essentiels de l'animation socio-culturelle abordée dans quatre dimensions. L'auteur présente une première dimension de l'animation culturelle par différents concepts clés comme les champs social et culturel ainsi que les fondements et fonctions de l'animation. La deuxième dimension traitée est l'organisation. Elle situe l'animation socio-culturelle comme un sous-système du système culturel et éducatif et précise plusieurs structures existantes. La troisième dimension, celle de l'animation, propose une synthèse des définitions de cette notion ainsi qu'une typologie de l'animation. La quatrième dimension, la profession d'animation socio-culturelle, est placée dans le contexte de sa fonction essentielle dans le champ social et tient compte de l'importance de la fonction des animateurs. En conclusion, l'auteur réfléchit sur le potentiel de l'animateur en tant qu'instrument de prise en charge des individus et des groupes.

DOUGLAS, T. (1983). *Groups : Understanding People Gathered Togheter.* New-York: Tavistock Publications.

L'auteur analyse les comportements de groupes dits naturels tels la famille, les groupes d'amis ou de travail, les équipes et les comités, pour comprendre leur fonctionnement et en faire ressortir un modèle. Il tente ensuite de voir comment les processus identifiés sont utilisés dans divers groupes « créés » (groupes de thérapies, internats, etc.) et identifie les problèmes que ceux-ci rencontrent.

Le contenu de ce livre démontre que dans plusieurs secteurs, comme les groupes d'apprentissage et de prise de décision, une meilleure connaissance de la dynamique des groupes améliore l'efficacité dans la production et l'atteinte des objectifs.

Ce livre contient :
– bibliographie générale,
– index des sujets.

FULLER, R.B. (1980). *Manuel d'instruction pour le vaisseau spatial « terre ».* Montréal: Les Éditions Jean Basile.

L'auteur, également inventeur des fameux dômes géodésiques (Exposition universelle de Montréal), conçoit la Terre comme un immense vaisseau spatial. Il nous en fait découvrir la complexité et propose des façons d'assurer aux quatre milliards de passagers un niveau de vie meilleur grâce à la synergie (faire plus avec moins).

Fuller prône la théorie selon laquelle l'harmonie totale est préétablie et l'histoire n'est que l'éducation du genre humain. Selon lui, les principes qui nous permettraient de piloter adéquatement le vaisseau « Terre » sont présents dans diverses situations de la vie et notre intelligence nous permettra de les découvrir, afin d'assurer le salut des passagers du vaisseau.

Avant-gardiste et original, ce livre prédit le devenir de la planète et conseille les lecteurs quant aux actions qu'ils peuvent poser pour en favoriser le développement synergique.

LARSON E. C. et LaFASTO F.M.J. (1989). *TeamWork:*
What Must Go Right, What Can Go Wrong.
Beverly Hills: SAGE Publications.

Des entrevues avec des groupes reconnus pour leurs succès dans divers domaines (sports, conception publicitaire, recherche, gestion, etc.) ont permis aux auteurs de cet ouvrage d'identifier huit caractéristiques d'efficacité du travail d'équipe. Chacune de ces caractéristiques fait l'objet d'un chapitre et sert ensuite de critère pour l'évaluation de trente-deux équipes de gestion.

Suite à cette évaluation, les auteurs ont conçu un instrument de rétroaction pour les équipes de travail dans le but de développer un système qui permet à toute équipe d'évaluer sa propre performance et de s'ajuster selon des critères d'efficacité.

Ce livre contient :
 — bibliographie générale,
 — index des sujets.

MAISONNEUVE, J. (1968), *La dynamique des groupes.*
Paris : Presses Universitaires de France (1984).

La notion de « dynamique de groupe », tirée des termes de la physique, veut décrire la vie et la force spécifiques liées à tout phénomène de groupe. La portée, les perspectives et les limites de cette dynamique font l'objet de ce livre de la collection « Que sais-je ? ».

La première partie se développe autour des principaux thèmes de la recherche en dynamique de groupe tels la cohésion, le changement, le processus d'interaction, le leadership et les liens affectifs. La seconde partie s'intéresse plus particulièrement à l'application de la dynamique de groupe dans une approche thérapeutique. Trois méthodes de formation des petits groupes y sont étudiées: les réunions-discussions, séminaires de groupe de base (groupes de diagnostic) et les cycles d'évolution professionnelle (« groupes Balint »).

Ce livre contient:
 — bibliographie générale par chapitre,
 — index des auteurs,
 — index des sujets,
 — glossaire ou lexique.

SHAW, M.E. (1981), *Group Dynamics : The Psychology of Small Group Behavior* **(3ᵉ éd. rev.). New York: McGraw-Hill.**

Ce livre complet examine plusieurs facettes du comportement des groupes et explore diverses variables qui influencent leur dynamique. Basé sur des études empiriques, il propose plusieurs hypothèses concernant la dynamique des petits groupes.

L'auteur consacre les premiers chapitres à la définition du concept « groupe », aux différentes méthodes utilisées pour l'étudier et aux différences entre le travail individuel et collectif. Il poursuit en explorant divers aspects de la dynamique des groupes: leur formation et leur développement, l'environnement physique, les caractéristiques personnelles des membres, la composition et la structure du groupe, leadership, les tâche et les buts, l'action du groupe, etc. La conclusion traite des aspects négatifs des groupes et propose quelques pistes de recherche.

Ce livre contient :
  – bibliographie générale par chapitre,
  – index des auteurs,
  – index des sujets,
  – glossaire ou lexique.

Chapitre
2

LA PARTICIPATION

Mieux vaut allumer
une petite lanterne
que maudire les ténèbres.

Proverbe chinois

Plan du chapitre

Contexte théorique

PRÉSENTATION

Dans le chapitre précédent, nous avons présenté le groupe comme un ensemble de personnes agissant en interaction les unes avec les autres, à la poursuite d'un but commun et pour combler leurs besoins individuels. Cette définition nous conduit au principe que les organisations humaines ne peuvent survivre sans une participation active de chacun de leurs membres.

C'est la participation qui donne la vie au groupe, tout comme le fonctionnement du métabolisme maintient en vie le corps humain. Il en va de même de la vie du groupe. Son état de santé dépend de la vivacité de ses membres. L'animateur doit comprendre les implications de la participation, connaître et prévoir les formes sous lesquelles elle peut se présenter pour y adapter son intervention. Ce chapitre aborde le principe de vie du groupe. Il explique certaines des manifestations essentielles à son développement et indique les principaux obstacles à surmonter.

2.1 ÉLÉMENTS DE DÉFINITION

Le groupe est donc un ensemble d'interactions entre ses membres dans la poursuite d'un but commun. C'est à partir de ce constat que St-Arnaud (1978) définit la participation comme étant l'interaction de ces membres avec la cible commune. Ces interactions avec le but commun se traduisent pour Godbout (1983) en une participation des membres aux décisions qui auront une influence ultérieure sur eux. Par leur participation, les membres visent et favorisent l'adaptation de l'organisation du groupe en fonction de ce qu'ils souhaitent.

Cette dernière considération suggère que, par leur participation, les personnes manifestent leurs désirs ou leurs aspirations. Pour Limbos (1986), s'expriment à travers la participation deux tendances naturelles du comportement humain: d'une part le désir de recevoir ce que le groupe ou les autres sont en mesure de donner; d'autre part, le désir de donner aux autres, qui se traduit par des comportements comme transmettre, apporter et coopérer.

Les travaux de Henri St-Pierre (1975) sur la participation clarifient ces deux modes de participation. En fait, il établit une distinction entre les expressions « avoir part à » et « prendre part à ». La première, « avoir part à », a une signification passive, exprimant le fait que la personne reçoit quelque chose de la société ou du groupe. Il ajoute que « ce mode de participation est surtout marqué par un souci d'égalité dans le *partage de bienfaits* » (p. 29).

Le deuxième mode, « prendre part à », a un sens plus actif. Il exprime la contribution intelligente et active d'une personne. Dans ce deuxième cas, il considère le participant comme un rouage important d'un ensemble social dont la cohésion dépend. C'est pourquoi il accorde plus d'importance au second mode, plus actif, qui ne peut être considéré comme un simulacre de participation. En somme:

> La participation implique donc qu'on a une part réelle et personnelle à quelque chose: ce qui veut dire l'engagement et la responsabilité. Elle n'est pas de l'ordre du spectateur, de l'intention. Elle réclame une adhésion totale, consciente. Elle est de l'ordre du vécu. En ce sens, elle est intentionnelle: c'est-à-dire qu'elle est une mise en oeuvre, assumée, vécue, pour réaliser l'épanouissement humain par une prise plus grande de l'homme sur les choses, sur ses conditions de vie, d'action, de pensée, sur sa situation historique, ses conditions d'existence, etc. C'est la raison pour laquelle, elle implique que le participant a la possibilité dans cette structure, d'agir humainement (St-Pierre, 1975: 32).

2.2 LES MOTIVATIONS À PARTICIPER

Comme le souligne Limbos (1986), à travers sa participation, une personne manifeste habituellement ses désirs. Il existe cependant une multitude d'autres sources de motivation qui incitent à participer. Sans toutes les nommer, on pourrait les résumer en reprenant les propos de Chell (1985) qui considère les théories des besoins et de la motivation comme des explications aux différents motifs de la participation.

Chell se réfère d'abord à la hiérarchie des besoins de Maslow: 1) les besoins physiologiques; 2) de sécurité; 3) sociaux; 4) d'estime et 5) d'actualisation de soi. Les besoins du premier niveau doivent être comblés pour que ceux du deuxième le soient également. Il en va de même pour les suivants. Les besoins des niveaux inférieurs doivent donc être satisfaits pour que le soient ceux des niveaux supérieurs. Chell relate que les comportements d'une personne et sa participation dépendent du niveau des besoins que celle-ci cherche à satisfaire.

FIGURE 2.1 LA HIÉRARCHIE DES BESOINS DE MASLOW.

Un autre argument apporté par Chell pour expliquer la motivation à participer se fonde sur les théories du renforcement. Elle explique que des comportements peuvent se manifester chez une personne parce que celle-ci est habituée, conditionnée, à certaines formes de conséquences. En d'autres mots, c'est souvent la relation de cause à effet qui peut animer les participants. Chell, en s'appuyant sur les théories du processus de la motivation, soutient alors que la participation peut se manifester parce qu'une personne sait qu'elle obtiendra les effets désirés.

Quelle que soit la théorie à laquelle elle se réfère, Chell explique qu'une personne cherche toujours à satisfaire un besoin quelconque et que cette recherche de satisfaction est médiatisée par la participation. La participation serait donc motivée par la poursuite de buts personnels fondés sur des besoins insatisfaits qui peuvent varier selon les personnes, le moment et le contexte.

2.3 LES EFFETS DE LA PARTICIPATION

De façon générale, le principal effet de la participation est l'atteinte d'un meilleur résultat. Plus la participation des membres est active, meilleures sont les chances d'atteindre les résultats souhaités. D'ailleurs, cette prémisse doit toujours être envisagée par l'animateur qui a comme souci d'aider le groupe dans sa démarche.

Étant donné que la participation constitue un élément vital pour le groupe, plusieurs effets peuvent aussi se produire d'une manière plus spécifique auprès des membres ainsi qu'auprès du groupe, comme en témoigne le tableau 2.1.

LES EFFETS DE LA PARTICIPATION	
SUR LES MEMBRES	**SUR LE GROUPE**
– Attitude positive envers le travail – Exécution plus efficace du travail – Loyauté envers le groupe – Acceptation de l'autorité – Souci de coopération – Confiance interpersonnelle – Réduction des conflits – Sentiment d'être bénéfique au groupe – Acceptation des différences	– Augmentation du rendement – Amélioration des résultats – Amélioration des relations – Circulation efficace de l'information – Meilleure utilisation des ressources

TABLEAU 2.1 LES EFFETS DE LA PARTICIPATION.

2.3.1 Les effets de la participation sur les membres

Du point de vue de l'individu, St-Pierre (1975) relate qu'une personne qui participe à la prise de décision développe des attitudes plus positives envers son travail. Elle exécutera de façon plus efficace et avec plus de plaisir les tâches qui lui sont attribuées. De plus, il arrive souvent que les membres, grâce à leur participation, développent une plus grande loyauté envers le groupe, démontrent une plus grande coopération et acceptent plus facilement l'autorité.

Lorsque les membres participent aux décisions concernant le groupe, plusieurs effets sont habituellement observés, dont les suivants :

- la confiance et l'acceptation de la méfiance: graduellement, en apprenant à se connaître, les membres développent une plus grande confiance entre eux et acceptent que des doutes puissent être émis lorsque l'existence du groupe est compromise;

- la réduction des conflits: la confiance mutuelle atténue les conflits interpersonnels;

- le sentiment personnel d'être adéquat: c'est en participant que les membres constatent leur apport bénéfique au groupe;

- l'acceptation de l'influence légitime: les membres acceptent qu'ils ne peuvent pas toujours partager les mêmes opinions et que, grâce aux échanges, ils aboutissent à des accords;

- l'orientation vers le travail: la participation incite les membres à travailler dans la poursuite des buts du groupe.

2.3.2   Les effets de la participation sur le groupe

Non seulement la participation exerce-t-elle une influence sur les participants, mais elle conditionne aussi différents aspects de la vie du groupe. À ce sujet, St-Pierre (1975) mentionne qu'il existe quatre conséquences à la participation.

La réalisation d'un but d'envergure exige une participation de qualité. Ainsi, la première conséquence de la qualité de la participation est d'accroître le rendement du groupe. Meilleure est la participation des membres, plus grandes en sont les réalisations.

La deuxième conséquence est l'amélioration des résultats du groupe. Une participation active des membres entraîne une meilleure utilisation des ressources internes du groupe, ce qui influence, en conséquence, la qualité de son travail. De plus, elle favorise chez les membres la conscience de la nécessité du travail en groupe pour l'atteinte de résultats satisfaisants.

L'amélioration des relations à l'intérieur du groupe est une troisième conséquence positive de la participation. La participation de chacun contribue progressivement au maintien et au développement de relations harmonieuses entre les membres, au fur et à mesure qu'ils se découvrent les uns et les autres. Par conséquent, les informations transitent plus facilement et d'une façon plus agréable dans le groupe.

Le quatrième et dernier effet de la participation sur le groupe est l'implication plus grande des membres dans l'accomplissement des tâches. Les tâches ne peuvent être effectuées par le groupe en tant qu'entité morale, il revient alors aux membres, par leur participation, d'exécuter les travaux nécessaires à l'atteinte de leur but. Sans participation, aucune réalisation.

Que ce soit envers les participants ou envers le groupe, aucun effet bénéfique de la participation ne peut être envisagé si une structure de participation n'est pas mise en place. Pour que les conséquences de la participation se manifestent, il importe de favoriser les situations d'où pourra émerger la participation des membres. Dans le cas contraire, c'est-à-dire lorsque les membres ne peuvent participer activement, un climat d'apathie règnera et le groupe croupira.

2.4 LES CONDITIONS À LA PARTICIPATION EFFICACE

Le rendement optimum du groupe repose en quelque sorte sur l'efficacité de la participation. Bien que cette dernière soit fondée sur la motivation des membres, la présence de conditions particulières favorise également une plus grande qualité de la participation au sein du groupe. St-Pierre (1975) estime que ces conditions peuvent concerner autant le membre que le groupe. Plusieurs auteurs dont Limbos (1986) et Moullec (1985), ajoutent toutefois que l'environnement et l'animation doivent aussi être considérés comme des conditions à la participation efficace. Le tableau 2.2 regroupe ces différentes conditions à la participation efficace.

2.4.1   Les conditions qui concernent les membres

LA PERCEPTION PERSONNELLE DE LA PARTICIPATION.   Les idées que se font les membres de leur propre participation et de la participation en général, qui dépendent souvent de leurs expériences, exercent une influence directe sur la qualité de leurs interventions. Il apparaît donc important que chacun puisse envisager sa contribution ainsi que celle des autres comme une source de progrès pour le groupe. Une perception positive de sa propre participation ainsi que de celle des autres membres constitue l'un des fondements de la participation efficace.

LES CONDITIONS A LA PARTICIPATION EFFICACE CONCERNANT :			
LES MEMBRES	**LE GROUPE**	**L'ENVIRONNEMENT**	**L'ANIMATEUR ET SON ANIMATION**
- La perception individuelle de la participation - La compréhension des buts - Le désir d'adhésion - La présence et l'engagement - La confiance en soi - Les compétences personnelles - La compétence rhétorique - La préparation à la réunion	- Une structure de participation - Le nombre de membres - La structure du groupe - Les communications - Les méthodes de travail	- Le local - Le nombre de places disponibles - Les couleurs - Le confort des chaises - La préparation des ressources matérielles - Le temps disponible - Autres	- La compétence de l'animateur - L'attention - La gestion des relations - Le style d'animation - Les techniques d'animation - Autres

TABLEAU 2.2   LES CONDITIONS À LA PARTICIPATION EFFICACE.

LA COMPRÉHENSION DES BUTS. La compréhension des buts du groupe et de sa raison d'être, par les membres, entraîne des contributions davantage orientées en fonction de ses besoins. La participation ne peut être efficace que lorsque les membres sont pleinement conscients que leurs contributions doivent s'orienter vers ce qui fera progresser le groupe.

LE DÉSIR D'ADHÉSION. Une participation efficace ne peut s'appuyer uniquement sur la compréhension des buts par les membres. Le désir d'adhérer volontairement à la poursuite de l'oeuvre commune complète cette donnée initiale. Le désir et l'intérêt de collaborer à la poursuite des buts constituent également une condition minimale à la participation efficace.

LA PRÉSENCE ET L'ENGAGEMENT. Malgré son évidence apparente, il n'est pas superflu de mentionner que la présence physique et psychologique des membres représente une condition importante à l'efficacité de la participation. Non seulement la présence est-elle nécessaire, elle doit de plus manifester un engagement qui se constate par la collaboration, la disponibilité et la discipline des membres.

LA CONFIANCE EN SOI. Un degré raisonnable de confiance en soi favorise une meilleure participation des membres du groupe. L'insécurité et le manque de confiance en soi correspondent à des tensions inhibitrices qui entraînent la passivité. Inversement, lorsque les membres sont libérés de ces tensions, leur participation est plus efficace.

LES COMPÉTENCES PERSONNELLES. Tous les membres possèdent des compétences qui peuvent favoriser d'une façon ou d'une autre le progrès du groupe. Ces compétences proviennent entre autres de leur instruction, de leur expérience, de leur sens des responsabilités ou de leur sens de l'initiative. L'application à bon escient de ces compétences, conformément aux besoins du groupe, détermine en partie l'efficacité de la participation des membres.

LES COMPÉTENCES INTERPERSONNELLES. La facilité qu'ont les membres à se lier aux autres personnes, leur niveau de socialisation, leur souplesse et le respect qu'ils témoignent aux autres représentent des compétences interpersonnelles importantes pour garantir l'efficacité de la participation. Ces compétences révèlent une attitude d'ouverture vis-à-vis les autres membres, attitude qui conditionne la participation efficace.

LA COMPÉTENCE RHÉTORIQUE. La capacité des participants à bien s'exprimer est un gage d'une meilleure compréhension entre eux. La participation efficace à une discussion en groupe se caractérise par le recours à des moyens éloquents d'expression et de persuasion pour permettre à tous de bien saisir l'objet des échanges.

LA PRÉPARATION À LA RÉUNION. Une préparation individuelle et sérieuse avant la rencontre avec le groupe représente aussi une condition à la participation efficace. Cependant, ce point correspond également à une responsabilité du participant, le lecteur trouvera donc les détails concernant la préparation plus loin dans ce chapitre, à la section intitulée « les responsabilités du participant ».

2.4.2 Les conditions qui concernent le groupe

Tel que mentionné précédemment, une structure permettant la participation dans le groupe favorise la participation active. Cependant, pour que cette participation soit efficace, certaines conditions relatives au groupe doivent également être satisfaites.

LE NOMBRE DE MEMBRES. Plus le nombre de membres est élevé, plus il devient difficile de contribuer au progrès du groupe. Un groupe dont le nombre de membres est restreint contribue à rendre la participation plus efficace.

LA STRUCTURE DU GROUPE. La structure du groupe exerce également une influence sur la qualité de la participation. Plus grands seront les écarts entre les statuts des membres, moins la participation des subalternes sera efficace. Les recherches recensées par St-Pierre (1975) mentionnent en effet que les membres dont le statut est moins important ont tendance à éviter d'exprimer leurs points de vue. Les résultats de ces mêmes recherches révèlent que la participation trouve son efficacité lorsque la structure du groupe tend vers l'égalité entre les membres.

LES COMMUNICATIONS. Sans reprendre les explications données au chapitre suivant, mentionnons qu'un réseau de communication reliant tous les membres est plus propice à une meilleure participation que lorsqu'il y a des membres isolés. La participation sera plus efficace si tous les membres jouissent d'un accès à peu près équivalent aux communications dans le groupe.

LES MÉTHODES DE TRAVAIL. La façon dont le groupe s'y prend pour parvenir à ses fins est une autre condition à la participation. Une démarche structurée et méthodique favorise l'efficacité de la participation puisque tous les membres savent où ils en sont et ce qu'ils doivent faire. Par contre, une démarche chaotique tend à décourager les membres qui réduiront leur participation.

L'AMBIANCE DU GROUPE. Dans un groupe où les relations entre les membres sont chaleureuses et empreintes de respect et d'ouverture, l'efficacité de la participation s'accentue. Au contraire, la participation s'amenuise à l'intérieur des groupes où subsistent des tensions. La participation devient donc efficace lorsque l'ambiance permet à chaque membre de se sentir à son aise.

2.4.3 Les conditions qui concernent l'environnement

L'environnement physique et matériel exerce aussi une grande influence sur la participation dans le groupe. Un local surchauffé, trop petit, doté de couleurs criardes ou de chaises inconfortables, ou d'autres facteurs du même genre peuvent facilement décourager la participation des membres.

Une mauvaise préparation du matériel ou une mauvaise utilisation de celui-ci exerce également une influence négative sur la participation. Le chapitre portant sur l'aménagement de l'espace fournira au lecteur des renseignements utiles à ce sujet.

2.4.4   Les conditions qui concernent l'animateur et son animation

L'animateur et son animation constituent la dernière catégorie de conditions à la participation. La compétence de l'animateur à diriger les discussions exerce une influence considérable sur la participation des membres. Son attention et son doigté à gérer les contributions encouragent les membres à participer efficacement. Cependant, son incompétence entraînera parfois le découragement et l'impatience des membres.

Le style d'animation qu'adopte l'animateur conditionne également la participation. Un style trop directif à un mauvais moment peut décourager les membres qui demeureront passifs. Règle générale, un style démocratique contribue davantage à optimiser la participation.

2.5   LES OBSTACLES À LA PARTICIPATION

En contre-partie, plusieurs facteurs peuvent entraver la participation des membres. Certaines raisons peuvent expliquer une diminution de la participation ou la passivité des membres à l'intérieur du groupe. Selon Limbos (1980) et Maccio (1983), les obstacles à la participation peuvent se classer en quatre catégories: les raisons inhérentes à l'individu, les raisons concernant le groupe, celles qui concernent l'animateur et celles qui concernent l'animation. L'énumération des obstacles relatifs à chacune de ces catégories, présentée au tableau 2.3, n'est pas exhaustive. Le lecteur pourra néanmoins la compléter selon son expérience.

LES OBSTACLES À LA PARTICIPATION			
ATTRIBUABLES À L'INDIVIDU	**ATTRIBUABLES AU GROUPE**	**ATTRIBUABLES À L'ANIMATEUR**	**ATTRIBUABLES À L'ANIMATION**
- La peur des autres	- La peur du groupe	- Le manque d'attention	- L'absence de planification
- Les préoccupations personnelles	- L'évitement des problèmes délicats	- Le manque d'équité	- Une mauvaise planification
- Les distractions	- Les agressions	- La peur de l'animateur	- Une convocation déficiente
- Le rejet de certaines personnes	- Le manque de cohérence	- La perte de contrôle	- L'absence de procédure
- La fatigue	- Des blocages exercés par des clans	- Le manque d'autorité	- Un soutien technique perturbateur
- L'absence d'opinion	- L'omnipotence de leaders		- Des objectifs mal définis
- La méconnaissance du sujet	- L'ambiance		
- L'apathie	- Le « pelletage de nuages »		
	- Le rythme trop rapide		

TABLEAU 2.3 LES OBSTACLES À LA PARTICIPATION.

2.5.1 Les obstacles attribuables à l'individu

Plusieurs raisons inhérentes à l'individu correspondent à ses peurs. Certaines personnes peuvent craindre d'être jugées et évaluées par les autres, d'autres peuvent redouter de ne pas s'exprimer clairement et de ne pas être comprises, ou peuvent avoir peur de prolonger inutilement les discussions. Toutes ces peurs empêchent finalement les membres de participer au groupe.

D'autres facteurs inhérents à l'individu sont relatifs à leurs préoccupations personnelles. Certaines personnes sont en effet envahies par leurs problèmes à un point tel qu'elles ne peuvent suivre la discussion. D'autres sont tout simplement distraites par des pensées personnelles ou des événements extérieurs.

2.5.2   Les obstacles attribuables au groupe

Tout comme pour les raisons inhérentes à l'individu, les obstacles à la participation concernant le groupe impliquent des craintes suscitées chez les membres. Par exemple, certaines personnes peuvent ne pas participer parce qu'elles ont peur d'être rejetées, jugées ou agressées verbalement par le groupe.

Des obstacles à la participation peuvent également survenir lorsque le groupe aborde des problèmes délicats; quand il traite de sujets qui ne le concernent pas; quand le groupe stagne au niveau des idées sans être capable d'envisager une action ou quand le groupe, encore jeune, ne démontre aucune cohésion.

La participation peut aussi être brimée lorsque le groupe est constitué de clans qui bloquent le travail; lorsque des « leaders » contrôlent le groupe à leur guise; ou lorsque l'ironie prend trop de place dans le groupe.

2.5.3   Les obstacles attribuables à l'animateur

D'autres obstacles à la participation peuvent provenir de l'animateur. Celui-ci peut, par exemple, ne pas voir les membres qui désirent intervenir ou ne donner la parole qu'aux personnes qu'il préfère. Il peut même susciter, chez certaines gens, la crainte d'être jugés et évalués par lui. L'animateur peut manquer de contrôle et laisser les gens se couper la parole. Il peut ne pas maîtriser le déroulement de la rencontre et faire en sorte que les membres ne sachent plus où la discussion s'en va. Il peut se laisser influencer par d'autres membres et ainsi frustrer certains participants, etc.

2.5.4 Les obstacles attribuables à l'animation

Parmi les obstacles à la participation provoqués par l'animation elle-même, plusieurs peuvent découler d'une mauvaise planification. Par exemple, une convocation trop vague qui ne permet pas la préparation des membres, l'absence d'un plan de travail, ou encore un plan de travail illogique.

D'autres obstacles à la participation provenant de l'animation peuvent aussi survenir en cours de réunion: l'absence de procédures; l'absence ou la mauvaise utilisation du soutien technique; une mauvaise clarification des objectifs de la rencontre; la durée trop longue de la rencontre; une mauvaise utilisation des techniques d'animation; une mauvaise application d'un processus de résolution de problèmes; etc.

2.6 LES TYPES ET LES MODES DE PARTICIPATION

2.6.1 Les types de participation

La participation dans une organisation sociale ou un groupe n'est pas uniquement volontaire. Meister (1969) distingue en fait cinq différents types de participation en fonction des circonstances de la création du groupe, du type de recrutement et de la fonction sociale du groupe.

LA PARTICIPATION DE FAIT, premier type, réfère aux groupes dont le recrutement n'est pas volontaire et dont la fonction sociale est le renouvellement de coutumes. La participation de fait prend son origine dans les traditions de groupes tels que la famille et les religions.

LA PARTICIPATION VOLONTAIRE, deuxième type, favorise la création de nouveaux groupes suite à des initiatives provenant des participants eux-mêmes. Ses caractéristiques sont le recrutement volontaire et l'orientation des fonctions sociales vers la satisfaction de nouveaux besoins.

LA PARTICIPATION SPONTANÉE, troisième type, favorise également la formation de groupes suite à l'initiative des membres mais se caractérise par son absence d'organisation. Son mode de recrutement est aussi volontaire mais sa fonction sociale demeure plutôt individuelle et imprécise. La participation spontanée se retrouve particulièrement dans des groupes comme les cliques et le voisinage.

LA PARTICIPATION PROVOQUÉE, quatrième type, se retrouve à l'intérieur de groupes dont la formation résulte de démarches entreprises par une tierce personne, comme l'animateur. La participation est donc suscitée et a comme fonction sociale le changement. Changement désiré d'ailleurs par la tierce personne.

LA PARTICIPATION IMPOSÉE, cinquième type, est également le fruit d'une intervention extérieure mais peut aussi résulter de normes imposées par les membres eux-mêmes. Dans ces deux cas, la participation des membres est obligatoire.

2.6.2 Les modes de participation

Comme l'indique Limbos (1986), la participation, dans son aspect concret, correspond au nombre et à l'ampleur des actes des participants ainsi qu'à leurs résultats visibles. Ces actes peuvent découler de l'un des trois modes de fonctionnement de groupe décrits au chapitre précédent. On dira donc d'un membre, lorsqu'il intervient selon l'un de ces modes, qu'il participe selon le mode de la procédure, du contenu ou du socio-affectif.

Des membres peuvent participer en proposant un plan de travail, en soutenant ou en rappelant les règles de fonctionnement. Ces interventions relèvent du domaine de la procédure. La participation selon le mode du contenu signifie que des participants interviennent en fonction du sujet débattu en groupe. Ce mode de participation fait progresser le groupe dans la réalisation de sa tâche. Enfin, la participation selon le mode socio-affectif signifie que les interventions d'une personne sont orientées vers les relations entre les membres. Ce mode de participation exerce une influence directe sur l'ambiance du groupe.

La plupart des membres adoptent plus d'un mode de participation. Au cours d'une rencontre, leurs interventions passent d'un mode de participation à l'autre. Cependant, il est illusoire de prétendre que toute participation est nécessairement positive. En effet, si des interventions entravent la progression du groupe, elles correspondent à une participation négative.

Par ailleurs, étant donné que les modes de participation en fonction du contenu, de la procédure et du socio-affectif sont inter-dépendants, toute intervention selon l'un de ces modes peut influencer l'exercice des modes de participation des autres membres. Par exemple, une plaisanterie au cours d'une réunion (socio-affectif) court-circuite la discussion (contenu) et crée un hors d'ordre (procédure).

Même s'il est rare que des membres se confinent à un seul mode de participation, il convient toutefois de mentionner que ceux-ci en privilégient habituellement un seul. L'on dit, par exemple, que telle personne est « axée sur le contenu » et que telle autre « rappelle toujours l'heure ». Il est important pour le participant d'équilibrer ses interventions et de les adapter selon les besoins du groupe. Une plaisanterie bien placée peut, dans bien des cas, relancer la discussion sur un ton plus détendu. En ce qui concerne l'animateur, il peut lui être bénéfique d'identifier les modes de participation privilégiés par les membres de façon à faciliter le choix de ses interventions en fonction de chacun d'eux.

2.7 LES RÔLES ET LA PARTICIPATION

Cartwright et Zander (1968) définissent le terme « rôle » comme un ensemble de comportements caractéristiques qu'un individu adopte dans un groupe. Ces comportements sont relatifs aux tâches exécutées par les membres ou à leur apport au groupe. Tel que mentionné précédemment, la contribution des membres peut se faire selon trois modes différents. Aussi, plusieurs auteurs, tels Simon et Albert (1978), Lamoureux *et al.* (1984) ainsi que Maccio (1983, 1986), conviennent que les rôles peuvent se diviser en trois catégories, correspondant chacune aux trois modes de participation. La figure 2.2 illustre la relation entre les modes de participation et les rôles des participants.

Très souvent, les membres privilégient un mode de participation, c'est-à-dire que leur contribution est axée plus particulièrement sur un mode de fonctionnement. Cet ensemble d'interventions caractéristiques, selon un mode particulier, correspond à l'exercice d'un rôle.

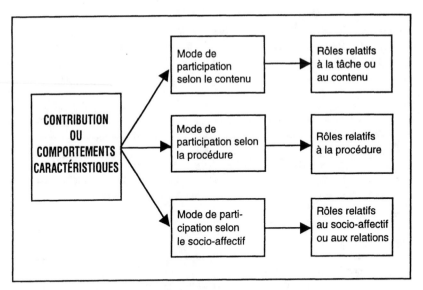

FIGURE 2.2 LA RELATION ENTRE LES MODES DE PARTICIPATION
ET LES RÔLES DES PARTICIPANTS.

LES RÔLES RELATIFS À LA TÂCHE OU AU CONTENU. Les rôles
relatifs à la tâche, qui correspondent au mode de participation selon le
contenu, sont joués par des participants qui orientent leurs contributions principalement vers la tâche à réaliser. Les comportements caractéristiques des rôles relatifs à la tâche visent à faciliter et à coordonner les
efforts du groupe pour définir ses objectifs, déterminer les moyens à
entreprendre et exécuter les tâches identifiées. Le tableau 2.4 fournit des
exemples de comportements attribuables aux rôles relatifs à la tâche. Cette
considération positive des rôles relatifs à la tâche a cependant son envers.
En effet, ces rôles peuvent aussi être joués de façon négative, c'est-à-dire
que des membres peuvent brimer ou freiner la démarche du groupe.
Leurs comportements consistent, par exemple, à éviter que des objectifs
soient définis, à déterminer des moyens irréalistes ou à négliger la qualité
de leur rendement. En fait, leurs comportements sont à l'opposé de ceux
décrits au tableau 2.4.

LES RÔLES RELATIFS AUX PROCÉDURES. Les rôles relatifs aux
procédures sont caractérisés par un ensemble de comportements qui
concernent le mode de participation selon la procédure. Les membres
jouant ces rôles orientent leurs interventions principalement en regard de

la structure de travail du groupe. La contribution de ces membres vise à aider le groupe à établir, maintenir ou se rappeler des règles de travail. Le tableau 2.4 fournit des exemples de comportements attribuables aux rôles relatifs à la procédure. Tout comme les précédents, ces rôles peuvent aussi être envisagés de façon négative. Des membres peuvent, par exemple,

RÔLES

	RELATIFS À LA TÂCHE (CONTENU)	RELATIFS À LA PROCÉDURE	RELATIFS AU SOCIO-ÉMOTIF
C O M P O R T E M E N T S	- Proposer des objectifs - Définir des problèmes - Donner des idées - Suggérer des solutions - Demander des explications - Clarifier des opinions - Fournir des informations - Analyser les faits - Développer les idées du groupe - Rassembler les idées du groupe - Établir des liens entre les idées - Exprimer son accord - Exprimer son désaccord - Exécuter des tâches - Prendre des notes - Résumer ce qui s'est dit - Rechercher les compromis - Etc.	- Suggérer un plan de travail - Suggérer des règles de conduites - Situer le groupe dans sa démarche - Rappeler le temps - Ramener à l'ordre les déviants - Donner la parole aux silencieux - Faire respecter les règles - Distribuer des tâches - Etc.	- Détendre l'ambiance - Encourager les autres - Atténuer les tensions - Donner son appui - Etc.

TABLEAU 2.4 EXEMPLES DE COMPORTEMENTS RELATIFS AUX TROIS CATÉGORIES DE RÔLES.

enfreindre les règles de travail, désapprouver systématiquement les structures de travail ou escamoter des étapes. Ces rôles deviennent alors des obstacles à une démarche de travail méthodique du groupe.

LES RÔLES RELATIFS AU SOCIO-AFFECTIF OU AUX RELATIONS HUMAINES. Ces rôles visent à maintenir une ambiance harmonieuse au sein du groupe et les membres qui les jouent contribuent au progrès du groupe en instaurant, en maintenant et en renforçant de saines relations. Le tableau 2.4 présente des comportements caractéristiques de ces rôles. Encore une fois, une contrepartie négative peut être attribuée à ces rôles. Des membres peuvent en effet perturber l'ambiance du groupe en suscitant par exemple des conflits, en démoralisant les autres membres ou en dévalorisant certaines personnes.

Tout comme les modes de participation, ces trois sortes de rôles sont interdépendants. Il est nécessaire, pour le progrès du groupe, que ces rôles s'exercent de manière complémentaire, favorisant ainsi un équilibre entre les trois modes de fonctionnement du groupe. Un groupe constitué de membres jouant uniquement des rôles relatifs au contenu travaillerait probablement de façon chaotique, dans une ambiance rapidement tendue. Un groupe dont les rôles ne seraient liés qu'à la procédure ne progresserait pas et découragerait ses membres. Enfin, un groupe où ne seraient joués que des rôles relatifs au socio-affectif démontrerait soit beaucoup de plaisir, soit beaucoup de désagrément et stagnerait, faute d'idées et de méthodes de travail.

À ces trois catégories de rôles, Aubry et St-Arnaud (1963) ainsi que Beal *et al.* (1969) en ajoutent une quatrième, celle des rôles individualistes, joués par des membres qui ne cherchent qu'à satisfaire leurs besoins personnels. Ces personnes n'apportent aucune contribution au groupe, que ce soit du point de vue du contenu, de la procédure ou du socio-affectif. Les rôles individualistes peuvent toutefois s'intégrer dans l'un ou l'autre des trois modes de participation, mais leur contribution ne peut être que négative. Par exemple, un membre obstructionniste qui s'oppose à toute nouvelle idée contribue négativement, selon le mode du contenu. Un membre dominateur qui ne fait que donner des ordres et des directives participe négativement selon le mode de la procédure. Enfin, un membre jaloux qui cherche continuellement à s'attribuer les mérites des autres participe selon le mode socio-affectif, mais en créant des tensions.

Selon Demory (1980), jouer un rôle est un moyen que se donnent les membres pour se sécuriser. Selon lui, les gens auraient en effet tendance à adopter un rôle d'après l'idée qu'ils se font de ce que les autres attendent d'eux. De cette façon, ils croient pouvoir faire réagir leurs interlocuteurs conformément à ce que ces derniers attendraient. Malheureusement, cette attitude entraîne souvent des comportements stéréotypés dont on a finalement de la difficulté à se défaire et qui, trop souvent, ne correspondent pas à notre vraie nature. Il est donc important que les membres d'un groupe diversifient leur répertoire comportemental afin d'éviter d'être pris au piège de leur rôle. Cela permettrait, par ailleurs, d'accentuer les possibilités de participer selon les différents modes de participation et de contribuer ainsi à une meilleure progression du groupe.

2.8 LES TYPES DE PARTICIPANTS

Adopter certains comportements caractéristiques correspond à jouer un rôle. Des auteurs comme Demory (1980), Gourgand (1969), Lebel (1983), Moullec (1985) et Ryan (1962) associent ces rôles à certains types de participants que l'on peut reconnaître à l'intérieur des groupes. Ces types de participants peuvent être regroupés en deux catégories: ceux qui exercent une influence négative et ceux dont l'influence est bénéfique au groupe. Voici une description des principaux types de participants identifiés par ces auteurs :

2.8.1 Les types de participants exerçant une influence négative

LE MÉFIANT. Ce type de participant voit du mal partout. Ses réactions spontanées sont caractérisées par la méfiance et le soupçon à l'égard des autres, et il considère souvent que leurs actions sont pavées de mauvaises intentions.

LE SILENCIEUX. Ce type de participant, dès qu'il est réuni avec d'autres personnes, demeure muet. Il peut ne prononcer aucun mot tout au long de la rencontre. Ses contributions se limitent en général à des hochements de tête ou à des expressions faciales qui indiquent ses impressions.

LE MANIAQUE DU CONCRET. Cette personne n'accepte pas les discussions d'ordre général ou abstraites. Il lui est nécessaire de toujours tout rattacher à ce qui est palpable. Lorsque les discussions relèvent du domaine des idées, il considère qu'il perd son temps et intervient de façon intempestive pour que le groupe revienne à ce qui est concret.

L'AGRESSIF. L'agressif est le genre de personne qui critique tout et qui s'attaque aux membres ainsi qu'au groupe en entier. Il désapprouve tout: les sentiments, les idées, les actions, les décisions, etc.

LE « OUI-OUI ». Ce type de participant n'a aucune idée bien à lui. Il donne toujours son appui à celui qui semble le mieux se défendre. Il modifie ses allégeances lorsque que le vent tourne.

LE BAVARD. Cette personne a toujours quelque chose à dire sur n'importe quel sujet et, bien souvent, en dehors de ce qui concerne le groupe. Aussi qualifiée de « verbo-moteur », elle se perd en un flot de paroles ininterrompu qui souvent noie le débat.

LE THÉORICIEN. Le théoricien est le genre de personne capable d'élaborer des théories sur tous les sujets. Doté d'un vocabulaire très vaste, il jette de la poudre aux yeux des autres membres sans pour autant contribuer à l'avancement de la discussion. Ses contributions « flottent » à un niveau d'abstraction difficilement accessible aux autres membres du groupe.

« L'OBSTRUCTIONNISTE ». Ce type de participant, bien qu'il fasse partie du groupe, voit rarement ses idées acceptées et y réagit par la divergence. Il s'objecte à toute idée développée par les autres membres, il remet en question des décisions déjà prises, il prolonge inutilement les discussions; tout pour lui devient objet de critique. Ses obstructions visent essentiellement à retarder les travaux du groupe.

LE HORS D'ORDRE. Le hors d'ordre a toujours une histoire à raconter ou quelque chose qu'il trouve intéressant à dire. Malgré son amabilité à l'égard des autres, ses interventions concernent rarement le sujet de la discussion. Malheureusement, il n'a pas conscience d'être en dehors du sujet et, comme il pense plaire aux autres, il allonge son intervention.

LE DOMINATEUR. Cette personne aime et est habituée à diriger les autres. Ses interventions visent à conquérir le groupe ou, à tout le moins, à y conserver une place dominante. Elle souhaite voir graviter le groupe autour d'elle en tentant de le « domestiquer ».

LE BOUFFON. Drôle au début, ce participant devient rapidement une épine dans le pied du groupe. Toutes ses interventions cherchent à faire rire. Parfois blessant, souvent de moins en moins drôle, il ne cesse pas pour autant de plaisanter, distrayant ainsi le groupe de son travail.

2.8.2 Les types de participants exerçant une influence positive

L'INFORMATEUR. Cette personne cherche continuellement à enrichir les discussions. Tout ce qu'elle possède ou peut posséder comme information relative à un problème, elle la transmet au groupe. Lorsqu'un problème est mal défini à cause d'un manque d'informations pertinentes, elle s'empresse de les recueillir.

L'ATTENTIF. Ce type de participant donne peu d'information mais écoute et observe tout ce qui se passe dans le groupe. Plutôt que d'attirer l'attention sur lui, il rappelle au groupe certaines idées émises mais qui n'ont pas été développées. Il peut faire remarquer au groupe les problèmes de fonctionnement qu'il détecte. Cette personne participe à l'avancement du groupe mais sans alimenter la discussion par elle-même.

LE COOPÉRATIF. Le participant coopératif est celui qui est conscient des objectifs auxquels il adhère et qui construit dans ce sens. Il exprime ses idées, sentiments et informations et respecte ceux des autres. Il défend ses points de vue mais sans obstination, il tente plutôt de construire avec les idées des autres.

LE FIGNOLEUR. Ce type de participant est celui qui tente de coordonner les idées des autres. Il exprime peu ses opinions, il cherche cependant à construire de nouvelles idées à partir de ce que les autres ont dit.

LE STIMULATEUR. L'attitude de ce participant encourage les membres à s'impliquer. De nature enthousiaste, il transmet aux autres le plaisir de travailler à une cause commune. Il encourage et soutient les membres dans le travail à accomplir et souvent il initie l'action, suscitant un effet d'entraînement.

LE MÉDIATEUR. Cette personne cherche habituellement à concilier les membres dont les idées sont antagonistes. Elle cherche les points d'entente entre les partis impliqués et tente de développer des idées qui les rallieront.

LE PACIFISTE. Une grande partie des interventions de ce participant veut calmer les esprits lorsqu'ils se surchauffent. Tolérant difficilement que des tensions se maintiennent dans le groupe, il tente d'apaiser les discussions.

L'ORIENTEUR. Ce type de participant facilite la progression du groupe en ramenant les membres à la ligne de conduite qu'ils s'étaient donnée. Il aide à faire respecter le plan de travail et les procédures établies, et lorsque nécessaire, il rappelle également aux membres les objectifs du groupe.

LE CLARIFICATEUR. Cette personne supporte difficilement les mésententes et les imprécisions. Elle demande donc fréquemment des explications afin de clarifier des situations, des idées émises ou des termes employés. Elle assure ainsi la compréhension de tous les membres face à la discussion.

L'EXPERT. Il arrive parfois que des participants soient mis en valeur parce qu'ils possèdent plus de connaissances ou d'expériences que les autres membres sur un sujet ou une question dit donnée. Temporairement, ces personnes agissent en tant qu'experts tant que le sujet ou le problème n'est pas épuisé.

Les types de participants présentés ci-haut sont des exemples que l'on peut retrouver dans les groupes. Cette liste n'est pas exhaustive, elle illustre toutefois que tous les participants ne contribuent pas de la même façon aux progrès du groupe. Certains lecteurs, d'après leur expérience, pourraient ajouter d'autres types à cette liste. Aussi, certains membres peuvent, au cours d'une même rencontre, agir avec des comportements qui correspondent à divers types de participants.

2.9 LES RESPONSABILITÉS DES PARTICIPANTS

Tous les participants, pour contribuer positivement au progrès du groupe, doivent assumer des responsabilités qui leurs sont propres. Rappelons que pour St-Pierre (1975), la participation est un engagement volontaire et responsable dans la poursuite d'une action collective. Selon Maccio (1983), les responsabilités que doivent assumer les participants s'appliquent à quatre domaines: la coopération, le respect, l'intégration au groupe et l'authenticité.

LA COOPÉRATION. Chaque membre est responsable de ses propres efforts de compréhension, sur lesquels la coopération pourra se construire. Il revient à chacun des membres de développer et de démontrer son désir de contribuer conjointement à la poursuite du but partagé collectivement.

LE RESPECT. Il revient à chacun de considérer les autres comme des personnes humaines et non comme des objets manoeuvrables. Les participants sont alors responsables de leurs comportements : porter attention aux autres; écouter les autres; regarder l'autre quand il parle ; ne pas interrompre les autres lorsqu'ils parlent. Il leur appartient d'analyser ce que l'autre dit uniquement en fonction des buts du groupe, des intérêts de l'interlocuteur et de son propre point de vue, c'est-à-dire en évitant les préjugés.

L'INTÉGRATION AU GROUPE. Les participants sont responsables de participer à la définition des buts à atteindre, à l'élaboration du plan de travail et au respect de ce plan.

L'AUTHENTICITÉ. Chaque membre est responsable de contribuer au travail du groupe selon ses propres capacités. Chacun est responsable de demeurer lui-même tout en fournissant au groupe ses connaissances, expériences et compétences.

LES INTERVENTIONS. Mosvick et Nelson (1988) ajoutent que le participant est également responsable de sa façon d'intervenir à l'intérieur des discussions: il doit choisir le moment opportun, ni trop tard ni trop tôt. Il doit aussi employer un vocabulaire compréhensible et utiliser une tonalité intelligible. Le participant est également responsable du contrôle de ses signes non verbaux, qui influencent les autres membres.

LA PRÉPARATION. Enfin, plusieurs auteurs tels que Gourgand (1969), Maccio (1983, 1986) ainsi que Mosvick et Nelson (1988) s'entendent pour dire que la préparation constitue la principale responsabilité du participant.

La préparation du participant commence lorsqu'il reçoit la convocation à la réunion. Selon le problème à traiter, il doit faire des recherches et approfondir le problème à débattre. Cette démarche préparatoire permet au participant de rassembler des faits et éventuellement de songer à des solutions possibles. De cette façon, le participant arrive à la rencontre avec des opinions intéressantes et le plus souvent fondées.

Le participant peut aussi développer des idées nouvelles, envisager les objections possibles, et trouver d'éventuels correctifs plus appropriés ou de meilleure qualité.

EN RÉSUMÉ

La participation est un phénomène d'engagement volontaire et responsable dans la poursuite d'une action collective. Cet engagement peut être motivé par divers besoins: physiologiques, de sécurité, sociaux, d'estime de soi ou d'actualisation de soi.

Le phénomène de participation dans un groupe exerce une influence positive autant sur les membres eux-mêmes que sur le groupe en tant qu'entité. Il favorise, entre autres, chez les membres, le développement de la confiance interpersonnelle, le sentiment d'être utile au groupe, l'acceptation des influences réciproques et l'orientation vers le travail. Les effets bénéfiques de la participation sur le groupe se constatent surtout au niveau de son rendement et de la qualité des résultats obtenus.

Pour que la participation soit efficace, certaines conditions sont nécessaires. Ces conditions dépendent des membres du groupe, de l'environnement, de l'animateur et de son animation.

Selon les circonstances de la création du groupe, le type de recrutement de ses membres et sa fonction sociale, la participation peut se définir selon cinq types: la participation de fait, volontaire, spontanée, provoquée et la participation imposée.

Les membres contribuent aux progrès du groupe en participant selon un ou plusieurs modes se rapportant au contenu, à la procédure et au socio-affectif. L'ensemble des comportements caractéristiques adoptés par chacun des participants correspond à des rôles, ces rôles étant relatifs à la tâche, aux procédures ou aux relations. Ces rôles sont habituellement joués par des participants types, qui exercent une influence positive ou négative sur le groupe.

Pour participer efficacement, les membres doivent assumer des responsabilités. Ils sont en effet responsables de leur coopération dans le groupe, de leur respect vis-à-vis des autres, de leur intégration au groupe, de leur authenticité, de leurs interventions et de leur préparation à la rencontre. La préparation assure une meilleure participation et constitue la plus importante responsabilité des membres.

RÉFÉRENCES

AUBRY, J.-M. et ST-ARNAUD. (1963). *Dynamique des groupes*. Montréal: Éditions de l'Homme, 1975.

BEAL, G.M. *et al.* (1969). *Les secrets de la dynamique des groupes*. Paris: Chotard.

CARTWRIGHT, D. et ZANDER, A. (1968). *Group dynamics*. New York: Harper and Row.

CHELL, E. (1985). *Participation and Organisation*, New York: Schocken Books.

DEMORY, B. (1980). *Comment animer les réunions de travail en 60 questions*, Montréal: Éditions Agence d'ARC.

GODBOUT, J. (1983). *La participation contre la démocratie*. Montréal: Éditions Saint-Martin.

GOURGAND, P. (1969). *Les techniques de travail en groupe*. Toulouse: Privat.

LAMOUREUX, H. *et al.* (1984). *L'intervention communautaire*. Montréal: Éditions Saint-Martin.

LEBEL, P. (1983). *L'animation des réunions*. Paris: Éditions d'Organisation.

LIMBOS, E. (1980). *Les problèmes humains dans les groupes*. Paris: Entreprise Moderne d'Édition.

LIMBOS, E. (1986). *La participation*. Paris: Entreprise Moderne d'Édition.

MACCIO, C. (1983). *Animation de groupes*. (6ᵉ éd. rev.). Lyon: Chronique sociale de France.

MACCIO, C. (1986). *Des réunions efficaces*. Lyon: Chronique sociale de France.

MEISTER, A. (1969). *Participation, animation et développement; à partir d'une étude rurale en Argentine*. Paris: Éditions Anthropas.

MOSVICK, R. et NELSON, R.B. (1988). *Enfin des réunions efficaces*. Paris: Éditions Eyrolles.

MOULLEC, Y-M. (1985). *L'ABC d'une réunion réussie*. Paris: Éditions de l'Épargne.

RYAN, C. (1962). *Les comités: esprit et méthodes*. Montréal: Institut canadien d'éducation aux adultes, 1968.

SIMON, P. et ALBERT, L. (1978). *Les relations interpersonnelles*. (3ᵉ éd.). Montréal: Éditions Agence d'ARC.

ST-ARNAUD, Y. (1978). *Les petits groupes participation et communication*. Montréal: Presses de l'Université de Montréal.

ST-PIERRE, H. (1975). *La participation pour une véritable prise en charge responsable*. Québec: Presses Universitaires de Laval.

Questions

1. La participation active est un engagement volontaire et
   responsable dans une action collective (ou individuelle).   *Vrai ou faux*

2. Les trois modes de participation correspondent aux trois
   modes de fonctionnement du groupe.   *Vrai ou faux*

3. La participation, quelle qu'elle soit, ne peut être envisagée
   comme un phénomène interactif.   *Vrai ou faux*

4. Un participant peut assumer plusieurs rôles dans un groupe.   *Vrai ou faux*

5. Réfléchir silencieusement sur une solution soumise par
   un membre est une forme de participation passive.   *Vrai ou faux*

6. Un ensemble de comportements qui se répète chez un même
   participant détermine un rôle qu'il assume dans le groupe.   *Vrai ou faux*

7. Toute intervention d'un participant se situe incontestablement
   à un des modes de fonctionnement du groupe.   *Vrai ou faux*

8. Au cours d'une même discussion, une personne peut
   intervenir selon les trois modes de participation.   *Vrai ou faux*

9. Une personne peut assumer un rôle à un seul des modes
   de participation.   *Vrai ou faux*

10. Un groupe est une organisation qui engendre la participation.   *Vrai ou faux*

11. Seul le participant est responsable des obstacles à la participation.   *Vrai ou faux*

12. Tout comportement est participation.   *Vrai ou faux*

13. L'autocratie représente un obstacle à la participation qui relève…

    A) du participant.
    B) de l'animateur.
    C) du groupe.
    D) de l'animation.

14. Un nombre trop élevé de participants constitue un obstacle à la participation
    qui relève…

    A) du participant.
    B) de l'animateur.
    C) du groupe.
    D) de l'animation.

15. Un objectif mal défini est un obstacle à la participation qui relève...

    A) du participant.
    B) de l'animateur.
    C) du groupe.
    D) de l'animation.

16. Parmi l'énumération suivante, quels obstacles proviennent du groupe ?

    a) La peur d'être jugé et évalué.
    b) Le climat qui est tendu.
    c) L'absence de procédures.
    d) La disposition des tables.
    e) L'anxiété.
    f) La fatigue.
    g) Le manque d'écoute.
    h) Le rythme trop rapide.
    i) La durée de la réunion.
    j) La dimension de la salle.

    A) a, b et g.
    B) b, c et g.
    C) b, g et h.
    D) c, g et h.
    E) g, h et i.

Simulations

1. CRÉATION D'UN DESSIN COLLECTIF
2. JEU DE RÔLES SUR LES MODES
DE PARTICIPATION

SIMULATION 1

CRÉATION D'UN DESSIN COLLECTIF

BUT : Favoriser chez l'apprenant une prise de conscience de ses attitudes et comportements en groupe ainsi que de ses réactions aux comportements des autres.

DURÉE : 60 à 75 minutes.

RESSOURCES : tableau, craies de couleur, local pour chaque sous-groupe (si possible).

ORGANISATION : Former des équipes de 10 à 15 personnes. Nommer deux observateurs par équipe. Leur tâche consistera à rapporter à l'équipe, lors de la discussion, certaines de leurs observations sur les réactions des membres durant l'exercice. Les observateurs tentent de répondre à la question suivante : comment les membres s'entraident-ils pour effectuer leur tâche ?

DÉROULEMENT

PHASE 1 : LA CRÉATION (30 minutes)

OBJECTIF : Que l'apprenant participe à la création d'un dessin collectif.

INSTRUCTIONS
1. Rendre accessibles le tableau et les craies de couleur.
2. Inviter les participants à créer, à tour de rôle, une oeuvre collective (dessin au tableau) en respectant les consignes suivantes:

    Vous pouvez ajouter un élément au tableau.
    Vous pouvez retrancher un élément du dessin.
    Vous pouvez modifier un élément du dessin.

    Les participants peuvent accomplir l'un ou l'autre de ces gestes une seule fois à chaque reprise.

PHASE 2 : L'AUTO-ANALYSE (10 minutes)

OBJECTIF : Situer son mode de participation.

INSTRUCTIONS : Les participants réfléchissent individuellement et prennent en note les sentiments éprouvés pendant la création du dessin collectif.

PHASE 3 : DISCUSSION EN GROUPE (15 à 30 minutes)

OBJECTIF : Faire un retour sur le but de l'exercice.

INSTRUCTIONS
1. Les sous-groupes se réunissent en grand groupe.
2. Les sous-groupes se placent ensemble.
3. L'animateur revient sur le but de l'exercice pour:
   A) identifier avec les participants et les observateurs les trois modes de participation et leur associer des comportements exécutés pendant l'exercice;
   B) vérifier les sentiments vécus par les participants en regard de ces trois modes de participation.

**ÉLÉMENTS DE RÉFLEXION À PROPOS
DE LA SIMULATION 1**

LES MODES DE PARTICIPATION

1. **Quelles furent, en général, les interventions faites au cours de ce dessin collectif ?**
2. **Quels ont été les principaux comportements des participants ?**
3. **Est-ce que certaines interventions des autres participants ont suscité chez-vous des réactions? Lesquelles et pourquoi ?**
4. **Certaines interventions ont-elles joué un rôle déterminant dans la progression du dessin? Pourquoi ? À quels modes de participation correspondent ces interventions ?**

SIMULATION 2

JEU DE RÔLES SUR LES MODES DE PARTICIPATION

BUT : Constater l'effet des modes de participation sur le fonctionnement du groupe.

DURÉE : 60 à 70 minutes.

RESSOURCES : une feuille par membre de chaque équipe qui décrit le rôle que chacun devra jouer, des crayons, des grilles d'observation.

ORGANISATION
- Former des équipes de 5 à 7 personnes.
- Nommer deux observateurs par équipe.
- Soumettre une situation problématique différente à chaque équipe.
- Distribuer un rôle correspondant à un type de participant ou à un mode de participation à chacun des membres des équipes. *Ces rôles ne doivent pas être dévoilés aux autres.*
- Distribuer la grille d'observation des modes de participation aux observateurs, en demandant à chacun d'identifier les deux participants qu'ils désirent observer.

DÉROULEMENT

PHASE 1 : LA RECHERCHE D'UNE SOLUTION (20 minutes)

OBJECTIF : Que chaque participant joue un rôle précis, du type de ceux mentionnés dans ce chapitre (voir tableau 2.4).

INSTRUCTIONS : Le responsable demande aux équipes de résoudre la situation problématique en soulignant que *les participants doivent respecter leur rôle.*

Les observateurs notent, sur une grille semblable à celle qui suit, le nom des deux participants choisis, leurs interventions caractéristiques, le mode de participation auquel ces interventions correspondent et leurs effets sur les autres participants. Enfin, les observateurs indiquent quel(s) mode(s) de fonctionnement est (sont) privilégié(s) par l'équipe.

PHASE 2 : DISCUSSION EN ÉQUIPE (15 minutes)

OBJECTIF : Identifier les modes de participation exercés dans l'équipe.

INSTRUCTIONS : Les observateurs livrent à l'équipe les résultats de leurs observations. Les participants écoutent et réservent leurs commentaires.

Les participants de l'équipe exposent ensuite le rôle qu'ils jouaient et analysent leurs propres interventions ainsi que l'influence qu'ils croient avoir exercée dans l'équipe.

Les observateurs et les participants discutent des similitudes et des écarts entre leurs perceptions.

PHASE 3 : PLÉNIÈRE (30 minutes)

OBJECTIF : Constater les effets de la participation sur le fonctionnement des équipes.

INSTRUCTIONS : Les équipes expliquent chacune leur tour quels rôles elles ont joué pendant la recherche de solutions et leur impact sur le fonctionnement de l'équipe.

GRILLE D'OBSERVATION DES MODES DE PARTICIPATION

NOM DES PARTICIPANTS	INTERVENTIONS CARACTÉRISTIQUES	MODE DE PARTICIPATION PRIVILÉGIÉ	EFFETS SUR LES AUTRES PARTICIPANTS
1			
2			

Mode(s) de fonctionnement privilégié(s) par l'équipe :

_____

ÉLÉMENTS DE RÉFLEXION À PROPOS
DE LA SIMULATION 2

JEU DE RÔLES SUR LES MODES DE PARTICIPATION

1. Quelles contributions avez-vous observées dans le cadre de la participation selon le contenu ?

2. Quelles contributions avez-vous observées dans le cadre de la participation selon la procédure ?

3. Quelles contributions avez-vous observées dans le cadre de la participation selon le socio-affectif ?

4. Quels sont les liens de causalité entre les contributions des participants et le fonctionnement d'un groupe ?

5. Quels sont les modes de participation et le type de contribution qu'un membre idéal devrait adopter ?

Lectures commentées

BEAL, G. et al. (1969). Les secrets de la dynamique des groupes. Paris: Chotard.

Cet ouvrage sur la dynamique des groupes vise à aider l'animateur à améliorer le fonctionnement du groupe avec lequel il travaille.

La première partie du livre analyse les divers aspects de la participation des membres en relation avec le fonctionnement du groupe. Des thèmes comme le but, la productivité ou l'évaluation du groupe y sont abordés et expliqués en détail.

La seconde partie propose une quinzaine de techniques et modes de structuration des réunions qui favorisent une participation productive. Les auteurs veulent, par cette présentation, fournir aux animateurs et aux participants des outils pour améliorer leur rendement et l'efficacité de leurs démarches.

BERTCHER, H.J. (1979). *Group Participation: Techniques for Leaders and Members,* Beverly Hill: SAGE Publications (1988).

Ce livre est destiné aux responsables de la formation auprès d'animateurs et membres de divers groupes. Conçu sous la forme d'un guide, ce matériel didactique fournit une douzaine de techniques telles que l'écoute, la cueillette d'information, la négociation, la synthèse et la confrontation.

La présentation du livre offre une description claire de chaque technique; en fournissant des indications détaillées sur le moment, la façon et la méthode pour les utiliser adéquatement; et en donnant des exemples concrets, des exercices pratiques ainsi que des références pertinentes.

CHELL, E. (1985). *Participation and Organisation,* **New York: Schocken Books.**

Chell étudie le phénomène de la participation selon trois perspectives: celle de l'individu, celle du groupe et celle de l'organisation. L'intérêt de son ouvrage réside dans la présentation de nombreuses théories reliées à des concepts comme la participation, les échanges sociaux et le leadership.

Dans la première partie, l'auteure s'intéresse aux variables personnelles qui influencent la participation. Dans la seconde partie du livre, elle décrit de façon détaillée les processus de la participation en groupe, des échanges sociaux et de la prise de décision. Finalement, la dernière partie examine les notions de leadership et de rôle à l'intérieur des organisations.

Ce livre contient :
– bibliographie.

LIMBOS, É. (1986). *La participation,* **Paris: Entreprise Moderne d'Édition.**

Cet ouvrage se présente sous la forme d'un séminaire comprenant une partie théorique et un cahier d'exercices pratiques qui aident à mieux saisir les notions traitées.

La partie théorique traite du concept de participation et de ses différents aspects. L'auteur y aborde les conditions, les critères et les différents modes de participation. Un chapitre entier est consacré aux éléments qui freinent ou facilitent la participation. Deux autres chapitres traitent des différentes techniques qui peuvent susciter la participation, tant dans les groupes restreints que dans les grands groupes.

L'auteur aborde également les attitudes et comportements de l'animateur qui favorisent une participation optimale ainsi que les compétences techniques que cela suppose.

Ce livre contient :
- *bibliographie,*
- *exercices,*
- *glossaire ou lexique,*
- *simulation.*

MACCIO, C. (1983). *Animation de groupe* **(6e éd.). Lyon: Chronique sociale de France.**

Cet ouvrage propose une exploration détaillée des nombreux aspects de l'animation et du groupe.

Le chapitre cinq est entièrement consacré aux participants. Maccio y traite d'abord de la personne unique et sociale qu'est le participant, avec les responsabilités et les rôles qu'il assume. Il aborde également le domaine des moyens d'expression et des relations entre participants, mentionnant les raisons qui peuvent les empêcher de participer dans un groupe.

St-ARNAUD, Y. (1978). *Les petits groupes, participation et communication,* **Montréal: Les Presses de l'Université de Montréal.**

Ce livre fournit des informations et des outils pour améliorer la participation et la communication dans un groupe, en vue d'un meilleur rendement.

Le groupe y est étudié à partir de la théorie des systèmes et de celle du groupe optimal. La première partie décrit en détail les phases de développement d'un groupe et la seconde partie traite des conditions de rendement optimal.

Pour permettre au lecteur de mettre en pratique les notions développées, l'auteur fournit des critères et des grilles d'observation de la croissance d'un groupe, de la participation des membres (axe de participation) et des cercles d'interactions.

Ce livre contient :
- *questionnaires.*

Chapitre
3

LES INTERACTIONS DANS LE GROUPE

Il est pauvre celui qui crie :
« Un tel a volé mon idée,
mon manteau, ou ma bourse. »
Le riche, lui, ne dit rien.
Il est assez riche pour se faire voler.

Félix Leclerc

Plan du chapitre

Contexte théorique

PRÉSENTATION

La véritable participation d'un membre dans un groupe est une exigence volontaire, enthousiaste et partagée. À partir de là, il sera possible de surmonter les obstacles internes et externes au groupe qui freinent son développement et celui de ses membres. La participation, c'est surtout la volonté d'assumer des responsabilités en complémentarité avec celles des autres membres de son groupe.

Cette participation prend forme d'abord dans les interactions qui se dessinent lors de la rencontre initiale. La première impression, c'est le premier message que nous nous transmettons les uns les autres. C'est le début d'un cheminement long et progressif qui conduira les participants à se parler, de vive voix et par leurs attitudes, en utilisant divers réseaux de communication pour structurer leur action et transiger leur participation. Un bon participant et, par surcroit un bon animateur, comprend ce qui se trame tant dans la communication verbale que non verbale. Cette communication ou ces interactions sont à la fois la source et le résultat de cette participation, ou mieux encore, de cette chaîne dont les échanges interpersonnels sont les maillons.

3.1 ÉLÉMENTS DE DÉFINITION

Dans les écrits récents, les interactions entre les personnes sont certainement les exemples les plus fréquemment utilisés pour décrire le groupe et son action. Directement liées à la communication et à ses réseaux, les interactions sont souvent synonymes d'échanges dans un groupe. Burgoon *et al.* (1974) les considère d'ailleurs comme une nécessité absolue pour parler du groupe : « pour constituer un groupe restreint, les membres doivent communiquer entre eux. » (p. 2). On entend alors par groupe, un ensemble privilégié d'interactions entre les gens qui ont des liens les uns avec les autres. La solidarité des membres, lorsqu'elle est acquise, favorise généralement l'atteinte d'un but commun ou de fins mutuelles.

Selon Mucchielli (1982), chez la plupart des auteurs connus par leurs écrits sur le groupe, le mot « communication », au sens le plus large et parfois même abusif du terme, fait référence au message ou à l'information qu'une personne transmet. La communication est aussi définie comme un processus général référant à divers autres processus psychologiques et physiques.

Plusieurs approches théoriques contribuent à l'analyse et à la compréhension de la communication. Parmi elles, les approches anthropologiques et psychologiques ressortent particulièrement en raison de leurs caractères distinctifs et des objectifs cognitifs qu'elles poursuivent :

- comprendre les autres en tant que membres d'une société (Anthropologie) ;
- se comprendre soi-même comme membre d'une collectivité (Psychologie).

Pour des anthropologues comme Hall et Bateson, de l'école de Paolo Alto, la culture est communication. Par le terme culture, ils regroupent des réalités comme le travail, le jeu, la défense, le territoire, le sexe, l'apprentissage, etc. Ils s'appliquent à déceler des structures, éléments de modélisation, qui persistent bien au-delà d'une même génération d'individus.

L'anthropologie procède par études « longitudinales » où la culture est considérée et analysée à travers les siècles. Pour elle, le langage est antérieur à la génération d'hommes et de femmes qui vivent présentement. Il sera transmis, dans son intégralité, à une nouvelle génération tout en ne subissant que de légères transformations. Les anthropologues s'intéressent particulièrement au phénomène de transmission du langage. D'ailleurs, depuis quelques décennies, la communication inter-culturelle suscite un intérêt certain chez les chercheurs dans cette discipline.

Les implications pratiques de l'approche anthropologique sont fort intéressantes puisqu'elles permettent d'analyser de vastes ensembles, tels que les peuples. Elles éclairent les diverses dimensions : travail, jeu, religion, pouvoir, qui affectent les conditions de vie des êtres humains qui se retrouvent en collectivité.

Des psychologues confirment eux aussi l'existence de « modèles » culturels. Cependant, ce n'est pas là l'objet de leurs études qui s'intéressent plutôt à la performance individuelle. En terme de communication, la psychologie s'intéresse au phénomène d'acquisition et d'utilisation des comportements expressifs. Elle cherche à expliquer les différences individuelles dans une même culture. Ainsi, elle veut répondre à la question suivante : pourquoi des individus socialement semblables utilisent-ils des modes d'apprentissage différents pour acquérir ou utiliser un langage ?

La définition de la communication, par l'approche psychologique, met en évidence la primauté de la personne. Deux modèles traditionnels d'explication du processus de communication ressortent plus particulièrement. Le premier modèle suggère qu'un stimulus qui entraîne une réponse directe dévoile le mécanisme primaire de la communication. Par exemple, la vitesse de déplacement des molécules H_2O réagit en fonction de la température à laquelle la molécule d'eau est soumise. Un deuxième modèle suppose que, pour qu'il y ait communication, la réponse soit déjà acquise par l'organisme qui est stimulé. Par exemple, une personne soumise au rayonnement trop violent du soleil se couvre le corps pour se protéger. Voilà une réponse acquise qui révèle une communication.

La communication, pour Anzieu et Martin (1969), est un processus général faisant appel aux processus physiques et psychologiques par lesquels s'effectue la mise en relation d'une personne avec une ou plusieurs personnes en vue d'atteindre certains objectifs. Pour ces auteurs, la communication fait ressortir deux rôles nécessaires : l'émetteur et le récepteur. L'émetteur est la source du message transmis, tandis que le récepteur est la personne influencée par le message.

Steiner (1972) ajoute un élément dynamique à ce qui peut sembler statique dans cette définition d'Anzieu et de Martin. Pour lui, le message influence et stimule le récepteur qui devient, à son tour, émetteur d'un message influençant ainsi son nouveau récepteur, antérieurement émetteur. Le processus de communication devient alors continu jusqu'à ce que l'objectif recherché soit atteint. Au sens strict, le terme « communication », comme l'énonce Mucchielli (1982), désigne la nature même et le sens du processus: « la relation inter-humaine par laquelle des interlocuteurs peuvent se comprendre et se faire comprendre, ou s'influencer l'un et l'autre » (p. 123). C'est ce que représente la figure 3.1 qui met en évidence l'influence réciproque des communiquants. Dans ce modèle, deux personnes interreliées se partagent les rôles d'émetteur et de récepteur. L'émetteur engage la communication en codant l'information en fonction de l'objectif désigné et transmet son message selon un support privilégié. Le récepteur décode l'information en lui donnant une signification selon l'intention qu'il attribue à l'autre.

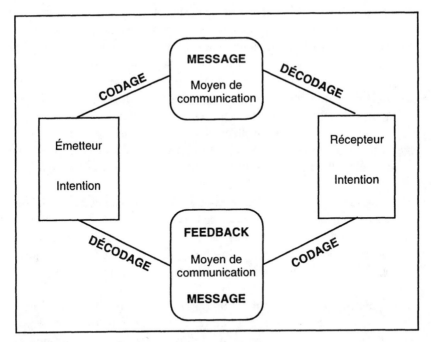

FIGURE 3.1 SCHÉMA DE LA COMMUNICATION.

Source: Hogue, P.P. et al. (1988). Groupe, Pouvoir et Communication, Québec: PUQ.

Toutefois, plusieurs auteurs, dont ceux de l'école de Paolo Alto, tels Bateson, Jackson et Watzlawick, expriment de sérieuses réserves quant à l'utilisation de ce modèle théorique, issu de l'ingénierie, pour l'explication de la communication humaine. Watzlawick *et al.* (1967), dans leur étude sur les modèles d'interactions, de pathologies et de paradoxes, montrent que les comportements (information non verbale) sont des situations d'interaction et qu'ils ont une valeur de message. Dans un groupe, ils influencent les autres qui, en contrepartie, répondent d'une manière ou d'une autre en réagissant au message. Pour les auteurs, l'action, les mots aussi bien que les silences, sont des messages qui ont un sens.

Amado et Guittet (1975) accordent aussi beaucoup d'importance à l'interaction comme élément essentiel de la définition de la communication en faisant ressortir notamment l'effet du message sur le récepteur :

> Il y a communication chaque fois qu'un organisme quelconque, et un organisme vivant en particulier, peut affecter un autre organisme en le modifiant ou en modifiant son action à partir de la transmission d'une information (p. 3).

Il apparaît alors que la communication, en plus d'être un processus, est aussi une mise en relation d'au moins deux participants. La communication est un macrosystème impliquant des systèmes humains chez qui la circulation de messages vise l'atteinte d'une signification partagée ou réciproque. Comme système, la communication implique, pour celui qui communique, qu'il doit penser son message en fonction des caractéristiques de l'auditeur, ou l'ajuster en conséquence. L'efficacité de la communication est donc étroitement liée au réajustement constant du message en fonction de son impact sur l'auditeur. L'émetteur tente de corriger alors l'écart entre la réaction obtenue et la réaction souhaitée.

La communication est aussi un système de signes socialisés. Par socialisés, on indique la fonction fondamentale de la communication. Par système, elle est, selon Vanoye (1973), un ensemble dont les éléments se déterminent dans leurs rapports mutuels, c'est-à-dire « un ensemble où rien ne signifie en soi, mais où tout signifie en fonction des autres éléments » (p. 29).

Mais que l'on emploie les termes « processus », « échange » ou « système », un point commun se dégage chez ces auteurs : la communication ne peut se faire sans qu'il y ait une mise en relation. Le terme communication est utilisé pour désigner un système de mise en relation de personnes, c'est-à-dire l'établissement d'interactions dont l'objectif est l'influence réciproque des uns et des autres. Dans un groupe qui partage un même but, ces influences, comme le montre le modèle de Kincaid, tiré de Roger et Kincaid (1980) et illustré à la figure suivante, ont pour effet de créer une compréhension mutuelle et provoquer une action commune. Le groupe, par l'information traitée (réalité physique), devient une syntalité (réalité sociale) différente de ses parties constituantes (réalités psychologiques).

Les composantes de base du modèle de convergence de la communication de Kincaid, dont les dimensions dominantes sont l'information et la compréhension mutuelle, sous-entendent que les informations sont la conséquence de l'action. Par contre, en parcourant les différentes étapes du processus de traitement humain de l'information, l'action devient, à son tour, la trace physique du traitement auquel l'information est soumise: elle est donc une conséquence du traitement de l'information. Comme dans un modèle systémique, le modèle de convergence de la communication n'a pas de commencement, ni de fin. Le traitement individuel de l'information suppose perception, interprétation, compréhension, croyance et action qui créent une nouvelle information à traiter. Lorsque ce traitement est effectué par plusieurs participants, il peut conduire à la compréhension mutuelle, au consensus et à l'action collective.

En sens opposé, le modèle de convergence de la communication permet également de considérer les divergences entre les membres : absence de perception, interprétations erronées ou différentes, incompréhension et doute. Ceci a pour effet de réduire la compréhension mutuelle et d'alimenter les conditions propices à l'émergence de tensions, voire de conflits ouverts. En examinant les rapports entre la compréhension

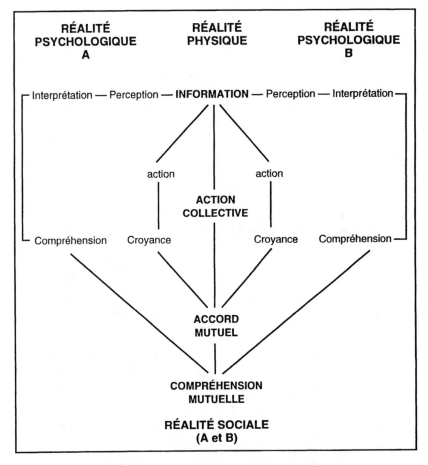

FIGURE 3.2 MODÈLE DE CONVERGENCE DE LA COMMUNICATION.
(traduction libre).

mutuelle et l'accord commun, quatre combinaisons apparaissent :

(1) compréhension mutuelle avec accord commun (consensus) ;

(2) compréhension mutuelle avec désaccord ;

(3) incompréhension avec accord ;

(4) incompréhension et désaccord.

Ce modèle laisse présumer que l'animateur et les autres membres du groupe devront opter pour l'une ou l'autre de ces combinaisons, et devront rechercher, s'il veulent une action collective efficiente, les points d'accord entre eux, depuis la perception jusqu'aux croyances.

3.2 NOMBRE DE PARTICIPANTS AUX ÉCHANGES

La plupart des auteurs recensés, comme par exemple Olmsted (1969), Knowles et Knowles (1969), Hare (1971), Burgoon *et al.* (1974), Limbos (1980), Johnson et Johnson (1983), Douglas (1983) et Robinson (1984), considèrent que deux membres sont suffisants pour former un groupe restreint et maintenir des communications. Au contraire, Farace *et al.* (1977) situent ce nombre à trois, pour une raison fondamentale : chaque membre ne peut détenir qu'une portion de la communication ou des échanges pour qu'il y ait interdépendance et donc pour qu'il y ait groupe. Or, dans le cas d'un groupe de deux personnes, le fait qu'un membre décide de se retirer annule automatiquement les chances d'interaction.

Cependant, des auteurs comme Satir (1967) et Smith (1978) croient qu'une communication interpersonnelle entre trois personnes ou plus n'est qu'une utopie et que c'est dans la dyade que se situe la base de toute communication. Satir (1967), tel que relaté par Douglas (1983), expose ainsi que :

> (...) une interrelation ou une communication interpersonnelle entre trois personnes ou plus était un mythe et l'interrelation de base était la dyade, toute troisième personne agissant en observateur (p. 94).

Cependant, les positions prises par Farace *et al.* (1977) et Smith (1978) ne sont pas nécessairement contradictoires. Farace *et al.* mettent l'accent sur la survivance du groupe par le maintien de la communication, tandis que Smith met en évidence la limite de la participation propre à un véritable dialogue qui exige une totale réciprocité.

Dans l'une ou l'autre des alternatives discutées ci-haut, cette communication doit être directe ou encore, comme le souligne Mucchielli (1982), être face à face. Amado et Guittet (1975) ont déjà défini les types de groupes en fonction des relations, donc du genre de communication qu'avaient les membres entre eux. À leur avis,

> (...) La particularité d'un groupe repose sur la nature des relations qui unissent les personnes qui le composent : communication directe, prise de conscience d'une finalité commune et mise en oeuvre d'une organisation pour faire aboutir ce projet (p. 84).

La communication directe entre les membres ne s'alimente cependant pas d'elle-même. Elle a besoin de puiser à des sources extérieures au groupe. Mucchielli (1982) en exprime la nécessité lorsqu'il observe des petits groupes en situation d'apprentissage :

> Les co-équipiers disposent de sources d'information extérieures et le travail consiste à les citer, à les cumuler, à les mettre en commun, à les assimiler. Le groupe peut inventer ses méthodes optimales de travail, de classification, de présentation. Il n'invente pas d'autres contenus que ceux des informations disponibles (p.62).

S'il convient que les membres soient alimentés par de nombreuses sources extérieures pour enrichir le contenu de leurs interactions, il est préférable, par contre, que le nombre de liens de communication entre les membres soit restreint. En effet, plus les lignes de communication sont nombreuses, plus le nombre de messages est grand, et plus il devient difficile de maintenir l'efficacité des interactions. Il semble d'ailleurs, selon les études recensées par Shaw (1981), que cela soit vrai aussi pour ce qui est des réactions d'entraide des membres en fonction de la tâche. Il en va tout autrement du rapport entre le nombre de lignes de communication et l'émergence du leadership. Le leadership émerge plus facilement dans de grands groupes que dans de plus petits groupes comme le démontrent les études de Bass et Norton (1951).

3.3 RÉSEAUX DE COMMUNICATION

Les communications dans un groupe restreint sont nécessaires aux interactions, c'est-à-dire aux influences que les uns exercent sur les autres. Ces communications sont organisées par les membres du groupe pour favoriser l'atteinte d'un but commun. Selon Litvak (1967), un groupe médiatise toutes ses communications. Pour lui, la communication est le mécanisme principal de contrôle du groupe. Par la communication médiatisée, le groupe contrôle l'interprétation des messages en des catégories de langages qu'il s'est choisi. Par la coopération et les échanges de ses membres, le groupe établit, en le négociant, le sens des concepts de base qui l'aideront à atteindre ses objectifs. La communication médiatisée est alors l'expression naturelle d'une des caractéristiques du groupe : celle de tendre vers le conformisme, c'est-à-dire l'acceptation, par ses membres, de la réalité telle que définie par le groupe.

Selon Douglas (1983), une source importante de pouvoir réside dans la capacité du groupe à médiatiser la communication entre ses membres. Il ajoute qu'il n'est pas surprenant de constater que la communication exerce une fonction importante de contrôle des activités du groupe.

Dans un groupe où la communication se déroule de manière relativement constante, sans coupures prolongées, les échanges se cristallisent en des modèles que les auteurs en communication appellent réseaux de communication. Dans un groupe restreint, les réseaux de communication sont appelés micro-réseaux, par opposition aux macroréseaux des grandes organisations. Les travaux de Bavelas (1950) et de Leavitt (1951) ont permis d'identifier les réseaux de communication et de formuler une loi générale des réseaux que Mucchielli (1980) traduit ainsi :

> Le type de réseau affecte le comportement des participants, surtout en ce qui concerne la précision, l'activité globale, la satisfaction; et au niveau du groupe, le type de réseau détermine le rôle de leader ainsi que l'organisation du groupe (p. 58).

Les travaux de Cohen (1962) et de Lawson (1965) montrent qu'une personne qui occupe une position centrale avec plusieurs lignes de communication est plus satisfaite d'elle-même qu'une personne qui occupe une position périphérique. Ainsi, la motivation d'un groupe (qui dépend de la satisfaction de ses membres) est plus élevée dans un réseau décentralisé où les informations peuvent circuler librement.

LA SOLIDARITÉ INTERINDIVIDUELLE. Les interactions entre les membres d'un groupe présentent une certaine cohésion observable par le nombre d'échanges intervenus et le nombre de personnes impliquées. La grille d'observation de la solidarité interindividuelle permet, lorsqu'elle est employée pour l'observation d'un groupe en action, de déceler la structure des réseaux de communication ainsi que de présumer de la qualité de la cohésion.

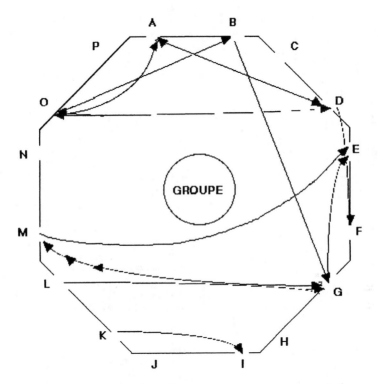

FIGURE 3.3 GRILLE D'OBSERVATION DE LA SOLIDARITÉ INTERINDIVIDUELLE.

L'examen sommaire des résultats de l'observation montre d'abord que les interventions sont relativement nombreuses (17) et réparties inégalement entre les membres de ce groupe. L'absence de lignes fléchées vers le groupe indique également qu'aucun membre ne s'adresse directement à l'ensemble des participants. De même, certains membres (tels N, P) ne sont pas identifiés comme des sources d'émission ou de réception.

La transcription des observations dans une socio-matrice, illustrée dans la figure 3.4, permet d'approfondir l'étude commencée et d'obtenir de nouvelles informations.

Par exemple, huit membres (50%) émettent leurs idées (A, B, D, G, K, L, M, O), neuf (56%) sont choisis comme sources de réception (A, B, D, E, F, G, I, M, O) et cinq autres encore (C, H, J, N, P) ne participent pas à la communication, ce

RÉCEPTION

ÉMISSION		A	B	D	E	F	G	I	K	L	M	O
	A			1								1
	B						1					
	D	1				1						1
	E											
	F											
	G				1					3		
	I											
	K							1				
	L						1					
	M				1		1					
	O	1	1	1								

FIGURE 3.4 SOCIO-MATRICE REPRÉSENTANT LES LIENS DE COMMUNICATION DANS LE GROUPE.

qui représente 31% de tous les participants. Ainsi, dans ce groupe, plus de membres reçoivent d'informations qu'ils n'en émettent vers les autres. Toutefois, si l'on considère le nombre d'émissions possible ($N^2 - N = 16^2 - 16 = 240$), le pourcentage des communications est faible (17 ou 7%). Cette constatation nous amène à penser que le potentiel de ce groupe est relativement peu exploité.

Le membre « G » émet le plus souvent (4 ou 24%) , particulièrement vers « M » (3). Il entretient donc avec cet autre membre une relation privilégiée. Il est également intéressant de constater que « G » et « M » sont le plus souvent choisis comme récepteurs par les autres membres (3 ou 18%). Le membre « G » émerge du groupe parce qu'il est celui qui entre en contact avec le plus grand nombre de personnes du groupe (B, E, L, M).

Les informations recueillies, présentées sous la forme d'un sociogramme, permettent d'exploiter différemment les résultats et de connaître la structure du groupe. Par exemple, la figure 3.5 fait apparaître plus clairement les réseaux de communication développés dans le groupe, les personnes qui les composent et l'usage que les participants font des voies de communication.

Le sociogramme de la figure 3.5 met en évidence que le groupe considéré dans cet exemple est formé de deux sous-groupes de quatre membres. Le premier sous-groupe se compose des membres « A », « D », « O », « F » alors que des liens de réciprocité unissent les membres « A », « D » et « O ».

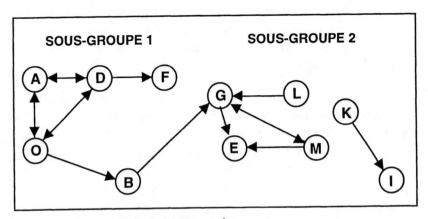

FIGURE 3.5   SOCIOGRAMME REPRÉSENTANT LES LIENS DE
COMMUNICATION ENTRE 11 MEMBRES DU GROUPE.

Dans le deuxième sous-groupe, les membres « E », « L » n'entretiennent que des liens unidirectionnels, contrairement au sous-groupe 1. Le membre « B » sert de pont unique entre ces deux sous-groupes.

Ces informations sont précieuses pour l'animateur qui saura surveiller cette situation afin de prévenir l'éclatement du groupe. Il pourrait alors se donner comme objectifs :

- de créer des occasions pour que les absents de la communication puissent faire valoir leurs idées ;

- de favoriser l'augmentation du nombre de ponts entre les sous-groupes ;

- de lier la dyade isolée (« I » « K ») à l'un ou l'autre des sous-groupes ou au groupe entier, si cela est possible.

LA SIGNIFICATION DES RÉSEAUX. Les réseaux de communication, comme celui illustré dans l'exemple ci-haut, ont déjà été longuement étudiés. Les auteurs Bavelas (1948, 1950) et Leavitt (1951) ont proposé des modèles de base des réseaux de communication. Ces modèles, d'abord conçus pour des expérimentations en laboratoire demeurent, aujourd'hui encore, des modèles classiques pour l'étude de la structuration de la communication dans les groupes restreints. Généralement, ces modèles regroupent trois, quatre ou cinq personnes et montrent un degré plus ou moins élevé de centralisation ou de décentralisation du pouvoir sur la circulation de l'information. Par exemple, les modèles de la roue et du Y sont plus centralisés que les modèles de type « comcon » ou « pinwheel » où l'information circule plus librement d'un membre à l'autre. Le réseau décentralisé favorise aussi, selon les travaux de Shaw (1954), la résolution de tâches complexes. Le réseau centralisé est plus efficace et plus rapide pour les tâches simples.

Les recherches de Shaw et de Rothschild (1956) sur les triades ont aussi démontré qu'une personne qui occupe une position centrale dans un réseau a plus de chance que les autres de devenir *leader* du groupe, parce qu'elle a accès à un plus grand nombre d'informations et qu'ainsi il lui est possible de mieux coordonner les activités du groupe.

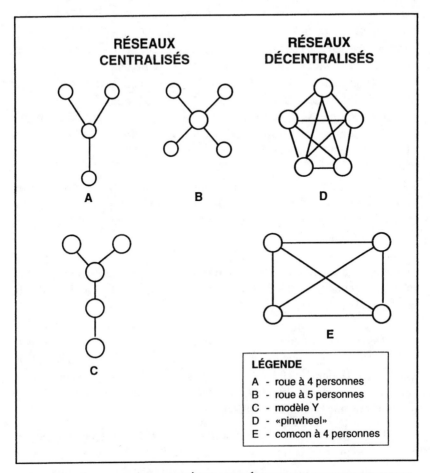

FIGURE 3.6   QUELQUES MODÈLES DE RÉSEAUX DE COMMUNICATION
CENTRALISÉS ET DÉCENTRALISÉS.

Shaw (1981) rapporte les résultats de recherches sur le sujet et fait état
de l'influence de plusieurs variables sur la structuration des réseaux
d'information. La grandeur des groupes influence les conditions d'organisation de l'information et agit alors sur la structure probable du réseau.
Les variables liées aux informations de base, tels le bruit, l'accès à l'information, l'encouragement et les variables liées à la composition du groupe
tels l'ascendance de certains membres, l'autoritarisme et le style de
leadership de l'animateur influencent également la structure des réseaux.

À la lumière de ces nouvelles connaissances, Farace *et al.* (1977) suggèrent maintenant d'étudier les réseaux de communication non plus comme des variables causales, c'est-à-dire affectant les aspects de la performance d'un groupe, mais plutôt d'étudier les facteurs qui favorisent l'émergence d'un réseau en particulier. Selon ces auteurs, il est plus efficace de s'interroger sur le processus de formation des réseaux de communication ou sur ses étapes d'évolution. L'animateur serait davantage en mesure d'intervenir sur les véritables facteurs qui influencent la circulation de l'information et ainsi favoriser une véritable participation à la vie du groupe.

LA QUALITÉ DU MESSAGE.   Plusieurs auteurs, dont Watzlawick *et al.* (1967), Anzieu et Martin (1969), Klein (1970) et Vanoye (1973), traitent du message comme composante essentielle de la communication dans les groupes restreints.

Le message est défini par Anzieu et Martin (1969) comme la relation entre l'émetteur et le récepteur et il véhicule l'information que l'on désire communiquer.

Un message est formulé par des codes et des symboles. Il est reçu et intégré par le récepteur s'il est transmis, selon les auteurs Farace *et al.* (1977) et Douglas (1983), dans un système de codes commun au récepteur et à l'émetteur. Tel qu'exposé par Douglas (1983), le message s'appuie sur une convention préétablie.

> Un individu ne peut communiquer ses pensées et ses sentiments sans les adapter sous une forme de code arbitraire et systémique et les sentiments et les pensées de l'autre ne peuvent être reconnus sans que ce même processus d'adaptation soit en vigueur aux ports de la transmission et de la réception (p. 30).

Afin d'atteindre le récepteur, le message emprunte un chemin que les auteurs, comme Farace *et al.* (1977), appellent réseau ou canal.

> Quand les personnes parlent avec les autres sur une base régulière, les « patterns » créés par les messages qu'elles échangent sont appelés réseaux de communication (p.158).

Selon Klein (1970) et Amado et Guittet (1975), c'est le réseau de communication qui permet de régler la vitesse de transmission des informations. Thelen (1970), pour sa part, parle de canal pour expliquer le chemin parcouru par le message.

3.4   LE LANGAGE NON VERBAL

Le langage non verbal est intimement lié à la communication verbale et donc à la transmission et à la réception des messages. Il supporte et oriente le sens du message et permet son décodage par le récepteur. Selon Boisvert et Poisson (1986), reconnaître l'importance du non verbal dans toute communication humaine, c'est constater :

- — le besoin d'expression individuelle et collective ;

- — la nécessité de communiquer ;

- — la signification des gestes et des attitudes ;

- — l'apport considérable du non verbal à la communication ;

- — la quantité importante de ces indices observables.

Tout comme la communication verbale, la communication non verbale prend une signification dans un contexte particulier. Sans ce contexte qui aide à déterminer le sens des comportements, le message non verbal peut porter à de trop nombreuses interprétations.

Plusieurs auteurs se sont préoccupés d'établir l'importance du non verbal dans la communication. Deux, parmi eux, ont même quantifié cette importance. D'abord, Albert Mehrabian (1969) considère que l'impact du message est une fonction de la formule suivante :

I.T. = .07 Ve. + .38 Vo. + .55 Fa.

ou I.T. est l'impact total du message

Ve. est l'expression par les mots

Vo. est l'expression vocale

Fa. est l'expression faciale

Ray Birdwhistell (1970) estime que les personnes parlent « avec des mots » en moyenne de 10 à 11 minutes par jour. Un énoncé standard s'exprime en approximativement 2.5 secondes. Dans une conversation entre deux ou trois personnes, les composantes verbales ne comptent que pour 35% ou moins dans la détermination du sens social du message, tandis que les composantes non verbales comptent pour 65% ou plus. Les résultats de ces travaux, malgré leur caractère plus ou moins scientifique, font ressortir l'importance de la communication non verbale.

En sciences humaines, les chercheurs conviennent généralement des éléments qui composent le langage non verbal. Selon chaque discipline, une attention particulière est accordée à certains éléments comme la posture, la gestuelle, le para-langage, les mouvements corporels, les caractéristiques physiques, le toucher, la forme, les coloris, les odeurs, l'utilisation des vêtements et ornements, les contacts corporels, les jeux de physionomie ou mimiques, la direction du regard et les aspects non verbaux du langage tels le rythme, le débit, la tonalité et l'accent.

Les participants utilisent principalement le mode de communication en groupe pour : 1) informer les autres ou s'informer sur les autres ; 2) influencer les autres et 3) créer, maintenir ou briser une relation avec les autres.

Cette explication est aussi partagée par certains psychologues comme Paul Ekman et Wallace Friesen. Ces auteurs, mentionnés dans les écrits de Harrison (1974) et Charpentier (1979), distinguent trois catégories de comportements non verbaux : les comportements communicatifs, significatifs et interactifs.

Les comportements communicatifs sont adoptés dans l'intention expresse de communiquer une information précise. Le geste bien connu de l'auto-stoppeur en est un exemple, comme le mentionne Charpentier (1979). Les comportements significatifs peuvent être interprétés par un observateur, mais celui qui les émet n'a pas nécessairement l'intention de communiquer. C'est le cas, particulièrement, des manifestations physiologiques accompagnant certains états émotifs comme, par exemple, la blancheur de l'épiderme lorsqu'un individu est saisi de peur. Les comportements interactifs peuvent également être adoptés sans intention particulière de la part de l'émetteur ; toutefois, un récepteur peut y répondre plus ou moins consciemment. Ces comportements ont un effet observable sur les interactions. Par exemple, les signes de tête usuels qui surviennent au cours d'un dialogue relèvent de cette catégorie.

Dès qu'il y a deux personnes ou plus en présence, il y a communication. Même le silence est porteur d'un message qui affecte le récepteur. Ainsi, tout comportement non verbal est considéré comme élément de communication. Mais cette communication réfère à un sens plus générique comme l'énonce d'abord Corraze (1980) :

> On applique le terme de communications non verbales à des gestes, à des postures, à des orientations du corps, à des singularités

somatiques, naturelles ou artificielles, voire à des organisations d'objets, à des rapports de distance entre les individus, grâce auxquels une information est émise (...). On entend par communications non verbales l'ensemble des moyens de communication existant entre les individus vivants n'usant pas du langage humain ou de ses dérivés non sonores (écrits, langage des sourds et muets, etc.) (...). Une communication non verbale peut être sonore et il faut se garder de l'expression «langage silencieux» pour qualifier les communications non verbales. Ce que ce concept exclut c'est le système linguistique humain; c'est lui qui est verbal (p. 11-12).

Pour Charpentier (1979), la communication non verbale désigne l'ensemble de ces « signes » se situant en marge du langage, le complétant, le supportant, le modifiant à l'occasion et parfois même s'y substituant tout à fait. La communication non verbale apparaît ainsi comme un échange d'informations sans recours au système linguistique humain, au sens de transaction.

Albert Mehrabian (1969) a aussi examiné les dimensions de la communication non verbale et les façons dont elle est utilisée. Pour lui, la communication non verbale est le mode privilégié de la transmission de sentiments ou d'attitudes. Trois dimensions peuvent s'établir à partir de cette transaction:

- la dimension d'approche (*immediacy*), c'est-à-dire la manifestation de liens à créer ou à briser ;

- la dimension du pouvoir, c'est-à-dire l'expression des statuts, de la domination à la soumission ;

- la dimension de résonnance (*responsiveness*), c'est-à-dire la manifestation de la compréhension et la réaction à la compréhension exprimée.

L'auteur constate que les messages sont transmis à travers une variété de comportements non verbaux parmi lesquels il classe la posture.

Plusieurs concepts se retrouvent étroitement liés lorsque l'on traite de la communication non verbale. Parmi ces concepts, les postures et les attitudes méritent une attention particulière.

3.5   LES ATTITUDES

En psychologie sociale, le terme attitude désigne surtout un état d'esprit habituel qui prédispose à agir d'une manière spécifique dans une situation donnée. Cette définition rejoint bien la définition de Piéron (1968), pour qui l'attitude est la structuration préparatoire orientée au point de vue perceptif ou réactionnel, ainsi que celle de Oskamp (1977) qui voit l'attitude comme une disposition à réagir de façon favorable ou défavorable à un objet ou à une classe d'objets. Trois caractéristiques communes aux attitudes ressortent de ces définitions :

– elles ont un sujet (qui est l'objet de l'attitude) ;

– elles sont intrinsèquement évaluatives (variant généralement entre les pôles favorable et défavorable) ;

– elles ont une durée appréciable (d'où la prédisposition à réagir devant un nouveau sujet).

Rosenberg et Hovland, cités par Thomas (1983), mettent en évidence ce qu'il est maintenant convenu d'appeler la structure des attitudes à trois composantes (affects, activités cognitives et comportements). L'aspect cognitif d'une attitude implique que la personne doive préalablement avoir des concepts ou perceptions face aux autres personnes du groupe ou du groupe lui-même, ce qui permet notamment de particulariser chaque personne et de différencier ce groupe des autres groupes. L'aspect affectif d'une attitude réfère aux sentiments que la personne ressent envers les autres. C'est la vectorisation de la force et de la direction de l'attitude. L'aspect comportemental est l'ensemble des actions et des gestes accomplis par une personne à l'égard des autres qui permettent l'actualisation des attitudes. Les postures, mode d'expression de la communication non verbale, relèvent de la composante comportementale au même titre que l'expression verbale.

3.6   LA POSTURE

Jacques Corraze (1980) décrit la posture comme un état relativement fixe, dans lequel le corps s'immobilise, ou tend à le faire. Le corps offre ainsi au regard qui a pu, ou qui va détailler le déroulement des gestes, un point privilégié d'ancrage, d'arrêt, grâce auquel des observations pourront se préciser.

La posture correspond à un moment précis où il y a immobilisation du corps. Selon Corraze (1980 :122), «la posture est un indicateur privilégié de l'attitude affective fondamentale». Toutefois, il convient de distinguer le geste de la posture. Le geste est un mouvement du corps, volontaire ou involontaire, qui traduit un état psychologique et qui exprime une attitude. La figure 3.7 représente les mouvements corporels entre lesquels se trouvent des états posturaux.

FIGURE 3.7 MOUVEMENTS CORPORELS ENTRE LES ÉTATS POSTURAUX

La posture, en sa qualité de position figée, semble devenir un commentaire, une nuance qui sert à préciser le sens de l'information. Le segment «A» du graphique représente une séquence des gestes qui composent la période d'ajustement, d'adaptation de la posture adoptée par la suite. La posture prise avant la période «A» ne correspondait plus à l'attitude du sujet. Ainsi, après une séquence de gestes, on retrouve une période «B» qu'on appellera période posturale. À son tour, cette période «B» subira, tout comme la séquence des gestes, des modifications constamment induites ou provoquées par les différentes attitudes d'une personne vis-à-vis son environnement.

Il y a posture au moment précis où il y a immobilisation du corps. Les postures ne sont pas des mouvements corporels reliés aux fonctions vitales, comme la respiration ou l'expression verbale. La posture, comme n'importe quel aspect du non verbal, indique un degré de tension ou de détente lié à l'état émotionnel ou affectif de la personne. Chaque émotion s'exprime dans un modèle postural. Cette position non verbale peut appuyer, compléter ou contredire une intervention verbale.

Plusieurs composantes de l'organisme humain sont comprises dans la posture. À la limite, toutes les parties du corps concourent à la posture. Cependant, quelques-unes sont plus «chargées» de sens que d'autres pour un récepteur. C'est le cas de la tête, des bras, des mains, du tronc et des jambes. Les positions respectives et simultanées de ces parties de corps, associées à la position physique de l'ensemble du corps, déterminent la posture.

La posture nous communique les intentions de rapprochement, d'accueil ou, au contraire, de défi, de retrait, de menace. Elle laisse transparaître certaines informations que le verbal, pour des raisons multiples, ne peut émettre à lui seul. La posture peut être analysée, entre autres, selon trois aspects : la position debout, la position couchée, la position assise. C'est sur la dernière catégorie, la position assise, la plus fréquente pendant les activités des groupes de tâches, que portera précisément l'analyse de la posture.

À l'intérieur de chacune des catégories, quatre attitudes fondamentales pourraient être déterminées, où il faut considérer l'ensemble de la position corporelle. C'est à William James (1932) que l'on doit l'identification de ces quatre attitudes fondamentales que sont les postures d'approche, de contraction, de retrait et d'expansion.

Les postures d'approche, représentées à la figure suivante, ont pour caractéristique principale l'extension du tronc vers l'avant. Les bras sont généralement allongés vers l'avant ou tombants le long du corps. Les mains sont généralement ouvertes, paumes tournées vers le haut ou le bas. Les représentations des attitudes psychologiques révélées par les quatre postures d'approche sont les suivantes :

FIGURE 3.8 POSTURES D'APPROCHE.

Les postures de contraction ont pour principale caractéristique le fléchissement du cou vers l'avant. La tête suit le mouvement du dos et les bras demeurent habituellement distants l'un de l'autre. Dans un cas, les bras sont croisés démontrant ainsi une fermeture plus évidente aux autres. Les quatre postures suivantes révèlent des attitudes de contraction :

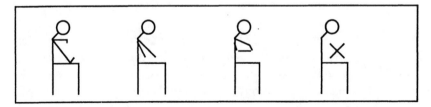

FIGURE 3.9 POSTURES DE CONTRACTION.

Les postures de retrait représentent des attitudes qui isolent des autres membres du groupe. La personne qui, au premier examen, paraît détendue, consomme la production du groupe. Habituellement, elle s'appuie pour être relativement confortable. Les quatre postures suivantes traduisent des attitudes de retrait :

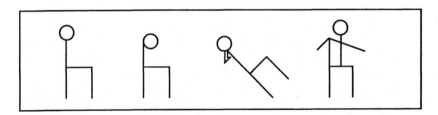

FIGURE 3.10 POSTURES DE RETRAIT.

Les postures d'expansion ont toutes en commun l'extension d'un membre du corps. La représentation des sections corporelles de la figure 3.11 livre des attitudes d'expansion :

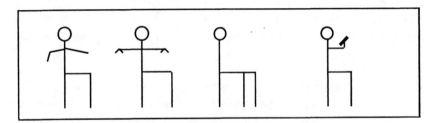

FIGURE 3.11 POSTURES D'EXPANSION.

L'observation des postures des membres permet d'abord de dégager la qualité des transactions qui se situent sur un même axe :
- approche versus retrait
- contraction versus expansion.

Les travaux de Scheflen (1972) et de Mehrabian (1967, 1972) ouvrent des perspectives intéressantes. Scheflen explique que les postures et leurs modifications font partie d'un processus de communication entre les individus. L'une des dimensions considérées dans ce processus est l'effet d'inclusion et d'exclusion de la posture. Selon cet auteur, cette dimension trace les limites de l'espace d'activité des interlocuteurs et l'accès au groupe. La conception de Mehrabian fait ressortir la signification des postures d'approche et des postures de retrait et leur effet sur le degré d'intimité du groupe. De même, les postures d'expansion et les postures de contraction révèlent, à leur tour, le statut social des membres du groupe. Ici, la notion de statut social est mesurée selon la réciprocité des rapports entretenus entre les acteurs et pondérée selon une bipolarité fort - faible.

La cohésion du groupe, facteur de productivité collective, est favorisée par une attraction sociale inclusive et forte, manifestée par des comportements d'approche et d'expansion. À l'inverse, l'exclusion, manifestée par des postures de retrait et de contraction affaiblit la cohésion du groupe et, par conséquent, sa productivité. Le profil des transactions effectuées par les membres est donc en relation avec la communication non verbale en ce qu'elle possède une forte signification pour les membres du groupe.

LES INFLUENCES. Il y a plusieurs facteurs qui peuvent influencer la posture d'une personne. L'élément culturel est un de ces facteurs. Mentionnons, à titre d'exemple, que le repas se prenait couché chez les Romains du temps des Césars et à genoux chez les Chinois de la même époque. La mode vestimentaire, ou tout autre artefact, affecte aussi la posture. Par exemple, comme le mentionne Key (1975), une femme en mini-jupe n'adoptera peut-être pas la même posture assise que si elle portait des pantalons.

La personnalité conditionne généralement les actions des individus. On pourra, par exemple, s'attendre à ce qu'un introverti adopte plus de postures de contraction durant une réunion qu'une personne extravertie.

Morris (1977) attire notre attention sur l'effet d'écho kinesthésique, communément appelé posture en écho, qui se manifeste souvent lorsque deux ou plusieurs personnes entretiennent des relations amicales. On constate alors une tendance chez ces personnes à adopter des postures similaires.

> (...) s'ils sont particulièrement liés et ont une opinion identique sur les sujets abordés, les attitudes des deux corps risquent alors d'être si semblables qu'elles peuvent devenir le calque l'une de l'autre. Cela n'est pas délibéré. Les amis en question se laissent tout naturellement aller à ce qu'on nomme la posture en écho (...). C'est ainsi que le corps transmet un message silencieux, disant : «Vous voyez, je suis tout à fait comme vous» (p. 83).

L'âge et le sexe, ainsi que certaines maladies et handicaps, sont également des facteurs qui suggèrent des états posturaux spécifiques. La personne âgée, qui a le dos courbé par les années, ne démontre pas nécessairement qu'elle est soumise. De même, la personne qui se tient très droite et semble démontrer une attitude autoritaire ne présente peut-être en réalité qu'une réaction à des problèmes de colonne vertébrale.

Les rôles et les fonctions suggèrent aussi des postures. Généralement, un sergent-major n'aura pas le même maintien lorsqu'il s'adresse à un soldat de deuxième classe que lorsque qu'il parle à un lieutenant-colonel. Les facteurs liés à l'espace et au temps interviennent beaucoup sur les façons d'être d'une personne. Cent personnes dans une salle qui devrait normalement en loger cinquante, seront probablement inconfortables et adopteront des postures conséquentes à l'étroitesse des lieux.

L'interprétation sans considération des influences psychologiques et physiques ainsi que des facteurs environnementaux pourrait certainement conduire à des erreurs importantes quant au sens des postures observées.

La communication verbale que nous utilisons quotidiennement pour exprimer certains besoins, certaines pensées et certains états, porte à interprétation, les mots n'ayant pas la même évocation d'expériences pour chacun des interlocuteurs. Dans ce sens, la communication non verbale est encore plus difficile à saisir puisqu'elle subit plusieurs influences, qu'elle dépend de plusieurs facteurs environnementaux et qu'elle relève souvent de l'inconscient.

Richard L. Weaver (1984) énonce trois mises en garde dont il faut tenir compte lorsque l'on touche au domaine du non verbal. Pour l'analyse des informations non verbales, il faut tenir compte du contexte dans lequel s'inscrit la communication. Toute conclusion au sujet d'une communication non verbale doit être considérée plus comme une probabilité qu'une certitude; toute conclusion demeure le produit d'une l'interprétation.

Le langage du corps demeure un élément important à considérer dans la communication car il permet d'interpréter certaines informations et de saisir le sens des interactions dans un groupe. La posture est, en fait, la représentation physique de l'état émotionnel d'une personne. Bien souvent, la posture exprime l'attitude réelle d'une personne alors que le verbal s'empresse de la contredire, et ce pour diverses raisons. Il faut toutefois se méfier de l'interprétation que l'on peut faire à partir de la seule observation de la posture, car celle-ci n'est qu'une partie des éléments qui composent le langage non verbal.

3.7   LE SOUTIEN À LA COMMUNICATION EFFICACE

Les écrits consultés contiennent plusieurs études à propos des difficultés reliées à la communication dans les groupes. Couramment identifiées à des obstacles, ces difficultés sont souvent liées au grand nombre de membres dans un groupe. Certains auteurs énoncent ces obstacles, rapportés au tableau 3.1

Bien que les obstacles à l'efficacité de la communication soient fort nombreux, les auteurs s'entendent généralement pour définir la communication dans un groupe restreint comme un processus visant la mise en relation d'un émetteur avec un ou plusieurs récepteurs.

Quatre caractéristiques semblent qualifier le processus de la communication dans les groupes :

1.   La communication doit être directe d'un membre à l'autre ;
2.   Les membres ont des sources d'informations extérieures ;
3.   Chaque membre a une portion de la communication totale ;
4.   Le groupe maintient un petit nombre de liens de communication.

OBSTACLES ÉNONCÉS	AUTEURS
1. Perception et rétention sélective du message par le récepteur	Burgoon *et al.* (1974), Palmade (1972)
2. Redondance du message	Farace *et al.* (1977), Limbos (1980)
3. Distorsion du message	Farace *et al.* (1977), Limbos (1980), Thelen (1970)
4. Bruit dans la communication	Farace *et al.* (1977), Limbos Mucchielli (1982)
5. Surcharge des informations	Farace *et al.* (1977)
6. Sous-charge des informations	Farace *et al.* (1977)
7. Dissonnance cognitive des membres	Amado et Guittet (1975)
8. Censure du message	Thelen (1970)
9. Interprétation du message	Douglas (1983)
10. Discordance entre les messages verbal et non verbal	Watzlawick (1967), Mucchielli (1982), Douglas (1983)
11. Compétition entre les membres	Klein (1970)
12. Hétérogénéité culturelle des membres	Anzieu et Martin (1969), Douglas (1983)
13. Disposition spatiale des membres	Vanoye (1973)

TABLEAU 3.1 OBSTACLES RELIÉS À LA COMMUNICATION.

La communication, ses liens, ses réseaux et ses acteurs doivent donc être considérés comme des éléments importants qui nous permettent de saisir la réalité collective sous son aspect dynamique. Il semble justifié de croire, avec Douglas (1983), que «le système de communication reflète la structure sociale d'un groupe» (p. 70).

La qualité du message est assurée si certains obstacles sont surmontés, tels : la déformation du message, la surcharge ou la sous-charge des informations ou encore la discordance entre le message verbal et le comportement non verbal.

La distorsion ou déformation du message dans un groupe restreint est toujours provoquée par un relais humain, de dire Limbos (1970). À chaque fois qu'un participant transmet une information à un autre participant, il a tendance, comme l'expliquent Farace *et al.* (1977), à ajouter, retenir ou altérer des parties du message. Ils mentionnent que cette déformation peut être fortement réduite si l'émetteur répète certaines parties importantes du message ou transmet plusieurs fois le même message par des moyens différents.

La surcharge et la sous-charge sont des termes liés à la complexité du message. Chaque auditeur reçoit un message qui fait appel à son jugement ou à sa capacité de décision. Plus le message comprend d'éléments à discriminer ou à juger, plus le message est complexe. Chaque auditeur ou participant à un groupe restreint possède une capacité limitée de traiter la complexité des messages. Tout dépend alors du répertoire d'informations communes à l'émetteur et au récepteur. Si un message est trop complexe pour un participant, on dira que le message est surchargé. Au contraire, si le message n'est pas suffisamment complexe, on dira qu'il est sous-chargé. Dans l'un ou l'autre cas, il y a perte dans l'efficacité de la communication, donc dans sa qualité. Les résultats obtenus par Roger et Shoemaker (1972) sur le fonctionnement de groupes de tâches démontrent que la charge optimale d'un message est en relation étroite avec les traits communs des participants : âge, statut, attitudes, etc. Elle est aussi liée à des considérations spatiales comme la proxémie (Gullahorn, 1952). Watzlawick *et al.* (1967) ainsi que Miller (1972) mettent aussi en évidence que la charge optimale du message dépend de la motivation de chacun à entretenir la communication avec autrui.

La discordance entre le message verbal et le comportement non verbal est aussi de nature à altérer considérablement la qualité du message. Le comportement non verbal est celui des regards, des mimiques, des attitudes ou du ton de la voix (Mucchielli, 1982). Il a pour principale fonction d'informer sur les affects de l'émetteur. Il informe aussi des conditions de la communication. En ce sens, la communication non verbale est incluse dans la méta-communication car elle indique au récepteur la façon de comprendre le message.

La convergence des communications verbales et non verbales entraîne un renforcement du message. La discordance entre ces deux types de communication, comme l'expriment Amado et Guittet (1975), produit un effet perturbateur qui altère le message global et le contenu non verbal devient alors prépondérant. Les travaux de Leathers (1976) démontrent d'ailleurs l'importance de l'impact des comportements non verbaux sur les discussions de groupe pour établir et maintenir la relation interpersonnelle.

3.8 L'UTILISATION DU FEED-BACK COMME MOYEN D'AJUSTEMENT

Le feedback représente, pour Mucchielli (1982), une notion de la communication consistant à mesurer le degré de réception, d'adaptation et d'intégration du message émis, à vérifier les obstacles à la communication et à assurer la continuité de la communication.

Klein (1970), quant à elle, ne parle pas de feed-back mais plutôt de communications réciproques alors que Thelen (1970) énonce la notion de communication bidirectionnelle.

Selon ces trois auteurs, une véritable communication implique une rétroaction afin qu'il y ait reconnaissance du message de la part du récepteur et que l'émetteur soit assuré de la réception du message. Mucchielli (1982) précise davantage en spécifiant que l'absence de feed-back caractérise l'information pure.

Le feedback permet à l'émetteur de déceler les obstacles à la communication, la capacité de décoder de son auditeur et le degré d'adaptation de son message en vue de poursuivre la communication.

Mucchielli (1982) suggère trois moyens pour utiliser le feed-back :

1. interroger les récepteurs sur la communication ;
2. susciter les questions et commentaires des récepteurs ;
3. décoder les signes non verbaux comme les regards, les mimiques ou les mouvements collectifs des récepteurs.

Les comportements non verbaux des récepteurs contiennent aussi des informations utiles pour l'émetteur. Comme le soulignent Wood *et al.* (1986), la principale partie du feed-back est transmise dans les comportements non verbaux. Quatre types de comportements non verbaux se distinguent dans le groupe restreint : les indicateurs d'interaction, le réseau spatial, la position spatiale et la position physique des participants.

Les indicateurs d'interaction, comme les mimiques, le regard et l'intonation de la voix informent sur les sentiments ou le degré d'intérêt du participant. Le réseau spatial d'un groupe, c'est-à-dire la disposition physique des participants dans un groupe, informe sur l'état de centralisation ou de décentralisation des discussions. Il est souvent indicateur du statut dans le groupe. La position spatiale individuelle influence la perception des autres. Une position centrale, par exemple, est plus valorisée qu'une position périphérique. La position physique, c'est-à-dire la manière de se tenir assis ou debout, influence la discussion. Par exemple, elle peut inciter à la détente et à la discussion ainsi qu'aux échanges sociaux de toutes sortes.

À la notion de feed-back est étroitement associée la notion de bruit. Selon Vanoye (1973), les bruits perturbent la communication. Ils peuvent être d'ordre physique, lorsque, par exemple, l'émetteur ne parle pas suffisamment fort pour être audible ou encore a un débit trop rapide. Les bruits peuvent être d'ordre linguistique si le récepteur ne peut décoder le message en raison de son cadre de référence linguistique. Les bruits peuvent également être psychologique, par exemple, si une perturbation émotionnelle chez quelqu'un brouille sa réception d'un message.

Certains auteurs prétendent que des variations irrégulières du comportement, dans des conditions pourtant constantes, peuvent être dues à des fluctuations de la fréquence de l'influx nerveux du cerveau. Comme on le voit, l'analogie est grande avec la notion technique de bruit. On peut donc considérer comme bruits des stimuli tels que les excès de chaleur, de froid, de vibration ou tous les autres facteurs du milieu qui peuvent influencer l'influx nerveux au cerveau et ainsi entrer en interférence avec l'émission ou la réception d'une information.

Des facteurs subjectifs d'origines physiologique, biochimique et psychologique peuvent aussi devenir des bruits. Il n'y a pas de doute que la capacité d'une personne à recevoir une nouvelle information peut être grandement affectée par la chaleur, un choc, la colère ou l'anxiété. Toutefois, le même niveau de bruit peut avoir des effets variés sur différentes personnes en raison de leur propre seuil de sensibilité.

La diminution des bruits, ou mieux encore, leur élimination, demeure une tâche importante et constante pour l'animateur qui désire faciliter l'accès à la communication.

EN RÉSUMÉ

La communication dans les groupes restreints est un échange de significations qui ne se limite pas à l'information, ni à un rapport émetteur-récepteur. Elle implique une interrelation fondamentale et une réciprocité entre les personnes.

Dans un groupe restreint, la communication prend l'une ou l'autre des trois formes suivantes. Elle peut être incidente, quand l'émetteur transmet une information à autrui sans intention particulière. Elle peut être consommatoire lorsque l'émetteur désire exprimer son état émotionnel ou affectif. Mais la communication dans un groupe est surtout, mais non exclusivement, une communication instrumentale visant un but partagé par ses membres et cherchant à produire un effet, tout en s'ajustant pour tenir compte des capacités du récepteur.

La communication est la caractéristique par laquelle la plupart des auteurs recensés déterminent l'aspect dynamique du groupe restreint. Comme l'exprime Wood *et al.* (1986), la communication est probablement la particularité la plus importante qui influence les activités et l'atteinte des objectifs d'un groupe. La notion de communication est aussi intimement liée aux notions d'interaction et d'interdépendance.

Dans un groupe restreint, le nombre des participants qui sont activement en communication est très petit. Certains auteurs, comme Douglas (1983) ou Robinson (1984), croient que la dyade est la base fondamentale des échanges. Par contre, Farace *et al.* (1977) considèrent que trois membres sont essentiels pour maintenir la permanence de la communication et de son réseau. En fait, les uns privilégient la réciprocité du dialogue, tandis que les autres insistent sur l'aspect structural de la communication.

La communication dépend aussi de la qualité du message, qualité tributaire de plusieurs facteurs intrinsèques : charge informative optimale, absence de distorsion et absence de censure. Elle est aussi dépendante de plusieurs facteurs extrinsèques : perception et rétention sélective du récepteur, bruits, concordance cognitive des membres, concordance entre le message verbal de l'émetteur et ses comportements non verbaux, esprit de coopération, hétérogénéité culturelle et disposition spatiale des membres.

L'utilisation du feed-back est également un autre élément qui caractérise une communication efficace. Bien utilisé, le feed-back permet à l'émetteur d'ajuster son message aux conditions de son récepteur. Il sert à alimenter (*feed*) en retour (*back*) l'émetteur sur l'efficacité de son propre message.

La communication dans les groupes restreints est un système structuré et observable. À la naissance du groupe, apparaissent des canaux informels qui distribuent inégalement l'accès à la communication, puis un réseau formel identifié comme un micro-réseau apparaît en fonction de la complexité des tâches et du souci d'une plus grande organisation interne. Mais ce réseau engendre, de par ses propriétés particulières, des effets nouveaux qui affectent le *leadership*, l'activité du groupe, les comportements et le degré de satisfaction des participants.

L'animateur s'intéresse donc particulièrement aux interactions ou aux transactions entre les personnes. L'un des lieux privilégiés de ces échanges est le groupe. Dans le groupe qu'il anime, son travail porte ultimement sur l'efficacité de ces interactions utilisées pour 1) informer les autres ou s'informer sur les autres, 2) influencer les autres et 3) créer, maintenir ou briser une relation avec les autres.

RÉFÉRENCES

AMADO, G. et GUITTET, A. (1975). *La dynamique des communications dans les groupes*. Paris : Armand Colin.

ANZIEU, D. et MARTIN, J.-Y. (1969). *La dynamique des groupes restreints*. Paris : Presses Universitaires de France, 1982.

BASS, B.-M. et NORTON, F.-T.M. (1951). Group Size and Leaderless Discussions. *Journal of Applied Psychology, 48,* 120-128.

BAVELAS, A. (1948). A Mathematical Model for Group Structures. *Applied Anthropology, 7,* 16-30.

BAVELAS, A. (1950). Communication Patterns in Task-Oriented Groups. *Journal of the Acoustical Society of America, 22,* 725-730.

BIRDWHISTELL, R. (1970). *Kinesics and Context, Essays on Body Notion Communication,* Philadelphie : University of Pennsylvania Press.

Boisvert, D. et Poisson, M., (1986). *Le langage non verbal : mesure et signification des postures.* Trois-Rivières : UQTR. Texte inédit.

BURGOON, M. *et al.* (1974). *Small Group Communication : A Functional Approach,* New York : Holt, Rinehart and Winston Inc.

CHARPENTIER, N. (1979). *Une mesure comparative de la sensibilité à la communication non-verbale chez une population francophone unilingue,* Mémoire de maîtrise inédit, U.Q.T.R.

COHEN, A.M. (1962). Changing Small Group Communication Networks. *Administrative Science Quarterly, 6,* 443-462.

CORRAZE, J. (1980). *Les communications non-verbales,* Paris : Presses Universitaires de France.

DOUGLAS, T. (1983). *Groups : Understanding People Gathered Together.* New York : Tavistock Publications.

FARACE, R.V. *et al.* (1977). *Communicating and Organizing.* New York : Random House.

GULLAHORN, J.T. (1952). Distance and Frienship as Factors in the Gross Interaction Matrix. *Sociometry, 15,* 123-134.

HARE, A.-P. (1971). *Handbook of Small Group Research,* New York : Free Press, (1976).

HARRISON, R.P. (1974). *Beyond Words : An Introduction to Nonverbal Communication,* Englewood Cliffs : Prentice Hall.

JAMES, W.T. (1932). A Study of the Expression of Bodily Posture, *Journal of General Psychology, 2, 3,* 405-437.

JOHNSON, D. et JOHNSON, F.-P. (1983). *Joining Together* (2nd ed.). Englewood Cliffs : Prentice Hall.

KEY, M.R. (1975). *Paralanguage and Kinesics,* Metuhen : The Scare Crow Press.

KLEIN, J. (1970). *La vie intérieure des groupes.* Paris : Édition E.S.F.

KNOWLES, M. et KNOWLES, H. (1969). *Introduction to Group Dynamics.* (7e éd.), New York : Association Press.

LAWSON, E.D. (1965). Change in Communication Nets, Performance, and Morale. *Human Relations, 18,* 139-147.

LEATHERS, D.G. (1976). *Nonverbal Communication Systems.* Boston : Allyn et Bacon.

LEAVITT, H.J. (1951). Somme Effects of Certain Communication Patterns on Group Performance. *Journal of Abnormal and Social Psychology, 46,* 38-50.

LIMBOS, É. (1980). *Les problèmes humains dans les groupes.* Paris : Entreprises Moderne d'Édition.

LITVAK, E. (1967). Communication Theory and Group Factors. E. Thomas (ed.). *Behavioural Science for Social Workers.* New York : Free Press.

MEHRABIAN, A. (1967). Orientation Behaviors and Nonverbal Attitude Communication, *Journal of Communication, 17,* 324-332.

MEHRABIAN, A. (1969). Some Referents and Measures of Non Verbal Behavior, *Behavior Research Method and Instrumentation, 1, 6,* 203-207.

MEHRABIAN, A. (1972). *Nonverbal Communication*, Chicago : Aldine.

MILLER, A.G. (1972). Role Playing : An Alternative to Deception ? A Review of the Evidence. *American Psychologist, 27*, 623-636.

MORRIS, D. (1978). *La clé des gestes*, Paris : Bernard Grasset.

MUCCHIELLI, R. (1980). *Communication et réseaux de communication.* Paris : Entreprises Moderne d'Édition (1984).

MUCCHIELLI, R. (1982). *Les méthodes actives dans la pédagogie des adultes.* Paris : Entreprises Moderne d'Édition.

OLMSTED, M.S. (1969). *Sociologie des petits groupes.* Paris : SPES.

OSKAMP, S. (1977). *Attitudes and Opinions*, Englewood Cliffs : Prentice Hall.

PALMADE, G. (1972). Une conception des groupes d'évolution, dans *Dynamique des groupes : les groupes d'évolution.* Paris : Epi, 43-82.

PIERON, H. (1968). *Vocabulaire de la psychologie*, (4ᵉ éd.), Paris : Presses Universitaires de France.

ROBINSON, M. (1984). *Groups,* New York : John Wiley & Sons.

ROGER, E.M. et Kincaid, D.L. (1980). *Communication Networks Toward a New Paradigm for Research*, Londres : The Free Press.

ROGER, E.M. et SHOEMAKER, F. (1972). *The Communication of Innovations : A Cross Cultural Approach.* Illinois : Free Press.

Rosenberg, M.J. et HOVLAND, C.I., cité dans Thomas, R. et Alaphilippe, D. (1983). *Les attitudes.* Paris : Presses Universitaires de France.

SATIR, V. (1967). *Conjoint Family Therapy : A Guide to Theory and Technique.* Palo Alto : Science and Behaviour Books.

SCHEFLEN, A.E. (1972). *Body Language and the Social Order*, Englewood Cliffs : Prentice-Hall.

SHAW, M.-E. (1954). Some Effects of Problem Complexity upon Problem Solution Efficiency in Different Communication Nets. *Journal of Experimental psychology, 48*, 211-217.

SHAW, M.-E. (1981). *Group Dynamics : The Psychology of Small Group Behavior* (3ᵉ éd. rév.), New York : McGraw-Hill.

SHAW, M.-E. et ROTHSCHILD, G.H. (1956). Somme Effets of Prolonged Experience in Communication Nets. *Journal of Applied Psychology, 40*, 281-286.

SMITH, D. (1978). Diady Encounter : The Foundation of Dialogue and the Group Process. *Small Group Behaviour, 9*, 287-304.

STEINER, Y. D. (1972). *Group Process and Productivity,* New York : Academic Press.

THELEN, H. (1970). *Dynamics of Groups at Work.* (10ᵉ éd.). Chicago : The University of Chicago Press.

VANOYE, F. (1973). *Expression communication.* Paris : Armand Colin.

WATZLAWICK, P. *et al.* (1967). *Pragmatics of Human Communication, A Study of Interactional Patterns, Pathologies and Paradoxes.* New York : W.W. Norton.

WEAVER, R.L. (1984). *Understanding Interpersonal Communication*, (3ᵉ éd.), Glenview : Scott, Foresman and Co.

WOOD, J.T. *et al.* (1986). *Group Discussion.* New York : Harper and Row.

Questions

1. Un réseau n'est pas un système, c'est une structure spatio-temporelle dont on se sert pour faire circuler l'information. *Vrai ou faux*

2. Quand deux personnes communiquent, il y a un émetteur et un récepteur. L'émetteur est celui qui décode le message et qui s'ajuste à ce message dans une communication. *Vrai ou Faux*

3. Qu'est-ce que la communication verbale ?

   A) la communication verbale est tout ce qui est transmis par des gestes, des intonations, des sons, des images

   B) la communication verbale concerne la transmission d'information

   C) la communication verbale concerne la transmission d'information à l'aide de mots, qu'ils soient prononcés (communication orale) ou écrits

   D) la communication verbale, c'est l'échange qui se fait entre deux individus

4. L'expression du visage, la posture, les gestes, les pauses, les hésitations révèlent parfois mieux les messages que les paroles entendues. *Vrai ou faux*

5. Se tenir trop près de quelqu'un lors d'une conversation pourrait avoir comme conséquence d'inhiber celle-ci parce que :

   A) Vous affichez une attitude dominante.

   B) Vous envahissez son territoire.

   C) Vous parlez probablement trop fort.

   D) Aucune de ces réponses.

6. Les messages non verbaux, entre autres, sont des gestes ou des expressions du visage. *Vrai ou faux*

7. Quelles sont les intentions, parmi les suivantes, que la communication non verbale peut transmettre plus facilement que la communication verbale ?

   1) un sourire communique parfois beaucoup plus facilement ce que nous ressentons que de simples mots.

   2) un clin d'oeil peut changer complètement la signification d'une phrase.

   3) un pincement des lèvres d'un professeur à son élève traduit la même intention qu'un long sermon.

   A) 1 et 2

   B) 2 et 3

   C) 1 et 3

   D) 1, 2 et 3

   E) Aucune de ces réponses

8. Quelles sont les réponses qui correspondent aux composantes du comportement non verbal ?

    1) L'expression faciale.
    2) La chanson.
    3) Les gestes.
    4) L'intonation.
    5) Le dialogue.
    6) La posture.

    A) 1 et 2.
    B) 1 et 5.
    C) 2, 3, 4 et 5.
    D) 3, 4 et 5.
    E) 1, 3, 4 et 6.

9. L'impact de l'expression non verbale correspond à quel terme dans le processus de la communication ?
    A) Intention.
    B) Récepteur.
    C) Message.
    D   Filtre.
    E) Effet.

10. Dans toute communication, le comportement non verbal devient très important. Les mimiques, les gestes nous indiquent si notre récepteur est à l'écoute ou non. Quel est le terme résumant le mécanisme permettant de décoder le non verbal dans cette situation ?
    A) Écran.
    B) Feed-back.
    C) Message.
    D) Codage.

11. Sans feed-back, une communication est bloquée car on ne peut savoir comment a été reçu et perçu notre message.   *Vrai ou faux*

12. _____ permet de découvrir la structure des réseaux de communication dans un groupe.
    A) La grille d'observation de la solidarité interindividuelle.
    B) L'organigramme officiel.
    C) L'axe de participation.
    D) Aucune de ces réponses.

13. Pour accomplir des tâches simples en groupe, il est préférable de privilégier :

    A) un réseau de communication « Pinwheel ».
    B) un réseau de communication décentralisé.
    C) un réseau de communication « Comcon ».
    D) un réseau de communication centralisé.

14. Les postures _____ ont pour principale caractéristique le fléchissement du cou vers l'avant.

    A) de retrait
    B) de contraction
    C) d'expansion
    D) d'approche

15. La posture :

    A) est un indicateur privilégié de l'attitude affective fondamentale
    B) correspond à un moment précis où il y a immobilisation du corps
    C) relève de la composante comportementale des attitudes
    D) toutes ces réponses

16. Les rôles et les fonctions peuvent suggérer certaines postures.   *Vrai ou faux*

17. Lequel des énoncés suivants ne constitue pas un obstacle à la communication ?

    A) concordance entre le langage verbal et le langage non verbal.
    B) surcharge de l'information.
    C) redondance du message.
    D) disposition spatiale des membres.

Simulations

1. LE FEED-BACK
2. GRILLE D'OBSERVATION DE LA SOLIDARITÉ INTERINDIVIDUELLE

SIMULATION 1

LE FEED-BACK

BUT : Faire comprendre la fonction et l'importance du feed-back dans la communication.

DURÉE : 45 minutes.

RESSOURCES : feuilles quadrillées et crayon pour chaque participant, séparateur (paravent, tableau ou autre), deux dessins remis à l'émetteur (voir exemple à la figure 3.12).

ORGANISATION : Nommer un émetteur et deux observateurs. Durant les deux parties de l'exercice, les observateurs notent ce qu'ils remarquent chez les participants en ce qui concerne :

- le comportement verbal de l'émetteur: vocabulaire, voix, cadre de référence implicite, images, etc.;
- les attitudes et les réactions des récepteurs ;
- la relation établie entre l'émetteur et les récepteurs ;
- l'ambiance en regard de la progression de la tâche.

DÉROULEMENT

PHASE 1 : L'émetteur, assis derrière un paravent, transmet aux membres de son équipe les instructions verbales qui leur permettront de reproduire le dessin qu'il a en main, *mais sans poser de question.* Les participants reproduisent le dessin le plus exactement possible, selon les informations reçues.

PHASE 2 : L'émetteur, assis derrière un paravent, transmet aux participants de son équipe les instructions verbales qui leur permettront de reproduire le dessin qu'il a en main. *Il peut interroger les membres de son équipe.* Les participants reproduisent le dessin le plus exactement possible, selon les informations reçues et en répondant aux questions demandées.

PHASE 3 : L'émetteur montre aux auditeurs les deux dessins originaux et les participants comparent avec ceux qu'ils ont reproduits selon ses instructions. Le responsable anime ensuite une discussion à partir des questions de la section « Éléments de réflexion ».

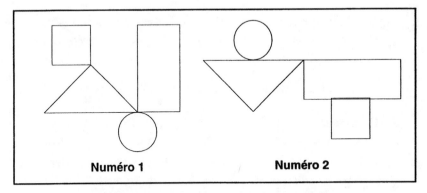

FIGURE 3.12   EXEMPLES DE DESSINS POUR LA SIMULATION SUR LE FEEDBACK.

ÉLÉMENTS DE RÉFLEXION À PROPOS
DE LA SIMULATION 1

LE FEED-BACK

1. Avant de voir les dessins originaux, étiez-vous certains que le vôtre y correspondait ? Était-ce le cas dans la première et la seconde partie ?

2. Pourquoi les auditeurs ont-ils fait des erreurs ?

3. Quelles différences les observateurs ont-ils remarquées entre les deux phases de l'exercice en ce qui concerne :

   – le comportement verbal de l'émetteur : vocabulaire, voix, cadre de référence implicite, images ... ;

   – les attitudes et les réactions des auditeurs ;

   – la relation établie entre l'émetteur et les auditeurs, l'ambiance...

4. Comment se sont sentis les auditeurs durant la première partie de l'exercice ? Durant la seconde partie ?

5. Durant la première partie de l'exercice, l'émetteur a-t-il tenté de savoir si les auditeurs comprenaient bien ses indications ? Si oui, comment ?

6. Recueillez les impressions de l'émetteur pour les deux premières parties de l'exercice.

7. Quel type de questions l'émetteur a-t-il posées durant la seconde partie de l'exercice ? De quelle façon y répondaient les auditeurs ? Ces questions et réponses étaient-elles réellement utiles aux auditeurs ? Pourquoi ?

SIMULATION 2

LA GRILLE D'OBSERVATION DE LA SOLIDARITÉ INTERINDIVIDUELLE

BUT : Familiariser les participants avec l'utilisation de la grille d'observation de la solidarité interindividuelle et avec l'observation de réseaux de communication.

DURÉE : 45 à 60 minutes.

RESSOURCES : grille de solidarité interindividuelle, matrice et crayons.

ORGANISATION : Former des équipes de dix à quinze personnes. Nommer deux observateurs par équipe. Les observateurs inscrivent, sur la grille d'observation « Solidarité interindividuelle », les noms des participants en respectant la place qu'ils occupent autour de la table par rapport à l'animateur.

**GRILLE D'OBSERVATION
SOLIDARITÉ INTERINDIVIDUELLE**

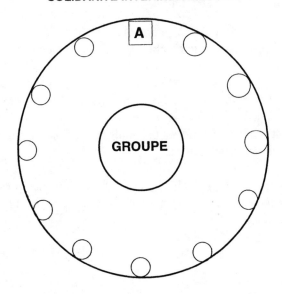

DÉROULEMENT

Présentation de la simulation

Le responsable décrit aux participants la situation suivante :

> « Vous travaillez pour la firme de conseillers en communication organisationnelle « Parlez-vous » et votre équipe reçoit un mandat de la compagnie de produits écologiques « Achetez-donc ». Cette firme se spécialise dans la vente par démonstrations à domicile de produits ménagers « écologiques ». La directrice des ventes de « Achetez-donc » a décidé de préparer un programme de formation d'une journée complète sur le langage non verbal pour ses vendeurs. Elle fait appel à vous pour dresser un programme assez détaillé du contenu de la formation qui porte sur les aspects du langage non verbal dont doivent tenir compte les vendeurs pour aider à améliorer leurs performances.

Le groupe discute afin de réaliser le mandat durant environ trente minutes.

Durant les quinze premières minutes de la discussion, les observateurs remplissent leur grille d'observation en enregistrant les interventions par un trait qui relie l'émetteur au récepteur. Ce trait se termine par une pointe de flèche dirigée vers le récepteur. Si un participant émet plusieurs fois vers le même récepteur, l'observateur ajoute des pointes de flèches sur le premier trait pour cumuler le nombre d'interventions effectuées.

Les observateurs retranscrivent leurs observations sur la matrice de la page suivante en indiquant le nombre d'interventions de chaque émetteur vers chaque récepteur.

Lorsqu'ils ont terminé de remplir leur matrice, les observateurs se réunissent avec le responsable et tracent une matrice avec la moyenne de leurs observations car les observations individuelles varient habituellement un peu d'un observateur à l'autre.

L'animateur rassemble tout le groupe et se sert des matrices des observateurs pour tracer au tableau les réseaux de communication pour chacune des équipes.

RÉCEPTION

	A	B	C	D	E	F	G	H	I	J	K	L	M	N	O
A															
B															
C															
D															
E															
F															
G															
H															
I															
J															
K															
L															
M															
N															
O															

É M I S S I O N

RETRANSCRIPTION DES DONNÉES
SOUS FORME DE SOCIOGRAMME

**ÉLÉMENTS DE RÉFLEXION À PROPOS
DE LA SIMULATION 2**

SOLIDARITÉ INTERINDIVIDUELLE

1. Quelles difficultés ont éprouvées les observateurs lors de l'enregistrement des interventions ?

2. Comparez les observations réalisées auprès de chaque équipe. Sont-elles équivalentes ? Sinon, pourquoi ?

3. Quel type de réseau de communication distingue-t-on dans chaque équipe ?

4. À l'aide des réseaux de communication, situer les dyades dans votre équipe. Les triades. Les leaders. Les ponts.

5. À quoi peuvent servir ces observations pour l'animateur ?

6. Que conseillez-vous à la compagnie « Achetez donc » pour sa journée de formation sur le langage non verbal ? Justifiez votre réponse.

Lectures commentées

AMADO, G. et GUITTET, A. (1975). *La dynamique des communications dans les groupes*, **Paris : Armand Collin.**

Cet ouvrage vise à faire comprendre l'organisation et la dynamique des échanges dans les groupes. Pour atteindre cet objectif, les auteurs se basent sur les théories de l'information et sur l'analyse des formes de communication les plus anciennes, soient le langage animal et le langage non-verbal.

À l'aide des théories du langage et de la transmission du message, ils abordent les réseaux de communication et la structure des échanges dans les groupes afin de mieux comprendre, par la suite, le phénomène des interactions et de l'influence.

Ce livre se termine sur une note pratique avec la description détaillée de quelques méthodes de formation aux communications telles le psycho-drame, les groupes de créativité ou le groupe de diagnostic.

Ce livre contient :
— bibliographie par chapitre.

ATALLAH, P. (1989). *Théories de la communication : histoire, contexte, pouvoir,* **Québec : Presses de l'Université du Québec.**

Ce livre fait partie d'une collection qui regroupe des ouvrages de base pour les cours de communication offerts par la Télé-université de l'Université du Québec. Il s'agit d'un ouvrage de synthèse qui introduit le lecteur aux théories classiques de la communication en les situant les unes par rapport aux autres, dans le contexte de leur naissance et de leur évolution.

Dans un premier temps, l'auteur s'intéresse à quelques concepts de base et aux théories du passage d'une société ancienne à une société moderne. Dans la seconde partie du livre, il décrit et explique les théories domi-nantes dans l'étude des communications. Pour terminer, il explore les thèmes de la communication, du pouvoir et de leur contexte et traite, entre autres, des célèbres théories de Innis et de McLuhan.

Ce livre contient :
— bibliographie générale,
— index des auteurs,
— index des sujets,
— questionnaires par chapitre.

CHARRON, D. (1989). *Introduction à la communication,* **Ste-Foy : Presses de l'Université du Québec.**

Cet ouvrage sert également de volume de base à l'un des cours offerts par la Télé-université de l'Université du Québec. Il est conçu de façon à favoriser l'apprentissage et la compréhension des concepts et des idées reliées à l'étude des communications.

Dans une première partie, l'auteure y traite des aspects culturels et sociaux des médias de communication et d'information. La seconde partie porte sur l'analyse du contenu des messages médiatisés et, plus particulièrement, sur l'analyse sémiologique. Enfin, la dernière partie s'intéresse à la communication organisationnelle, analysée selon les approches fonctionnaliste et interprétative.

Ce livre contient :
  – bibliographie générale,
  – index des sujets.

DEVERS, T. (1985). *Communiquer autrement,*
Paris : Les Éditions de l'Organisation.

Cet ouvrage simple et humoristique analyse les signes de la communication non verbale dans trois types de situations : l'entretien face à face, la participation à une réunion et la négociation commerciale, dans le but de permettre aux utilisateurs de mieux connaître et de mieux comprendre leurs semblables.

Des dessins humoristiques accompagnent la description des attitudes fréquemment observées chez les êtres humains dans les situations de communications interpersonnelles, plus particulièrement dans la vie professionnelle.

Ce livre contient :
  – bibliographie générale.

EVERETT R. et KINCAID D. (1981). *Communication Networks,*
New York : Free Press.

Everett et Kincaid analysent les réseaux de communication qui permettent d'identifier la structure des communications dans un système et d'obtenir des données sur les courants et les flux des interactions en utilisant les relations interpersonnelles comme unités d'analyse.

Ce genre d'étude met en lumière la structure des communications dans les organisations de toutes tailles pour la rendre visible, compréhensible et maniable comme variable de recherche.

À partir d'un exemple réel les auteurs décrivent les théories et les modèles de réseaux de communication pour ensuite expliquer en détail la méthode d'analyse puis utiliser les variables ainsi découvertes pour étudier le comportement des individus, des groupes et des systèmes.

Ce livre contient :
  – bibliographie générale,
  – index des auteurs,
  – index des sujets,
  – glossaire ou lexique.

FARACE, R.V. *et al.* (1977). *Communicating and Organizing*, **New York : Random House.**

Ce livre, divisé en trois parties, constitue une synthèse des différentes théories qui peuvent aider à l'analyse des réseaux de communication dans les organisations de diverses natures et de toutes tailles.

La première partie introduit le lecteur au cadre conceptuel qui sous-tend le reste de l'ouvrage. Les auteurs y expliquent les notions d'organisation, d'information et de communication, pour ensuite poser les bases d'une approche structuro-fonctionnelle de la communication organisationnelle, à l'aide des différentes théories concernant ce sujet. En second lieu, le cadre conceptuel élaboré trouve ses applications dans les notions de « charge » du message, de règles de la hiérarchie organisationnelle, de communication dans les groupes et de réseaux de communication.

Enfin, la dernière partie présente quelques outils pour diagnostiquer les problèmes de communication ainsi qu'une méthode pour analyser les réseaux de communication et se termine par une importante bibliographie.

Ce livre contient :
  – *bibliographie générale,*
  – *index des auteurs,*
  – *index des sujets.*

MUCCHIELLI, R. (1980). *Communication et réseaux de communication*, **Paris : Entreprise Moderne d'Édition (1984).**

Pour sensibiliser le lecteur à l'importance des communications dans les organisations, Mucchielli débute son ouvrage par l'analyse des problèmes liés à la communication.

Il poursuit en étudiant différentes formes de communication verbale et non-verbale, et traite de l'importante notion de feedback. Cette exploration des concepts de base lui permet ensuite de discuter des réseaux de communication, de leurs formes et des graphes qui les représentent.

Pour terminer, l'auteur propose quelques applications de la psychologie des communications dans l'entreprise, dans le secteur de l'éducation et dans les groupes. De plus, une seconde partie suggère sept exercices qui favorisent l'intégration des concepts explorés.

Ce livre contient :
  – *bibliographie générale,*
  – *index des auteurs,*
  – *index des sujets.*

MYERS, G.E. et MYERS M.T. (1984). *Les bases de la communication interpersonnelle*, **Montréal : McGraw-Hill éditeurs.**

Cet ouvrage traite de la communication humaine comme processus par lequel chacun est ce qu'il est et entre en relation avec les autres. Il comprend une partie théorique et une autre qui propose des exercices correspondant à chacun des chapitres.

Les auteurs explorent les notions de perception, de concept de soi, d'attitudes, de croyances, de valeurs, d'écoute, de langage, de conflits, de transactions interpersonnelles et plusieurs autres thèmes.

Le chapitre neuf traite plus particulièrement de la communication non-verbale en s'intéressant aux silences, au contexte, à la nature et aux caractéristiques de cette forme de communication. D'autre part, le chapitre douze concerne les communications dans les groupes. Il traite des interactions, des normes, des rôles, des réseaux d'attraction et de rejet ainsi que du leadership.

Ce livre convient :
  – bibliographie générale,
  – index des auteurs, index des sujets,
  – simulation.

LES TYPES ET LES MODES DE STRUCTURATION DES RÉUNIONS

Lorsque plusieurs personnes
tombent rapidement
d'accord sur une solution,
c'est vraisemblablement
qu'elles n'y ont pas
vraiment pensé.

Sagesse populaire

Plan du chapitre

Contexte théorique

PRÉSENTATION

La réunion est généralement définie comme un processus par lequel des personnes se rassemblent pour discuter ou prendre des décisions. Elle est un des nombreux moyens dont dispose le client de l'animateur pour participer, communiquer et convenir d'actions collectives. Elle est, en fait, un excellent moyen pour structurer les interactions des membres parce qu'elle propose une structure aux activités du groupe.

La variété des réunions et l'investissement qu'elles requièrent exigent que l'animateur et les participants fassent un choix éclairé. Dix personnes qui se réunissent pendant 3 heures fournissent trente heures de travail. Ajoutez à cela le temps qu'il faut pour préparer la réunion et rejoindre tous les participants et vous avez accompli une semaine normale de travail. En plus de n'être utilisée qu'en cas de nécessité, la réunion doit répondre à un besoin précis, limité et clairement identifié, si les membres ne veulent pas souffrir de réunionite[1], comme le soulignent avec humour Haccourt *et al.* (1989).

4.1 LES RÉUNIONS

La décision de tenir une réunion repose sur le but poursuivi, l'importance du problème que l'on veut soumettre à l'étude et le nombre de personnes concernées (Maccio,1986). La réunion n'est pas une panacée pour la communication en groupe. Par exemple, si le but du décideur est d'informer cent cinquante personnes au sujet de modifications mineures portées à l'horaire de travail, il s'avère plus efficace et rapide d'envoyer un avis écrit que de tenir une réunion. Dans d'autres cas, un montage audio-visuel, une lettre, un entretien téléphonique ou un rapport répondent plus adéquatement que la réunion à un objectif de transmission d'information.

---

1. **Réunionite** : n. fém. « Maladie qui consiste à courir d'une réunion à l'autre ; crises plus fréquentes le soir. Symptômes : le malade éprouve une grande répugnance à laisser des zones blanches dans son agenda. On le voit fréquemment consacrer la première moitié de la réunion au dépouillement de son courrier ou à la lecture du journal et l'autre moitié au survol des documents de la réunion suivante. On a même vu un jour un malade (gravement atteint il est vrai) se demander s'il était à la réunion de 16 h 30 du Comité restreint du PIURF ou à celle de 17 h du Comité élargi du ZWIJGF ! ».

Selon Maccio, la réunion est nécessaire lorsque :

- la communication écrite ou audiovisuelle est insuffisante : la transmission du message ou la tâche à accomplir demandent souvent de tenir compte des réactions du groupe ;

- le problème demande une réflexion collective (« de l'échange jaillit la lumière ») ;

- une présence active stimule la participation des membres et favorise l'engagement de chacun ainsi que du groupe en général.

Enfin, comme le souligne Boisvert (1989), la réunion est une excellente occasion de parvenir, selon les compétences des personnes réunies, à exprimer, confronter et enrichir les idées de chacun. Dès qu'est prise la décision de tenir une réunion, il convient d'identifier le but de cette rencontre, de façon à choisir le bon type de réunion.

Plusieurs auteurs en animation ont proposé des typologies pour classer les réunions. Sorez (1977) distingue deux grandes catégories : les réunions fonctionnelles et les réunions opérationnelles.

Les premières s'insèrent dans la structure permanente d'une organisation, comme les assemblées générales ou les réunions de services hebdomadaires alors que les réunions opérationnelles sont mises en place pour un objectif et un temps limité. Une fois l'objectif atteint, elles n'ont plus lieu d'être, comme certaines réunions amicales ou de décision. Lebel (1983), qui dresse une liste de 35 types de réunions différentes à partir de critères qu'il a identifiés suite à l'observation d'équipes de travail ou de groupes de toutes sortes, propose de retenir quatre principales caractéristiques devant permettre une classification utile de celles-ci : le but de la rencontre, le nombre et le rôle des participants et le rôle de l'animateur. Ces critères de classification mettent en évidence le fait que les réunions ont toutes des traits distinctifs qui permettent, en plus de les distinguer, de préciser leur nature, leurs avantages et leurs limites. Le tableau 4.1 de la page suivante dresse la liste des types de réunions les plus courants en faisant ressortir leurs principales caractéristiques.

Par ailleurs, pour obtenir une classification qui soit vraiment utile, il apparaît important de tenir compte d'autres caractéristiques que celles déjà mentionnées, comme la structure de la réunion, la production recherchée ou la durée.

TYPES DE RÉUNION	PRODUCTION RECHERCHÉE	MEMBRES	DURÉE	PARTICIPATION	RÔLES DE L'ANIMATEUR
AMICALE	développement ou maintien des liens socio-affectifs	3 à 100	2 à 3 h.	échanger à bâtons rompus	détendre l'atmosphère, contrôler l'environnement
DÉCISION	poursuite de l'action	5 à 10	1 à 3 h.	émettre idées et avis	susciter les hypothèses et les arguments
INFORMATION	partage des informations	7 à 50	1 à 1,5 h.	écouter, informer	s'assurer de l'organisation
RÉSOLUTION DE PROBLÈMES	solution la plus judicieuse	8 à 15	1 à 3 h.	clarifier, juger	préciser les faits et évaluer les hypothèses
FORMATION	aide à l'apprentissage	5 à 20	1 à 3 h.	apprendre	observer et évaluer les membres
TRAVAIL	progrès de la tâche	3 à 7	0,5 à 1,5 h.	mettre en commun, clarifier	coordonner le travail
NÉGOCIATION	accord sur une convention	4 à 10	2 à 4 h.	défendre une position, étapes	concilier les positions

TABLEAU 4.1 TYPOLOGIE DES RÉUNIONS.

4.2 LES RÉUNIONS D'INFORMATION

Une réunion peut parfois avoir comme simple visée la transmission ou la cueillette d'information. C'est le cas de réunions où un membre de la direction d'une entreprise désire transmettre des données et des directives à une équipe de travail ou, en contrepartie, recevoir de cette équipe son avis quant à un projet mis de l'avant par l'organisation. Dans l'un ou l'autre des cas, selon Gourgand (1969), cette réunion devrait être conçue comme un échange entre deux parties, même si les auditeurs n'ont pas la possibilité de répondre aux questions qui se dégagent à la suite de certains commentaires.

Généralement, ces réunions se distinguent en fonction de l'orientation donnée à l'information. Si cette information permet à l'animateur de recueillir des renseignements sur une situation particulière connue des participants, il s'agit alors d'une réunion d'information convergente. Dans l'autre cas, l'animateur peut désirer informer les participants d'une situation dont ils ignorent certains aspects. Il s'agit là d'une réunion d'information divergente.

Le succès de ce genre de réunion réside souvent dans la capacité de l'animateur de s'assurer du degré de compréhension du message livré aux participants.

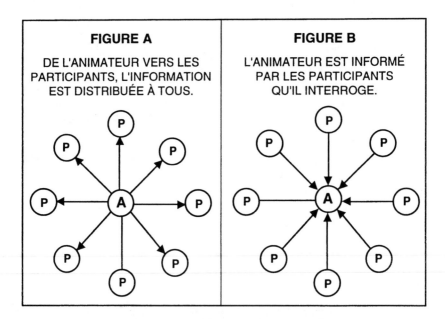

FIGURE 4.1 INFORMATION TRANSMISE DANS LES RÉUNIONS D'INFORMATION (A) DIVERGENTE ET (B) CONVERGENTE.

4.2.1 Les réunions d'information convergente

La réunion d'information convergente, aussi appelée par Lebel (1983) réunion d'information ascendante, concentre l'information vers une seule personne, habituellement l'animateur. Les réunions d'information convergente exigent de l'animateur une écoute attentive et une utilisation adéquate du questionnement. En effet, l'animateur, qui est souvent un interviewer, doit d'abord être attentif aux caractéristiques de ses participants et du groupe qu'ils forment : nombre, rôles, objectifs, histoire, vécu commun.

L'animateur exerce son contrôle sur la réunion par les questions qu'il pose. Il cherche, par des questions ouvertes, par la reformulation des réponses, par la synthèse des idées ou tout simplement par son écoute active, à diriger les participants sans dévier de l'objectif initial de la rencontre. De plus, il doit favoriser la spontanéité des membres pour permettre le maintien de la libre expression. C'est pourquoi il ne recherche pas nécessairement le consensus. La quantité et la qualité de l'information sont de première importance pour lui permettre de dégager les idées générales qui découlent des commentaires exprimés individuellement.

Plusieurs techniques peuvent être utilisées pour recueillir l'information. Parmi les plus courantes se trouvent l'interview de groupe, la commission d'enquête, l'exposé et le rapport de lecture, cette dernière technique étant principalement employée en milieu scolaire.

L'INTERVIEW DE GROUPE. L'interview de groupe est un procédé de recherche et de cueillette d'information basé sur la relation avec un groupe de personnes. Selon le genre d'information recherchée, l'interview peut être basé sur des techniques de questionnement radicalement différentes : l'interview non directif, centré sur les sujets, et l'interview par questionnaire directif (Mucchielli, 1980a).

LA COMMISSION D'ENQUÊTE. La commission d'enquête est également une technique utilisée pour recueillir de l'information. Beal *et al.* (1969) mentionnent qu'elle réunit un nombre limité de personnes dont la principale reponsabilité consiste à recueillir des informations pour le bénéfice d'une communauté tout entière. Les commissions sont généralement mandatées pour examiner une question ou contrôler le règlement de certaines affaires.

L'EXPOSÉ ET LE RAPPORT DE LECTURE. L'exposé et le rapport de lecture, techniques de réunions d'information convergente qui ne font pas appel au feed-back, consistent à lire un rapport, une synthèse ou la formulation d'une opinion sur un sujet déterminé. Moins dynamiques que les autres techniques utilisées dans les réunions d'information convergente, l'exposé et le rapport de lecture n'invitent pas le groupe à l'action. Elles requièrent une participation plutôt individuelle que collective (Sorez, 1977).

Les réunions d'information convergente ont donc comme caractéristiques d'être centrées sur le contenu et de clarifier des situations par l'information. Elles ont des effets psychologiques et structurels importants :

- améliorer les réseaux de communication entre des parties souvent éloignées l'une de l'autre ;

- faire prendre conscience de sujets ou de problèmes demeurés jusque là ignorés ou inconscients ;

- diminuer les distances entre les membres d'un même groupe ;

- aider à résoudre les tensions internes dans un groupe ;

- améliorer la prise de décision collective par l'apport d'informations de meilleure qualité.

4.2.2   Les réunions d'information divergente

Les réunions d'information divergente ou ascendante s'adressent à un grand nombre de participants et utilisent une structure assez simple. Comme le précise Mucchielli (1980b), elles mettent en présence, comme dans les conférences publiques, un orateur chargé de l'exposé et l'auditoire auquel il s'adresse.

L'exposé de l'orateur peut prendre trois formes suffisamment différentes pour nous permettre de les distinguer les unes des autres. Il s'agit de l'exposé formel, de l'exposé informel et de la démonstration.

L'EXPOSÉ FORMEL. L'exposé formel est une présentation orale qui se déroule généralement sans interruption et qui s'adresse à un groupe qui partage des objectifs communs d'information. L'orateur, source d'information unique, est le seul à prendre l'initiative tandis que les participants du groupe, en situation d'écoute silencieuse, tentent de comprendre l'information qui leur est destinée. Les cinq phases de cette technique sont structurées de manière à permettre à l'auditeur de synthétiser l'information avec une plus grande facilité.

PHASE 1

PRÉSENTATION DES OBJECTIFS DE L'EXPOSÉ

PHASE 2

INTRODUCTION DU SUJET EN PRÉCISANT
LES IDÉES DIRECTRICES DE L'EXPOSÉ

PHASE 3

EXPOSÉ LOGIQUE DU CONTENU METTANT
EN RELIEF LES ÉLÉMENTS CLÉS, DE FAÇON
À FAVORISER ET À FACILITER LA PRISE
DES NOTES, SI NÉCESSAIRE

PHASE 4

BRÈVE SYNTHÈSE À LA FIN DE CHACUNE
DES PARTIES DE L'EXPOSÉ

PHASE 5

SYNTHÈSE FINALE.

TABLEAU 4.2 DÉROULEMENT DE LA TECHNIQUE
DE L'EXPOSÉ FORMEL.

L'utilisation de l'exposé formel est toutefois soumise à des conditions de base pour assurer une efficacité optimale du message de l'orateur :

— connaître les aptitudes et le degré de connaissance approximatif des participants à l'égard du sujet de l'exposé ;

— s'assurer de l'exactitude de l'information, qui doit être complète, détaillée, nuancée et structurée pour permettre aux auditeurs d'établir des liens par eux-mêmes ;

- prévoir les questions et les incompréhensions courantes pour y intégrer les réponses pertinentes ;
- juger du rythme à donner à l'exposé ;
- appuyer les affirmations par des exemples concrets ;
- faire accompagner l'exposé par des documents pertinents qui synthétisent ou illustrent l'information transmise.

Le groupe doit être assez homogène au plan des capacités intellectuelles et de la connaissance du sujet. Il doit aussi être d'une taille adaptée à la maturité des participants qui se traduit par une curiosité et une réceptivité intellectuelles, une capacité de concentration suffisante et une aptitude à créer des liens entre toutes ces informations pour en faire un corpus de connaissances unifié. Quelquefois, il sera nécessaire que le groupe puisse avoir des compétences dans la prise de notes correctes et complètes, principalement lorsque celles-ci doivent être utilisées après une période de temps plus ou moins prolongée.

L'exposé formel présente de nombreux avantages :

- il permet des présentations à des grands groupes ;
- le contenu et la structure de l'exposé peuvent être déterminés d'avance ;
- la quantité d'informations peut être assez importante ;
- il se prête bien à des adaptations fréquentes ;
- il n'exige pas, en principe, la préparation d'un matériel sophistiqué ;
- il libère des tâches techniques.

Cette technique est toutefois limitée en raison de certaines contraintes intrinsèques : manque de feed-back, absence de rapports personnalisés qui réduisent l'efficacité d'une communication plutôt exigeante pour les auditeurs.

L'orateur devra faire preuve de nombreuses qualités pour maintenir une certaine efficacité lors de l'exposé formel et, surtout, retenir l'attention des participants durant toute la durée de l'exposé : expression orale claire et forte, recours à l'humour et à des exemples adaptés et sens de l'observation des réactions des participants pour permettre une certaine adaptation du contenu.

L'EXPOSÉ INFORMEL. L'exposé informel est un discours oral où l'orateur est régulièrement interrompu par les interventions des participants. Formule intermédiaire entre l'exposé formel et la réunion de discussion, il comporte un partage d'initiatives entre l'orateur et l'auditoire.

Le déroulement de cette technique, qui fait appel plus systématiquement à la participation des auditeurs, peut se présenter selon les phases suivantes :

PHASE 1

PRÉSENTATION DE L'OBJECTIF DE L'EXPOSÉ ET DE SES IDÉES DIRECTRICES DÉTERMINÉS PAR L'ORATEUR

PHASE 2

EXPOSÉ DE L'INFORMATION PAR L'ORATEUR

PHASE 3

INTERVENTIONS SPONTANÉES, QUESTIONS OU COMMENTAIRES DES PARTICIPANTS

PHASE 4

INTERVENTIONS SUSCITÉES PAR L'ORATEUR, PAR DES QUESTIONS PRÉPARÉES À L'AVANCE OU SPONTANÉES

PHASE 5

ALTERNANCE SOUPLE ENTRE LE DÉROULEMENT DE L'EXPOSÉ ET LES INTERVENTIONS DES PARTICIPANTS

PHASE 6

SYNTHÈSE FINALE PAR L'ORATEUR SEUL OU AVEC LA PARTICIPATION DU GROUPE.

TABLEAU 4.3   DÉROULEMENT DE LA TECHNIQUE DE L'EXPOSÉ INFORMEL.

L'orateur doit posséder les qualités d'un bon communicateur et maîtriser son sujet de manière à être attentif à son auditoire. Il doit notamment :

- planifier le contenu de son exposé et de sa stratégie d'intervention ;
- susciter la participation du plus grand nombre possible de participants ;
- maîtriser l'art de questionner ;
- être capable de saisir et d'interpréter correctement les interventions ;
- être capable de répondre rapidement et correctement aux questions ;
- être capable de gérer les interventions des participants.

En plus de posséder les mêmes qualités que celles exigées par l'exposé formel, les participants doivent être capables de s'exprimer en présence des autres. La taille du groupe doit le moins possible varier au-delà des limites inférieure et supérieure idéales (15 < taille < 30). Au-delà de 30 personnes, l'exposé informel tend à se formaliser et en-deçà de 15 personnes, il tend à se transformer en atelier de travail ou en groupe de discussion. Contrairement à l'exposé formel, l'orateur peut ici recueillir les réactions verbales de son auditoire et vérifier si le message de son exposé est correctement reçu par le groupe. Il est aussi plus facile d'obtenir l'attention des membres qui sont plus actifs et productifs.

LA DÉMONSTRATION. La démonstration consiste en une présentation bien préparée d'une expérience ou de tests aboutissant à l'apprentissage de certaines connaissances ou habiletés techniques. Elle peut être accompagnée d'illustrations en vue de soutenir la présentation verbale.

La démonstration est habituellement utilisée pour :

- concrétiser des descriptions ou des explications ;
- confirmer des hypothèses ;
- inciter à la curiosité ;
- faire produire des résultats par les participants ;
- simuler en laboratoire des interventions qui se dérouleront en milieu réel.

Notons que pour assurer la réussite de cette technique, il faut que son déroulement soit précisé dès le début de la réunion. La démonstration comprend cinq phases, telles que présentées au tableau 4.4.

Au même titre que les deux autres techniques mentionnées plus haut, les participants doivent posséder les mêmes qualités, aptitudes et habiletés intellectuelles. Le groupe doit être homogène et ne pas comprendre plus de 10 membres.

PHASE 1

PRÉSENTATION DES OBJECTIFS
DE LA DÉMONSTRATION

PHASE 2

PRÉSENTATION DES ÉTAPES
DE RÉALISATION

PHASE 3

EXPLICATION EN DÉTAIL
ET RÉALISATION DE CHAQUE
ÉTAPE PRÉVUE

PHASE 4

QUESTIONS ET DISCUSSIONS,
UNE FOIS LA DÉMONSTRATION
TERMINÉE

PHASE 5

POURSUITE DE L'EXPÉRIENCE
PAR LES PARTICIPANTS,
PAR LE RECOURS À DES
DISCUSSIONS SUBSÉQUENTES

TABLEAU 4.4 DÉROULEMENT DE
LA TECHNIQUE
DE LA DÉMONSTRATION.

Les avantages de la démonstration dans les réunions d'information divergente sont particulièrement détectables dès la première utilisation :

- explications hiérarchisées ;

- utilisation d'un matériel concret pour soutenir la communication ;

- exploite la production comme facteur de motivation.

Quelles que soient les techniques de communication ou d'animation utilisées, les objectifs des réunions d'information divergente sont atteints dans la mesure où l'information est reçue correctement. Ces réunions prendront le nom de « *briefing* », s'il s'agit d'informations concernant des mandats individuels dans le cadre d'une mission générale du groupe ; *d'exposé de discussions,* si l'exposé informe de mesures prises par les autorités ; ou encore *de réunion de contre-information,* si le but de la rencontre est de faire le contre-poids à une rumeur ou à une information que l'on veut minimiser ou détruire.

4.3   LES RÉUNIONS DE PRISE DE DÉCISION ET DE RÉSOLUTION DE PROBLÈMES

La réunion de prise de décision, comme son nom l'indique, a pour objectif de prendre une décision en groupe, c'est-à-dire d'identifier une position commune à l'égard d'une problématique qui deviendra la position acceptée par l'ensemble du groupe. Ce genre de réunion, comme le rappellent Mosvick et Nelson (1988), inclut un processus centré tour à tour sur la résolution du problème et sur la recherche de solutions. Le modèle qui se dégage généralement de ces réunions de prise de décision se présente dans l'ordre établi au tableau 4.5.

L'IDENTIFICATION DU PROBLÈME.   Cette première phase du processus de prise de décision, appelée *identification du problème*, permet aux participants de convenir du problème mis à l'étude et de vérifier si tous perçoivent sa nature. Elle permet d'envisager l'environnement de la situation problématique.

LA CIRCONSCRIPTION ET LA DÉFINITION DU PROBLÈME.   L'objectif de la phase désignée *circonscription et définition du problème* est de permettre aux participants d'exprimer le problème considéré à partir de leur perception individuelle et de mettre en lumière ses dimensions importantes.

À cette occasion, les participants doivent dépasser les dimensions apparentes ou superficielles du problème pour faire émerger davantage celles qui sont plus fondamentales.

```
┌──────────────────────────────────────┐
│              PHASE 1                  │
│   ┌──────────────────────────────┐    │
│   │      IDENTIFICATION          │    │
│   │      DU PROBLÈME             │    │
│   └──────────────────────────────┘    │
│              PHASE 2                  │
│   ┌──────────────────────────────┐    │
│   │    CIRCONSCRIPTION ET        │    │
│   │  DÉFINITION DU PROBLÈME       │    │
│   └──────────────────────────────┘    │
│              PHASE 3                  │
│   ┌──────────────────────────────┐    │
│   │    ÉTABLISSEMENT DES          │    │
│   │ CRITÈRES POUR L'ÉVALUATION    │    │
│   │      DES SOLUTIONS            │    │
│   └──────────────────────────────┘    │
│              PHASE 4                  │
│   ┌──────────────────────────────┐    │
│   │    ANALYSE DES CAUSES         │    │
│   │      DU PROBLÈME             │    │
│   └──────────────────────────────┘    │
│              PHASE 5                  │
│   ┌──────────────────────────────┐    │
│   │  RECHERCHE DES SOLUTIONS      │    │
│   │      AU PROBLÈME             │    │
│   └──────────────────────────────┘    │
│              PHASE 6                  │
│   ┌──────────────────────────────┐    │
│   │   CHOIX DE LA SOLUTION        │    │
│   │       OPTIMALE               │    │
│   └──────────────────────────────┘    │
└──────────────────────────────────────┘
```

TABLEAU 4.5 PHASES CARACTÉRISTIQUES
D'UNE RÉUNION
DE PRISE DE DÉCISION.

L'ÉTABLISSEMENT DES CRITÈRES POUR ÉVALUER LES SOLUTIONS. Dès que les différentes facettes du problème sont circonscrites, la phase suivante, celle de l'établissement des critères pour évaluer les solutions, consiste à énoncer les critères qui permettront au groupe de juger de l'efficacité des solutions envisagées et de l'adéquation de celles-ci en regard des besoins exprimés.

L'ANALYSE DES CAUSES DU PROBLÈME. Durant la phase d'analyse des causes du problème, les participants consacrent leurs énergies à rechercher les causes probables du problème, c'est-à-dire celles qui ont de toute évidence entraîné la situation problématique soumise à leur attention. Cette opération implique l'analyse systématique et minutieuse des faits qui révèlent les causes véritables du problème. À cette occasion, les participants prennent souvent conscience de la complexité du problème qu'ils doivent régler.

LA RECHERCHE DES SOLUTIONS AU PROBLÈME. Avant de choisir une solution qui sera mise en oeuvre pour résoudre le problème, les participants, qui représentent diverses tendances, doivent dresser la liste des solutions possibles au problème à l'étude. Ces solutions seront confrontées aux critères sélectionnés et les meilleures seront retenues pour permettre un choix final.

LE CHOIX DE LA SOLUTION IDÉALE. Les solutions retenues à la phase précédente sont examinées et évaluées à l'aide des critères d'analyse formulés auparavant. De cet examen évaluatif, il ressort une solution conforme aux critères du groupe. La rapidité de sélection de la meilleure solution est intimement liée au consensus obtenu en regard des critères d'évaluation.

Ce modèle, élaboré par Dewey en 1910, est l'application pratique des processus mentaux mis en oeuvre pour la prise de décision. La simplicité et le nombre limité de ces phases sont certainement des qualités importantes de ce modèle. Sa fragilité réside dans la mise en application. Outre le fait que plusieurs phases soient souvent ignorées avant que la décision finale ne soit prise ou encore soient mal ordonnées, plusieurs obstacles guettent l'animateur qui anime un processus de résolution de problèmes, tel que le présente le tableau 4.6.

4.4 LES RÉUNIONS DE NÉGOCIATION

Les réunions de négociation visent à surmonter des divergences, des écarts de positions ou des conflits entre des parties plus ou moins antagonistes, afin d'en arriver à un accord sur une convention quelconque. Il s'agit donc de rencontres entre deux ou plusieurs participants, souvent des représentants de groupes d'intérêts divergents, dont les opinions diffèrent à propos d'un problème ou d'une situation donnée. Les réunions de négociation leur permettent d'exprimer et de comparer ces opinions, puis de discuter leurs points de vue pour en arriver à une position commune et à une résolution du problème par un accord (Mucchielli,1980b). L'animateur de ce type de réunion joue un rôle de conciliateur et de « gardien de la procédure ». Il cherche les points de vue convergents, clarifie les positions et suscite les discussions dans un climat constructif et ouvert.

PHASES	OBSTACLES
Identification du problème	• temps insuffisant consacré à cette phase • question principale non traitée
Circonscription et définition du problème	• concentration sur les dimensions apparentes • attention accordée aux événements récents • attention portée sur les symptômes plutôt que sur les causes • appui sur une seule analyse, souvent celle de l'animateur • manque de compétence dans l'application du jugement critique • domination de la persuasion sur le jugement
Établissement de critères pour évaluer les solutions	• temps insuffisant consacré à cette étape • confusion à propos des critères
Recherche de solutions	• arrêt à la première solution exprimée • manque d'expérience de la réalité du problème
Choix de la meilleure solution	• création de sous-groupes rivaux • accord forcé • décision de la minorité et de l'autorité hiérarchique • entente hâtive sur les compromis
Mise en oeuvre de la solution	• répartition boîteuse des responsabilités • absence d'évaluation dans l'action

TABLEAU 4.6 OBSTACLES AUX PROCESSUS DE PRISE DE DÉCISION EN GROUPE.

4.4.1 Les formes de négociation

Mucchielli (1980b) distingue quatre formes de négociation qui, quoiqu'elles présentent un déroulement similaire, demandent des approches différentes.

LES NÉGOCIATIONS RELATIONNELLES. Les négociations relationnelles se caractérisent par un contact direct entre des individus. Elles peuvent confronter des personnes :

- de même statut qui ont des divergences de position et qui doivent négocier pour s'entendre et travailler ensemble ;
- en état de subordination, tels le professeur et l'élève ou le décideur et l'exécutant. Selon Mucchielli (1980b), l'animateur doit alors atténuer l'importance de la subordination pour favoriser l'implication de tous ;
- en situation de négociation commerciale tels le vendeur et l'acheteur.

LES NÉGOCIATIONS ORGANISATIONNELLES. Les négociations organisation-nelles servent à régler des conflits à l'intérieur des organisations. Elles peuvent également permettre de solutionner des différends qui opposeraient des organi-sations. Ces conflits peuvent provenir de plusieurs causes : partage partiel de la culture organisationnelle, difficulté dans les rapports entre les dirigeants et leurs subalternes, ou opposition des objectifs entre les sous-groupes de l'organisation.

LES NÉGOCIATIONS SOCIALES. Les négociations sociales sont les plus spectaculaires parce qu'elles sont souvent rapportées dans les médias. Elles sont préventives ou contractuelles, comme dans le cas des conventions collectives de travail entre employeur et salariés. Elles peuvent aussi être conflictuelles en temps de grève ou durant les confrontations dues à une crise, et se manifestent souvent par des confrontations entre groupes sociaux.

LES NÉGOCIATIONS INTERNATIONALES. Les négociations internationales confrontent des états ou des pays, souvent par le biais d'institutions officielles telles l'UNESCO et l'ONU, ou dans le cadre de conflits violents ou d'échanges économiques.

4.4.2 Le déroulement des réunions de négociation

Quelle qu'en soit la forme, la réunion de négociation se déroule générale-ment selon les huit étapes identifiées par Maccio (1986). Le tableau 4.7 définit ces étapes ainsi que les tâches de l'animateur et du participant à l'intérieur de chacune d'elles.

ÉTAPES	DESCRIPTION	ANIMATEUR	PARTICIPANT
1. **PRÉPARATION** **DE LA RÉUNION**	Chacun des participants se prépare en cumulant le plus d'informations possible sur le problème.	Étudie le problème et les rapports de force, envoie les avis de convocation (rédigés avec l'aide des responsables de chacune des parties), prépare le lieu, prévoit l'horaire et la durée.	Rassemble l'information, prépare ses arguments, prévoit les objections et les concessions, établit un objectif clair, élabore une stratégie.
2. **PERCEPTION** **DES ENJEUX** **ET DÉFINITION** **DES OBJECTIFS**	Les participants et l'animateur définissent la situation qui fait l'objet d'un désaccord et fixent un objectif commun. A la fin de cette étape, chacun devrait avoir un aperçu global des problèmes à aborder et de leurs différents aspects.	S'assure que l'objectif est clairement compris par tous, reformule et synthétise l'analyse de la situation.	Formule les problèmes à règler, pose des questions pour clarifier les positions et l'objectif visé.
3. **EXPLORATION ET** **ARGUMENTATION**	Chaque partie expose son point de vue sur le fond du problème. Cette étape vise à faire connaître les positions et, surtout, à établir un consensus sur les données du problème (consensus auquel il sera possible de se référer par la suite).	Distribue le droit de parole à tour de rôle pour chacune des parties, écoute et prend des notes (au besoin), reformule les différentes positions pour s'assurer d'une compréhension uniforme (au besoin, fait un schéma des thèses avancées au tableau).	Explique clairement sa position (ou celle du groupe qu'il représente), écoute et prend des notes (au besoin), respecte la durée d'intervention permise.
4. **AFFRONTEMENT**	Les parties discutent de la validité des arguments énoncés, étudient les points de divergences et tentent d'arriver à des accords.	Distribue le droit de parole, reformule et vérifie l'accord, repère les points d'accord facile, souligne les points de désaccord afin qu'ils soient discutés.	Identifie les points d'accord et de désaccord, pose des questions pour clarifier les accords et les désaccords.

TABLEAU 4.7 DÉROULEMENT D'UNE RÉUNION DE NÉGOCIATION.

ÉTAPES	DESCRIPTION	ANIMATEUR	PARTICIPANT
5. SYNTHÈSE	Le groupe identifie les éléments de convergence et de divergence. Parmi les éléments de divergence, il distingue ceux qui concernent le contenu, l'objectif, le fond, ceux qui concernent la forme, les moyens, les méthodes.	Veille à ce que l'on mentionne les points d'accord autant que les points de désaccord, pose des questions, rappelle l'objectif, analyse, reformule les accords et les désaccords.	Identifie les points d'accord et de désaccord, pose des questions pour clarifier les accords et les désaccords.
6. DÉCISION	Les participants émettent leurs opinions en ce qui concerne les éléments de convergence et de divergence identifiés. La décision sera unanime si le groupe accepte les différences et non-unanime dans le cas contraire. Dans certaines organisations, on procède au vote, mais il est préférable de rechercher un terrain d'entente qui respecte les différences.	Identifie et suscite les possibilités d'accord sur les différences, demande l'opinion (au besoin, dirige et comptabilise le vote).	Cherche à découvrir les possibilités d'accord sur les différences, accepte les différences comme facteurs de progrès (au besoin, vote).
7. ACCORD	L'animateur synthétise les discussions sur les principes conducteurs et le contenu de l'entente. Le groupe décide des modalités d'application et des délais de mise en oeuvre. Les parties se donnent une garantie réciproque (signature d'un document officiel ou autre). Le groupe évalue la négociation.	Rappelle les principes conducteurs et le contenu de l'entente ou demande au secrétaire de le faire, vérifie l'accord de tous sur les synthèses.	Vérifie la validité de la synthèse, propose des modalités d'application, propose des délais de mise en oeuvre.
8. SUIVI DE LA RÉUNION	Les termes de l'entente sont rédigés et remis aux participants.		

TABLEAU 4.7 DÉROULEMENT D'UNE RÉUNION DE NÉGOCIATION. *(suite)*

La négociation peut se solder par le compromis lorsque les participants adoptent, entre autres, une attitude de coopération en cherchant un rapprochement, une acceptation des différences et un désir d'évolution mutuelle. Elle peut également résulter en un état de domination si l'une ou l'autre des parties adopte une attitude démissionnaire en acceptant inconditionnellement la position de l'autre. Si les parties maintiennent une attitude antagoniste par une opposition entêtée et une forte résistance au changement, la négociation peut avorter.

Mucchielli (1980b) identifie cinq procédés positifs qui aident à atteindre un accord entre les parties. Les participants et l'animateur peuvent utiliser ces procédés, comme l'expose le tableau 4.8.

1	LA RECHERCHE DES POINTS D'ACCORD	Les participants examinent un à un les éléments d'une liste élaborée au cours des phases préparatoires à la négociation et recherchent des points d'accord.
2	L'OFFRE	L'une des parties consent un certain « sacrifice » pour prouver sa bonne volonté et recevoir la pareille.
3	L'ÉCHANGE « D'ÉQUIVALENTS »	Les parties acceptent de faire des concessions qu'ils reconnaissent de valeur égale.
4	LA RECHERCHE DES ZONES D'INCERTITUDE	L'une des parties identifie les « zones de crainte » pour rassurer ou garantir, les «zones d'ignorance » pour informer, prouver ou rectifier, et les «zones d'incompréhension » pour expliquer ou justifier.
5	LA RECTIFICATION DES « IMAGES » RÉCIPROQUES	Les parties clarifient toutes les accusations ou allusions à l'aide de faits, de preuves ou d'arguments afin d'assurer la crédibilité de chacun et de contrer les mythes et croyances qui font obstacle aux négociations.

TABLEAU 4.8 PROCÉDÉS POSITIFS DANS LA RECHERCHE DES ÉLÉMENTS DE L'ACCORD.

4.5 LES RÉUNIONS DE FORMATION

Les réunions de formation ont pour but d'amener les participants à :

- acquérir ou approfondir des connaissances ou des habiletés ;
- à modifier des comportements ou des attitudes.

L'animateur occupe souvent le rôle de formateur dans ce genre de réunion. Il doit être polyvalent car il enseigne et explique les exercices, observe et évalue les membres, propose des moyens de formation, anime les discussions et organise la rencontre.

La tenue d'une réunion de formation doit répondre à un besoin des participants. Une fois ce besoin clairement identifié, l'animateur-formateur recueille des données pour connaître les contraintes et les ressources institutionnelles, humaines, spatiales, temporelles et matérielles. En tenant compte de cette analyse du milieu, il formule les objectifs pédagogiques.

LES OBJECTIFS PÉDAGOGIQUES. Selon De Ketele *et al.* (1988), ces objectifs servent de guides à l'action pédagogique tant pour l'animateur-formateur que pour l'élève, et de critères pour le choix des méthodes et techniques à utiliser, en plus de fournir des références pour l'évaluation. L'utilisation des objectifs pédagogiques modifie la conception tradition-nelle de la formation en déplaçant le rôle central de la réunion vers le participant et non vers le formateur. Les objectifs pédagogiques sont de trois types :

- **LE BUT :** énoncé qui définit de manière générale les intentions, la finalité de la réunion de formation ;

- **L'OBJECTIF GÉNÉRAL :** énoncé qui décrit les résultats prévus pour une séquence de l'apprentissage ;

- **L'OBJECTIF SPÉCIFIQUE :** énoncé qui précise une des divisions de l'objectif général et qui mentionne :

  - le contenu de l'intention ;

  - le comportement observable chez le participant ;

  - les conditions de manifestation du comportement ;

  - les critères d'évaluation des résultats.

À partir des objectifs pédagogiques fixés, l'animateur choisit les méthodes et les techniques qui favoriseront l'acquisition des connaissances ou des comportements désirés. Plusieurs typologies permettent de classer les méthodes pédagogiques, telle celle de De Ketele *et al.* (1988) qui comprend quatre axes :

- **L'ACTEUR PRINCIPAL** est au centre de la communication. Est-ce l'animateur-formateur (magistro-centré) ou la personne en formation (pédo-centré) ?

- **LE GUIDAGE** de la planification est-il rigide ou souple ? La méthode est-elle directive ou non ?

- **L'AGENT** est l'élément important de la formation. Est-ce le groupe (socio-centré) ou la technique (techno-centré) ?

- **LA VISÉE** est associée à la méthode. Propose-t-elle le « savoir-redire ou refaire » (traditionnelle) ou le « savoir-être » (ouverte) ?

Selon les besoins et les caractéristiques de la clientèle, les ressources et les contraintes identifiées et le contenu à transmettre, l'animateur-formateur peut varier l'utilisation de ces méthodes durant une même réunion. Il peut utiliser, modifier ou adapter la plupart des modes de structuration et des techniques d'animation pour répondre aux besoins identifiés. Parmi ceux-ci, Jones (1987) identifie, par exemple, le jeu de rôles, l'étude de cas, la simulation, la confrontation et les équipes d'écoute.

LES PIÈGES À ÉVITER.   L'animation des réunions de formation nécessite une préparation sérieuse, surtout parce qu'elle exige des qualités pédagogiques ainsi qu'une maîtrise des connaissances et des techniques à enseigner. Pour aider l'animateur-formateur à relever le défi avec succès, voici certains des pièges qui le guettent et qu'il devrait éviter.

**PREMIER PIÈGE
SURESTIMER L'INFORMATION**
Croire que la connaissance du sujet à traiter
ou que le statut d'animateur suffisent pour animer
efficacement une réunion de formation.

En effet, l'animateur-formateur doit être compétent dans la détention et dans la transmission du savoir. Il doit s'adapter aux attentes du groupe et non l'inverse.

DEUXIÈME PIÈGE
SOUS-ESTIMER L'AUDITOIRE
Utiliser une démarche pédagogique contre-
indiquée en regard des attentes du groupe.

L'animateur-formateur doit se demander sans cesse comment il peut répondre aux attentes de sa clientèle en développant les potentialités de celles-ci. Il doit donc faire preuve de souplesse, être capable de remettre en cause sa démarche pédagogique pour l'adapter aux besoins des participants et rester à l'écoute.

TROISIÈME PIÈGE
MÉSESTIMER LA MÉTHODE
Méconnaître le degré d'adaptation de
la formation au groupe qui la reçoit.

L'animateur-formateur a tout intérêt à utiliser la rétroaction pour se faire une idée précise de son « produit » et l'adapter, s'il y a lieu, aux besoins des participants. Il procédera, par exemple, à des évaluations écrites qui devraient mesurer :

- l'intérêt du contenu transmis ;

- la pédagogie utilisée ;

- le climat ;

- autres.

4.6 LES RÉUNIONS AMICALES

Dans notre société de plus en plus axée sur les loisirs, les réunions amicales peuvent prendre plusieurs formes selon le nombre de personnes qui y participent, le moment de leur rencontre et l'occasion qui les réunit. Sorez (1977) définit la réunion amicale comme « toute réunion de plusieurs personnes n'ayant d'autre objectif que le plaisir de se rencontrer, de profiter de la présence d'autrui, de confronter la façon dont chacun saisit le problème » (p.11). Haccourt *et al.* (1989) caractérisent les réunions amicales par l'importance accordée à l'expression des participants, à la richesse des échanges et à l'établissement de relations entre tous.

4.7   LES RÉUNIONS DE TRAVAIL

De plus en plus exploitées dans tous les types d'organisations, les réunions de travail visent à faire progresser une tâche en s'inspirant du célèbre proverbe « deux têtes valent mieux qu'une ». Les équipes de travail sont de type hiérarchique si elles réunissent un responsable et ses collaborateurs directs ou de type fonctionnel si elles se composent de personnes provenant de plusieurs services, comités ou départements. Dans ce type de réunion, l'animateur coordonne le travail des participants qui apportent leurs expériences et leurs idées.

4.7.1   Le déroulement

Le contenu des réunions de travail peut être extrêmement varié mais le déroulement de ces rencontres suit néanmoins un modèle relativement semblable dans tous les cas. Demory (1980) discute des étapes de ce type de réunion :

LA PRÉSENTATION DES PARTICIPANTS.   Cette première étape, souvent oubliée, devrait être originale, permettre aux participants de se sentir à l'aise et de savoir ce qu'ils peuvent attendre des autres.

LA PRÉSENTATION DU SUJET.   L'animateur explique le thème, son intérêt pour les membres du groupe et en présente les caractéristiques principales. Les participants comprennent alors l'objet d'étude et sont ainsi motivés à intervenir.

LA FORMULATION DES OBJECTIFS.   Idéalement, un ou plusieurs objectifs de la réunion ont été communiqués aux participants par le biais de la convocation. Cette étape sert donc à rappeler les objectifs connus et à fixer des objectifs plus spécifiques. Ceux-ci peuvent être proposés par l'animateur ou définis par le groupe. Les objectifs de la réunion doivent être clairs et acceptés comme réalisables par l'animateur et les participants.

LA DÉFINITION ET L'UTILISATION.   L'animateur ou les participants proposent des méthodes ou des moyens pour atteindre les objectifs préalablement fixés. Ils doivent décider :

- — de la manière d'analyser la situation ;
- — des techniques à utiliser pour produire des idées ;
- — de la façon de sélectionner les idées produites.

LA SYNTHÈSE DES IDÉES ÉMISES. À la fin de la rencontre, l'animateur synthétise le contenu de la réunion ou demande aux participants de le faire. Cette synthèse ne doit pas excéder dix minutes, être neutre, claire et traduire fidèlement les idées émises.

L'ÉVALUATION DE LA RÉUNION. Avant de se quitter, les participants et l'animateur évaluent la rencontre. Ils peuvent évaluer le travail effectué, les moyens utilisés, le déroulement de la réunion, la participation ou d'autres aspects.

LE SUIVI DE LA RÉUNION. Le secrétaire rédige le compte rendu ou le procès verbal de la réunion et le fait parvenir aux participants et à l'animateur.

4.7.2 Les conditions de maintien du dynamisme

Le regroupement de plusieurs personnes travaillant à la même tâche autour d'une même table ne constitue pas toujours une façon efficace de fonctionner. Comment maintenir la dynamique et l'intérêt du groupe durant la réunion de travail ? Demory (1980), qui a étudié les problèmes reliés à cette question, constate qu'ils sont fréquemment dus à l'imprécision du sujet à traiter ou de l'objectif à atteindre. Il propose certaines conditions qui favorisent le maintien du dynamisme essentiel à l'efficacité des réunions de travail :

— définir précisément le contenu et les limites du sujet ;

— définir les attentes du demandeur face au groupe ;

— définir les délais et les étapes intermédiaires ;

— définir la forme attendue des résultats ;

— préciser les moyens dont disposera le groupe pour atteindre ses objectifs ;

— préciser l'utilisation future des travaux du groupe et la façon dont le groupe sera informé de cette utilisation.

4.8 LES MODES DE STRUCTURATION DES RÉUNIONS

À chaque type de réunion, il est possible d'associer des modes de structuration. Souvent confondus avec les types de réunions, ceux-ci s'en distinguent par leur polyvalence et le fait qu'ils ne soient pas nécessairement associés à un objectif de réunion précis. Nous envisageons ici les modes de structuration des réunions *comme une typologie qui décrit l'intensité virtuelle, la vectorisation et les conditions spatio-temporelles des échanges entre les acteurs impliqués.* Le panel, par exemple, structure autant la prise de décision que la réunion de négociation. Retenons donc qu'il est possible d'utiliser plusieurs modes de structuration dans une réunion, mais que l'inverse ne s'applique pas.

Comme en témoigne le tableau 4.9, il existe de nombreux modes de structuration des réunions et plusieurs variantes à ceux-ci. Plusieurs d'entre eux reviennent plus fréquemment dans la littérature et semblent faire l'objet d'une utilisation plus courante. Beauchamp *et al.* (1976) font d'ailleurs une intéressante description de ceux qui sont les plus connus.

LE COLLOQUE. Lorsque l'on veut permettre aux membres du groupe d'approfondir leurs connaissances sur un sujet donné ou que l'on souhaite faire connaître aux experts les besoins réels de l'auditoire, le colloque constitue un mode de structuration très pertinent. Il consiste en une discussion entre trois ou quatre personnes-ressources ou experts et le même nombre de représentants du groupe. Les représentants du groupe émettent des opinions et posent des questions aux personnes-ressources. Ce type de fonctionnement permet à l'auditoire d'explorer diverses perspectives à propos du sujet traité. Il réduit la distance entre le groupe et les personnes-ressources qui peuvent ainsi situer les connaissances et les attitudes de l'auditoire face à leurs propos. Toutefois, le colloque suppose de la part des représentants du groupe une connaissance minimale du sujet, de la curiosité et une bonne capacité d'expression.

Ce mode de structuration s'utilise aisément lors de réunions d'information. Il peut également provoquer une prise de décision ou s'intégrer dans une réunion de formation.

MODE DE STRUCTURATION	NOMBRE D'ÉMETTEURS	ORDRE DU DROIT DE PAROLE	NOMBRE DE RÉCEPTEURS	POSSIBILITÉ DE FEEDBACK	DURÉE	ESPACE DU LOCAL
Symposium	2 à 5 experts.	A tour de rôle sans possibilité de deuxième tour.	100 ou plus	Lorsqu'une période de questions est prévue.	3 à 20 min. par émetteur plus la période de question.	Grand
Colloque	3 ou 4 experts et 3 ou 4 représentants du groupe.	Établi par l'animateur ou selon la demande.	50 ou plus	Lorsqu'une période de questions est prévue.	30 à 120 min.	De moyen à grand
Panel	3 à 6 experts.	Établi par l'animateur ou selon la demande.	50 ou plus	Lorsqu'une période de questions est prévue.	15 à 45 min.	De moyen à grand
Forum	Un expert ou plus et le groupe en entier.	Établi par l'animateur ou selon la demande.	25 ou plus	En tout temps.	15 à 60 min.	Petit
Jeu de rôles	2 à 5 membres du groupe.	Selon le déroulement du scénario.	25 ou plus	Lors de la période prévue (retour en groupe)	15 à 45 min.	Petit
Séminaire	Un expert et un groupe de 5 à 20 membres.	Établi par l'animateur ou selon la demande.	Les émetteurs sont également récepteurs.	En tout temps.	60 à 180 min.	Petit
Atelier	3 à 8 personnes.	Établi par l'animateur ou selon la demande.	Les émetteurs sont également récepteurs.	En tout temps.	60 à 180 min.	Petit
Discussion	Moins de 30 personnes.	Établi par l'animateur ou selon la demande.	Les émetteurs sont également récepteurs.	En tout temps.	30 à 180 min.	Petit
Interactions asynchrones	Plus de 2 personnes experts.	Établi par l'animateur ou selon la demande.	Les émetteurs sont également récepteurs.	En tout temps mais différé.	A convenir.	Aucun

TABLEAU 4.9 MODES DE STRUCTURATION DES RÉUNIONS.

LE FORUM.   Un forum est une discussion entre le groupe entier et une ou plusieurs personnes-ressources aidées d'un modérateur. Durant 15 à 60 minutes, l'auditoire exprime ses commentaires, pose des questions et discute avec les personnes-ressources en respectant la procédure instaurée par l'animateur. Ce mode de structuration en complète habituellement un autre, comme par exemple le panel, l'exposé-conférence ou le jeu de rôles. Il exige de la part de l'animateur une réelle habileté à diriger les discussions et il oblige les personnes-ressources à bien connaître le sujet et à s'adapter avec souplesse aux attentes de l'auditoire.

Le forum permet de connaître les idées, les besoins, les intérêts et les opinions du groupe. Il s'applique donc parfaitement lors d'une réunion d'information convergente.

LE PANEL.   Lorsque le groupe doit considérer une situation sous tous ses angles afin de bien définir ses avantages et ses inconvénients, le panel s'avère le mode de structuration tout indiqué. Trois à six personnes-ressources ou panélistes y discutent d'un même sujet, sous la direction d'un modérateur, durant quinze à quarante-cinq minutes. Ces panélistes sont choisis pour leurs connaissances, leur aisance à parler en public et la diversité de leurs opinions sur le sujet traité. Généralement, on complète le panel par une période qui permet à l'auditoire de s'exprimer, comme les ateliers ou les périodes de questions. Le panel peut ouvrir une réunion de prise de décision ou de négociation.

LE SYMPOSIUM.   Autre façon de fournir au groupe plusieurs avis sur un même sujet, le symposium réunit de deux à cinq personnes reconnues pour leur expertise. À tour de rôle, elles font un exposé dont la durée varie entre trois et vingt minutes. L'animateur, qui aura pris soin de rencontrer les experts avant la rencontre pour favoriser la variété des discours, fait le lien entre les exposés.

Ce mode de structuration à sens unique a l'avantage de fournir une information organisée et des avis autorisés. Cependant, l'auditoire peut se lasser d'écouter des experts sans pouvoir intervenir. Le symposium s'avère un moyen efficace d'informer le groupe avant une prise de décision ou lors d'une réunion d'information. Il est toutefois préférable de l'associer à une activité plus interactive de façon à permettre aux membres du groupe de s'exprimer.

LE SÉMINAIRE. Souvent utilisé pour structurer les réunions de formation ou les cours, le séminaire réunit de cinq à vingt participants et une personne-ressource afin qu'ils échangent entre eux sur un sujet qu'ils ont préalablement étudié. Ce mode de structuration très interactif demande la participation active de tous les membres et permet à la personne-ressource qui est aussi l'animateur de vérifier l'atteinte des objectifs et la compréhension chez les participants.

Le séminaire s'utilise également lors de réunions de travail et il peut s'insérer dans un processus de résolution de problème.

LE JEU DE RÔLES. Dans un jeu de rôles, quelques membres du groupe jouent devant les autres des personnages dans une situation proposée par l'animateur, en tentant de représenter des attitudes typiques. D'une durée de quinze à quarante-cinq minutes, le jeu de rôles sera complété par d'autres modes de structuration tels le forum, le travail en atelier ou la période de questions et réponses, afin d'interpréter et de discuter du résultat de la mise en scène.

Le jeu de rôles facilite la compréhension des opinions, permet aux participants d'acquérir des habiletés de diagnostic et de voir plus clair en leurs propres comportements. Pour assurer son succès, on utilise le jeu de rôle dans les activités où les objectifs à atteindre sont clairs et simples. Dans certains cas, il s'avère un bon départ pour une réunion de résolution de problèmes ou une prise de décision.

L'ATELIER. L'atelier regroupe de trois à huit personnes qui se réunissent pour accomplir une tâche donnée, la plupart du temps avec l'aide d'un animateur. Souvent utilisé dans un contexte d'apprentissage, ce mode de structuration s'avère aussi efficace lors de réunions de travail et il peut être suivi d'une plénière si le groupe comprend plusieurs équipes.

L'atelier favorise la participation active de tous et développe l'aptitude à collaborer à un travail d'équipe. Il exige de la part de l'animateur une supervision constante et une connaissance suffisante du sujet. Toutefois, celui-ci peut s'adjoindre des personnes-ressources qui se chargeront du contenu de l'atelier proprement dit.

LA DISCUSSION. La discussion peut être utilisée en regard de tous les types de réunion, qu'il s'agisse d'une banale rencontre amicale ou d'une sérieuse prise de décision. Elle réunit moins de trente personnes qui discutent et délibèrent dans un climat de coopération sur un sujet d'intérêt commun. Chacun peut exprimer ses opinions et obtenir des informations. L'animateur introduit le sujet, distribue le droit de parole et effectue fréquemment des synthèses. Selon le type de réunion et le nombre de participants, ses interventions seront plus ou moins nombreuses et formelles.

LES INTERACTIONS ASYNCHRONES. Avec le développement rapide de l'informatique et la vie accélérée des travailleurs, un nouveau mode de structuration de réunion est apparu : les interactions asynchrones. Nées de la nécessité pour plusieurs personnes de mettre en commun des informations dans un lieu et un moment différents, les interactions asynchrones permettent aux membres de communiquer entre eux malgré l'espace qui les sépare et au moment qui convient à chacun. Cette nouvelle réalité s'avère possible grâce au développement des technologies de l'informatique et des télécommunications au cours des dernières décennies (Mosvick et Nelson, 1988).

En raison de leur occupation du temps et de l'endroit où ils se trouvent, les participants aux interactions asynchrones donnent l'impression de ne pas être en relation. Pourtant, ils communiquent entre eux et chacun sait ce que chacun dit ou écrit par l'entremise du micro-ordinateur. Ils se répondent, réagissent aux messages émis en utilisant le même moyen. Les destinataires prennent connaissance des messages au moment qui leur convient, alors qu'ils se sentent le plus aptes à participer à la réunion.

Les avantages d'une structure aussi souple sont nombreux. Les interactions asynchrones :

- diminuent la distance psychologique ;
- évitent les déplacements ;
- économisent temps et argent ;
- permettent à chacun de participer à son rythme ;
- diminuent l'importance de l'aspect socio-émotif et augmentent celle du contenu ;
- éliminent les barrières psychologiques telle la gêne ;
- augmentent le nombre de participants possible.

Cependant, ce type de réunion possède les défauts de ses qualités. Par exemple :

- – les participants ne perçoivent pas le langage non-verbal ;
- – il y a un temps de réaction d'une durée variable entre les interventions des participants ;
- – les discussions écrites peuvent s'avérer difficiles et fastidieuses ;
- – les fautes d'orthographe ou de syntaxe peuvent distraire le lecteur ;
- – la démotivation vient facilement ;
- – l'équipement nécessaire s'avère encore relativement coûteux.

La plus grande difficulté de ce mode de structuration de réunion semble être la possibilité restreinte de réajustement. Lorsqu'une réunion où tous les membres siègent autour d'une même table, l'émetteur peut ajuster son message dans l'immédiat, selon les signes non verbaux que lui transmettent les autres membres. Lorsque quelqu'un veut intervenir en réponse au message émis, il le fait dans les minutes qui suivent, ce qui permet à l'émetteur de préciser, d'éclaircir, de vérifier la compréhension. Dans le cas des interactions asynchrones, les ajustements sont différés. Dans certaines situations ou avec certains types de participants, cette restriction devient un avantage pour tous. Les interactions asynchrones demeurent donc une solution intéressante, dans la mesure où tous sont motivés et s'entendent sur la façon de fonctionner.

EN RÉSUMÉ

Pour répondre à un besoin de communication, les groupes de toutes les organisations tiennent des réunions. Selon l'objectif à atteindre, le nombre de participants, la production recherchée et le temps disponible, ces réunions sont de différents types et de structures variées.

Les *réunions d'information*, convergente ou divergente, visent la transmission simple ou la cueillette d'informations et utilisent des techniques telles que l'exposé formel, l'exposé informel et la démonstration. Les *réunions de prise de décision et de résolution de problèmes*, pour leur part, visent à identifier une position commune acceptée par l'ensemble des membres. Quant aux *réunions de négociation*, elles ont pour but de surmonter les divergences et les écarts de position pour arriver à un accord entre les parties confrontées. Elles demandent à l'animateur une attention soutenue et une habileté éprouvée à mener les débats. Pour ce qui est des *réunions de formation*, elles permettent aux participants d'acquérir ou d'approfondir des connaissances ou des habiletés, alors que les *réunions de travail* visent la production par la synergie des expériences et des idées. Finalement, *les réunions amicales*, sans doute les plus appréciées de toutes, n'ont d'autre but que les échanges et le plaisir qu'elles suscitent.

Malgré leurs différences, tous ces types de réunions se conforment à un modèle de déroulement similaire qui comprend les phases suivantes :

1. L'accueil des participants ;

2. La présentation du thème et de l'objectif de la réunion ;

3. L'établissement des normes ;

4. La proposition d'un plan de rencontre ou ordre du jour ;

5. La nomination d'un secrétaire ;

6. Le déroulement proprement dit ;

7. La conclusion de la réunion ou la synthèse ;

8. L'évaluation de la réunion ;

9. Le suivi à la réunion.

Il existe plusieurs modes de structuration, tels que le forum, le colloque, le panel, et plusieurs autres qui permettent à l'animateur de structurer ces réunions. Grâce à eux, l'animateur et les participants peuvent orienter leur démarche conformément à leurs besoins spécifiques.

RÉFÉRENCES

BEAL, G.M. *et al.* (1969). *Les secrets de la dynamique des groupes.* Paris : Chotard.

BEAUCHAMP, A. *et al.* (1976). *Comment animer un groupe.*
Montréal : Éditions de l'Homme.

BOISVERT, D. (1989). *Le procès verbal : un outil de travail efficace.*
Montréal : Éditions Agence d'ARC.

DE KETELE, J.M. *et al.* (1988). *Guide du formateur.* Bruxelles : De Boeck Éditions Universitaires.

DEMORY, B. (1980). *Comment animer les réunions de travail en 60 questions.* Montréal : Éditions Agence d'ARC.

Gourgand, P. (1969). *Les techniques de travail en groupe.* Toulouse : Privat.

HACCOURT, M. *et al.* (1989). *Groupes efficaces.* Bruxelles : Vie Ouvrière.

JONES, M. (1987). *Comment organiser des réunions.* Montréal : Les Éditions La Presse.

LEBEL, P. (1983). *L'animation des réunions.* Paris : Éditions d'Organisation.

MACCIO, C. (1986). *Des réunions efficaces.* Lyon : Chronique sociale de France.

MOSVICK, R. et NELSON, R.B. (1988). *Enfin des réunions efficaces.* Paris : Éditions Eyrolles.

MUCCHIELLI, R. (1980a). *L'interview de groupe* (5e éd. rév.). Paris : Entreprise Moderne d'Édition.

MUCCHIELLI, R. (1980b). *La conduite des réunions* (8e éd. rév.). Paris : Entreprise Moderne d'Édition.

SOREZ, H. (1977). *Pour conduire une réunion.* Paris : Hatier.

Questions

1. Il est préférable de tenir une réunion d'information si l'on veut aider à former les participants.   *Vrai ou faux*

2. Pour une réunion asynchrone, le nombre maximal de participants est quinze (15).   *Vrai ou faux*

3. Dans cette énumération, associez aux phases de la réunion de prise de décision les obstacles qui peuvent nuire à leur réalisation.

   a) identification du problème   1. manque d'expérience avec la réalité du problème

   b) choix de la meilleure solution   2. s'arrêter à la première

                                             3. question principale non-traitée

   c) recherche de solutions   4. accord non-volontaire

4. La dernière étape d'une réunion de négociation est l'affrontement.   *Vrai ou faux*

5. Placez en ordre de déroulement les étapes de l'exposé formel utilisé dans une réunion d'information.

   – introduction du sujet
   – présentation des objectifs
   – synthèse finale
   – exposé du contenu (et synthèses après chacune des parties)

6. Une fois sa programmation établie, l'animateur de la réunion de formation doit s'en tenir à celle-ci afin d'atteindre ses objectifs pédagogiques. *Vrai ou faux*

7. Placez en ordre de déroulement les phases caractéristiques d'une réunion de prise de décision.

   A) identification du problème
   B) analyse des causes du problème
   C) circonscription et définition du problème
   D) établissements de critères pour l'évaluation des solutions
   E) choix de la solution optimale

8. Les réunions asynchrones diminuent la distance psychologique entre les membres. *Vrai ou faux*

9. L'objectif de la phase de circonscription et de définition du problème est :

   A) d'analyser les causes du problème
   B) de convenir du problème mis à l'étude
   C) de permettre aux participants d'exprimer le problème selon leurs perceptions
   D) toutes ces réponses

10. L'animateur d'une réunion de négociation doit :

    A) faire preuve de créativité
    B) improviser
    C) maîtriser son expression verbale et non-verbale
    D) toutes ces réponses

11. Le symposium réunit des personnes-ressources reconnues pour leur compétence. *Vrai ou faux*

12. Lorsque trois à huit personnes se réunissent pour accomplir une tâche donnée, elles peuvent structurer la réunion sous forme de :

    A) séminaire
    B) atelier
    C) jeu de rôle
    D) discussion
    E) toutes ces réponses

13. Le _____ est une discussion entre des représentants du groupe et des personnes-ressources devant le groupe.
   A) panel
   B) forum
   C) symposium
   D) colloque
   E) aucune de ces réponses

14. Le colloque convient parfaitement aux réunions d'information. *Vrai ou faux*

15. Placez les étapes des réunions selon l'ordre de leur déroulement
   – conclusion de la réunion
   – présentation du thème et de l'objectif
   – établissement des normes
   – évaluation de la réunion
   – accueil des participants
   – nomination d'un secrétaire
   – proposition d'un plan de rencontre

Simulations

1. LES TYPES DE RÉUNIONS
2. LA PROGRAMMATION D'UNE RÉUNION

SIMULATION 1

LES TYPES DE RÉUNIONS

BUT : différencier les différents types de réunions et les associer avec les besoins auxquels ils répondent.

DURÉE : 30 minutes.

RESSOURCES : papier, crayons.

ORGANISATION : Former des équipes d'environ 6 personnes. Chaque équipe se nomme un animateur et un secrétaire. De plus, deux observateurs sont identifiés pour chaque équipe. Ils auront à livrer à l'équipe leurs observations sur 1) les critères présidant au choix des situations, 2) le plan de travail de l'animateur (officiel ou officieux) et 3) la qualité des échanges entre les membres.

DÉROULEMENT

LA SITUATION

L'animateur décrit le problème aux participants.

« Voici plusieurs situations nécessitant la tenue d'une réunion. En tant qu'équipe de consultants en animation, vous devez identifier les besoins de cinq de vos clients, leur proposer le type de réunion répondant à ces besoins et justifier votre choix. »

PREMIER CLIENT

Madame Sauvageau, présidente directrice générale de la firme d'ingénieurs Sauvageau et Sauvageau, veut demander l'aide de son conseil d'administration pour choisir un vice-président aux achats. Ce conseil d'administration est formé de huit membres, tous diplômés universitaires.

Identifiez le besoin de Madame Sauvageau et de son conseil d'administration, proposez-lui le type de réunion qui convient et expliquez-lui les raisons de votre choix.

DEUXIÈME CLIENT

Les cinq membres de l'un des cercles de qualité de la compagnie de production audio-visuelle A.D.N. se plaignent au directeur adjoint, Monsieur Guillemette, de ne pas être écoutés par la direction. Monsieur Guillemette leur propose une rencontre avec l'équipe de direction. Il fait appel à vous pour obtenir des conseils sur le type de réunion à choisir.

Identifiez le besoin de Monsieur Guillemette et des deux comités en cause, proposez-lui le type de réunion qui convient et expliquez-lui les raisons de votre choix.

TROISIÈME CLIENT

L'un des cinquante membres du très sélect Club des amateurs équestres d'Amérique du Nord vous contacte pour savoir quel type de réunion il devrait tenir à l'occasion du 75ᵉ anniversaire de la fondation du club. À cette occasion, les membres seront informés des gagnants des prix annuels.

Identifiez le besoin des membres du club, proposez-lui le type de réunion qui convient et expliquez-lui les raisons de votre choix.

QUATRIÈME CLIENT

Madame Durand souhaite rencontrer son régiment pour lui parler de l'apparition de nouveaux appareils photographiques d'espionnage et pour leur décrire les problèmes auxquels ces appareils les exposent. Elle vous demande de lui indiquer sur le champ le type de réunion répondant à son besoin.

Identifiez le besoin de Madame Durand, proposez-lui le type de réunion qui convient et expliquez-lui les raisons de votre choix.

CINQUIÈME CLIENT

Votre ami André, président de l'Association des étudiants universitaires, voudrait, avec son conseil exécutif, monter un dossier sur la remise des notes par les professeurs pour le présenter au doyen des études de premier cycle. Comme il n'a pas encore suivi de cours d'animation, il vous demande de l'aider.

Identifiez le besoin d'André et de son conseil exécutif, proposez-lui le type de réunion qui convient et expliquez-lui les raisons de votre choix.

SIXIÈME CLIENT

Madame Gilbert, fondatrice de la maison d'édition « Intérêt », aimerait connaître l'avis de ses 23 directeurs de collections sur le service à la clientèle, mais elle n'a que peu de temps (pas plus de 2h00). Elle fait appel à vous pour savoir quel type de réunion serait préférable dans les circonstances.

Identifiez le besoin de Madame Gilbert et de ses directeurs de collections, proposez-lui le type de réunion qui convient et expliquez-lui les raisons de votre choix.

SEPTIÈME CLIENT

Votre ami André, président de l'Association des étudiants universitaires, vous rappelle suite à sa réunion. Durant celle-ci, les membres ont longuement discuté de la possibilité d'inviter le recteur à une réunion subséquente, mais sans parvenir à se prononcer unanimement. André veut convoquer une réunion extraordinaire pour susciter les arguments et vider la question.

Identifiez le besoin d'André et de son conseil exécutif, proposez-lui le type de réunion qui convient et expliquez-lui les raisons de votre choix.

ÉLÉMENTS DE RÉFLEXION À PROPOS
DE LA SIMULATION 1

Les types de réunions

— **Comment avez-vous procédé pour choisir les types de réunions ? En quoi votre méthode vous semblait-elle efficace ?**

— **Les types de réunions choisis étaient-ils appropriés ? Pourquoi ?**

— **Quelles difficultés avez-vous rencontrées lors de la définition des besoins ?**

— **Y a-t-il eu des divergences d'opinions dans l'équipe ? À quels sujets ?**

— **Quels cas vous ont paru les plus difficiles ? Les plus faciles ? Pourquoi ?**

SIMULATION 2

LA PROGRAMMATION D'UNE RÉUNION

BUT : apprendre à organiser une réunion le plus efficacement et le plus simplement possible.

DURÉE : 45 à 60 minutes.

RESSOURCES : papier, crayons.

ORGANISATION : Former des équipes d'environ 5 personnes. Chaque équipe se nomme un animateur et un secrétaire. L'équipe choisit, parmi les réunions du tableau 4.1, celle qu'elle désire utiliser.

Deux observateurs sont identifiés pour chaque équipe. Ils auront à livrer à l'équipe leurs observations sur 1) le partage des tâches entre les membres, 2) les règles observées par l'équipe et 3) les mécanismes de prise de décision.

DÉROULEMENT

LA SITUATION
L'animateur présente l'exercice au groupe :
> « Notre équipe de consultants en animation doit organiser pour le compte de l'organisation XYZ une réunion _____ (type de réunion choisi). Pour chaque étape, nous devrons déterminer l'organisation, le rôle de l'animateur et celui des participants.

PHASE 1 - L'ACCUEIL
L'animateur demande au groupe d'élaborer la programmation originale de l'accueil à la réunion. Comment seront accueillis les participants ? Par qui ? Durant combien de temps ?

PHASE 2 - LE THÈME ET L'OBJECTIF
L'animateur aide le groupe à déterminer la façon de présenter le thème de la réunion et ses objectifs. Comment s'assurer que tous les participants comprennent bien ? Faut-il les impliquer dans l'élaboration des objectifs ?

PHASE 3 - LES RÈGLES
L'animateur propose à l'équipe de fixer au moins cinq normes de fonctionnement pour la réunion afin de faciliter les échanges et le déroulement en général.

PHASE 4 - L'ORDRE DU JOUR

L'animateur aide le groupe à formuler un ordre du jour qui respecte le modèle de déroulement de ce type de rencontre.

PHASE 5 - LE SECRÉTARIAT

L'animateur demande à l'équipe de déterminer de quelle manière se fera la nomination du secrétaire pour avoir un procès-verbal bien fait.

PHASE 6 - LE DÉROULEMENT

L'animateur demande au groupe de simuler oralement le déroulement de la réunion et d'identifier les points difficiles, les moments de pause.

PHASE 7 - LA CONCLUSION

L'animateur demande à l'équipe de conclure la rencontre. Quel type de synthèse sera effectué ? Par qui ?

PHASE 8 - L'ÉVALUATION

L'animateur aide l'équipe à choisir le type d'évaluation de la réunion ? Écrite ou orale ? Individuelle ou en groupe ? De quelle durée ?

**ÉLÉMENTS DE RÉFLEXION À PROPOS
DE LA SIMULATION 2**

LA PROGRAMMATION D'UNE RÉUNION

- **Qu'est-ce qui a présidé au choix de votre type de réunion ? Pourquoi ?**

- **Quelles raisons ont dicté le choix des normes utilisées à la réunion ?**

- **Y a-t-il eu des divergences d'opinions dans l'équipe ? À quels sujets ?**

- **Votre ordre du jour respectait-il le modèle-type de déroulement du genre de réunion choisi ? Sinon, en quoi différait-il ? Pourquoi ?**

- **Quel type d'évaluation avez-vous choisi ? Pourquoi ?**

- **Auriez-vous aimé participer à cette réunion ? Pourquoi ?**

LECTURES COMMENTÉES

FIGHIERA, G. et al. (1980) *Congrès, séminaires, voyages de stimulations*. Paris : Presses Universitaires de France.

Ce livre constitue un guide pour l'organisation de congrès, de séminaires et de voyages de stimulations. L'auteur introduit le sujet par un historique des premières réunions ainsi que par une classification et une définition de différents types de réunions : de délibération, d'information, d'étude de formation, etc.

Les auteurs analysent d'abord le marché des rencontres pour les promoteurs de réunions, les statistiques, les lieux et les aspects psychologiques du marketing des rencontres. Au deuxième chapitre, ils décrivent le principal prestataire de réunions : le centre de congrès ainsi que d'autres ressources liées à ce genre d'activité, notamment les salles spécialisées et les hôtels. Les deux derniers chapitres sont consacrés à l'organisation pratique des activités, à leur préparation et à leur évaluation.

Ce livre contient :
– bibliographie.

JONES, M. (1987). *Comment organiser des réunions*. Montréal : Éditions La Presse.

Comment organiser des réunions s'adresse tout particulièrement à ceux qui doivent préparer et animer des colloques, des congrès ou d'autres activités pour des grands groupes.

L'auteur guide l'organisateur en décrivant les étapes de la préparation et du déroulement d'une rencontre ainsi que le suivi à y donner. Il prodigue également des conseils aux animateurs selon le type de réunion qu'ils sont appelés à conduire : réunion de solution de problèmes, réunion commerciale, assemblée d'actionnaires, petite réunion ou atelier de formation.

MOSVICK, R. et NELSON, R. (1988). *Enfin des réunions efficaces*. Paris : Éditions Eyrolles.

Ce livre se divise en deux parties dont la première se veut un diagnostic des réunions dans les organisations contemporaines. Cette partie fait comprendre aux animateurs et aux participants le fonctionnement des réunions et celui de la prise de décision. Les auteurs insistent notamment sur les facteurs psycho-sociaux et personnels qui influencent le déroulement des réunions.

En deuxième partie, ils fournissent des indications et des outils pour améliorer l'efficacité des réunions. Ils traitent d'abord de l'organisation pratique de la réunion et s'intéressent ensuite aux rôles du leader et du participant. L'un des chapitres est consacré à une revue des erreurs les plus fréquemment commises dans l'animation des réunions et aux façons de les éviter. Un autre chapitre explore les possibilités de nouveaux types de réunions rendus possibles grâce au développement des télécommunications.

En annexe à ce livre, le lecteur trouvera une classification des réunions et de quelques méthodes à utiliser à l'intérieur de celles-ci.

MUCCHIELLI, R. (1980). *L'interview de groupe.* **(5ᵉ éd.rév.).**
Paris : Entreprise Moderne d'Édition.

Ce livre aborde un type de réunion en particulier : l'interview de groupe. L'auteur y décrit le processus de l'intervention : l'organisation des démarches de l'interviewer (animateur), la préparation psychologique de celui-ci et l'organisation matérielle de la rencontre. Le rôle de l'animateur (attitudes techniques et procédés d'interventions), l'impact et les effets de son attitude sur le groupe sont analysés tant sur le plan individuel que celui du groupe.

Cet ouvrage définit clairement la méthode et les besoins auxquels elle répond, particulièrement dans le cas de la recherche sociale dans les pays en voie de développement. Mais ce livre est d'abord un guide d'utilisation détaillé, depuis le recrutement des participants jusqu'à l'analyse des résultats. Pour illustrer les aspects plus théoriques et les résultats possibles de la méthode, l'auteure fournit des exemples tirés de recherches effectuées au Cameroun.

RYAN, C. (1962). *Les comités: esprit et méthodes.*
Montréal : Institut canadien d'éducation aux adultes, 1968.

Cet ouvrage traite des comités, de leur raison d'être, de leurs méthodes et de leurs techniques de travail en des termes simples et directs, ce qui en fait un outil facilement utilisable pour les groupes et associations de diverses natures.

L'auteur donne d'abord un aperçu général de la notion de comité ainsi que des avantages et des limites du travail en comité. Il se penche ensuite sur le choix des membres et de la direction de ces groupes en examinant les critères de sélection et la définition des rôles de secrétaire et de président. Par la suite, il aborde les différents aspects du travail en comité: la préparation et l'animation des réunions, le contexte matériel, les participants difficiles, l'évaluation, etc. Les problèmes d'organisation pratique (finances, archives, charte, etc.) font l'objet d'une attention particulière au chapitre quatre. En conclusion, l'auteur présente les valeurs morales qui doivent sous-tendre toute intervention dans les comités.

Ce livre contient :
– *bibliographie.*

SIMARD, G. (1989). *La méthode du « focus group ».*
Laval : Mondia Éditeur.

Le *focus group* est une nouvelle méthode pour faire émerger toutes les opinions dans un groupe. Elle permet de recueillir les perceptions, les attitudes, les croyances et les résistances de groupes cibles.

Les utilisations de la méthode du *focus group* en recherche sociale varient : analyse de besoins, test de scénarios d'intervention, orientation de politiques, planification de projets et évaluation de l'impact.

SOREZ, H. (1977). *Pour conduire une réunion.* **Paris : Hatier.**

Cet ouvrage pratique met d'abord en relief une classification des types de réunions selon les objectifs poursuivis et fournit une description pour chacun d'eux. Une fois les distinctions établies, l'auteure fournit des éléments pour comprendre les phénomènes de groupe observables durant les réunions : affectivité, leadership, résistance au changement, etc. Par la suite, elle s'intéresse au rôle de l'animateur, à ses fonctions et aux styles de conduite de réunion qu'il peut adopter. Pour mieux analyser sa propre pratique, le lecteur peut répondre à un questionnaire d'auto-évaluation à la fin du livre.

Sans oublier de traiter de l'organisation pratique de la réunion, de la préparation de l'animateur et du participant, cet ouvrage constitue un outil de travail utile pour les responsables de la prise en charge des réunions.

TIMBAL-DUCLAUX, L. (1989). *Les réunions : Avant, Pendant, Après.* **Paris : Éditions Retz.**

Dans ce livre, l'auteur tente de combiner les différentes théories sur le travail en groupe avec celles de la neuropsychologie et de la neuro-pédagogie dans le but d'améliorer l'efficacité des groupes de travail. La première partie du livre établit donc les bases de l'argumentation de l'auteur sur les deux hémisphères du cerveau humain qui, semble-t-il, constituent des facteurs importants dont il faut tenir compte dans divers aspects de l'animation des groupes.

Après cette rapide intrusion en biologie, l'auteur consacre le reste de son ouvrage à la description des différents types de réunions et au rôle de l'animateur et du participant, avant, pendant et après la réunion. En annexe, il fournit différents outils techniques pour aider à la résolution de problèmes, au développement de la créativité et à la communication dans les groupes.

Chapitre

5

L'Espace
et
son Aménagement

Un groupe doit continuellement
s'adapter à l'environnement
s'il veut survivre.

Joséphine Klein

Plan du chapitre

Contexte théorique

PRÉSENTATION

À tous les instants de sa vie, l'homme doit transiger avec son environnement. Il ne remet cependant pas souvent en question l'influence considérable que celui-ci exerce sur lui. Le fonctionnement du groupe et l'atteinte des objectifs qu'il s'est fixés sont certes les préoccupations les plus présentes à l'esprit de l'animateur. Toutefois, la notion d'espace, réalité qui affecte considérablement les productions collectives et individuelles, doit également être prise en considération.

Mésestimer l'importance de l'environnement sur la vie du groupe et son développement, c'est intervenir auprès de lui en ignorant ce qui l'affecte, les ressources dont il dispose pour sa production et les obstacles éventuels. La bonne planification d'une activité de groupe prendra en considération les besoins du groupe et proposera une démarche appropriée. De même, l'animateur soucieux de la réussite de son client doit prévoir l'organisation matérielle et environnementale appropriée pour soutenir les interactions et la participation de tous ses membres.

5.1 L'ENVIRONNEMENT ET L'ESPACE

Les notions d'espace et d'environnement ont pourtant fait l'objet de nombreuses recherches et se retrouvent dans la définition de plusieurs concepts théoriques. Le dictionnaire Robert décrit simplement **l'espace** comme un lieu plus ou moins délimité où peut se situer quelque chose et **l'environnement** comme un ensemble de conditions naturelles et culturelles susceptibles d'agir sur les organismes vivants et les activités humaines. L'itinéraire va d'une notion globale de l'espace et de l'environnement aux dimensions spécifiques de l'organisation spatiale d'une réunion.

Ittelson *et al.* (1974) appuient leur discours au sujet des transactions de l'homme avec son environnement par l'énoncé de plusieurs postulats. D'abord, ils estiment que, pour étudier l'influence de l'environnement sur le comportement, il faut considérer l'ensemble des stimuli et la complexité de l'aménagement physique. L'homme, comme composante de cet environnement, entre en relation dynamique avec son cadre de vie.

Ces mêmes auteurs conviennent aussi que tout environnement physique correspond à un système social où chacun réagit selon son rôle comme acteur dans une société. Toutefois, l'homme n'est pas toujours conscient de ce rôle puisque souvent son environnement agit sur lui de façon subliminale. Depuis longtemps on connaît les facteurs de distorsion qui agissent selon la personnalité de chacun, son origine ethnique ou même son humeur du moment.

Enfin, Ittelson *et al.* font observer que nous appréhendons et intégrons notre environnement à travers une série d'images mentales. L'être humain développe des représentations sélectives de son quartier, de sa ville, des trajets qu'il emprunte habituellement. Ces perceptions influencent, à leur tour, la manière dont il ressent et aborde son environnement quotidien. Bref, l'homme confère à l'environnement une valeur symbolique. Entre la réalité et lui, il élabore un environnement fait de symboles et modelé à partir de son héritage culturel.

La littérature sur la psychologie de l'environnement développe deux concepts-clés : l'environnement géophysique et l'environnement comportemental ou socio-psychologique. L'environnement socio-psychologique présente des analogies avec ce que Kurt Lewin (1951) désigne comme « l'espace vital individuel ». Cet espace vital est un territoire cerné par des frontières et réparti en un certain nombre de zones réservées effectivement à des activités motrices ou considérées idéalement comme telles. Si cette enclave territoriale occupe un espace physique, elle est davantage l'objet de représentations psychologiques. Ces représentations ajoutent une portée affective à l'impact du territoire physique sur la performance du groupe et de ses membres. Selon Lewin, l'environnement inclurait le facteur temps qui détermine l'accessibilité et le contrôle de l'espace, en terme de distance, dans lequel se meut l'individu ou le groupe. Ainsi devient accessible la liberté de choisir sa place, au moment jugé opportun, entre certaines frontières, selon les aspirations entretenues par le groupe. Enfin, l'expérience nous apprend que l'espace à l'intérieur duquel évoluera l'individu ou le groupe est déjà occupé, ou risque de l'être, avec une densité relative, par d'autres. Il faudra alors composer avec les revendications des uns et des autres, sources de tensions à assumer pour en optimiser les conséquences (Searles, 1986).

L'environnement plus spécifique à notre objet d'étude inclut les aspects physiques des milieux naturels comme les paysages sauvages et le cadre bâti qui comprend, entre autres, les villes, les maisons et les routes (Atlman et Chemers, 1978). Trois types d'environnement peuvent être distingués :

> **LE MICRO-ENVIRONNEMENT** : l'espace personnel ou le territoire propre à la personne ou à un groupe. C'est l'espace interne ;

> **LE MÉSO-ENVIRONNEMENT** : les maisons, l'unité de voisinage et le quartier ;

> **LE MACRO-ENVIRONNEMENT** : la ville, la communauté urbaine, la région.

Le méso-environnement et le macro-environnement constituent ce que l'on appelle l'espace externe. Toutefois, dans le cadre de l'animation des réunions, c'est la dimension microscopique de l'environnement qui attire davantage l'attention.

5.2 L'ESPACE PERSONNEL

Depuis la parution des principaux ouvrages de l'anthropologue Hall (1971, 1979, 1984), le concept d'espace personnel et sa représentation comme bulle englobant chacun ont été développés. Il s'agit d'un espace psychosocial qui inclut à la fois des dimensions personnelle, interpersonnelle, sociale et culturelle, établi autour de chacun et interdit d'accès à autrui. Par conséquent, ce territoire sera défendu s'il est violé ou même seulement menacé de l'être. Ici, la notion d'espace personnel est abordée sous l'angle de ses relations avec la distance interpersonnelle. Elle revêt souvent la forme d'une distance physique entre soi et les autres, une zone frontière servant de protection ou de défense vis-à-vis les autres. Plusieurs facteurs l'influencent :

> **LES FACTEURS INDIVIDUELS** tels l'âge, le sexe et les caractéristiques de la personnalité ;

> **LES DIMENSIONS PSYCHOSOCIALES** tels le statut, les facteurs interpersonnels et les éléments culturels ;

> **LES FACTEURS ENVIRONNEMENTAUX.**

Pour Hall (1971, 1984), ce n'est pas la distance en soi qui a de l'importance mais bien les stimuli perceptibles à une certaine distance qui donnent sa signification au concept. C'est la manière dont chacun structure inconsciemment son espace personnel. La proxémie décrite par cet auteur propose une classification en quatre zones de régulation des interactions sociales, en raison de la distance entre les personnes. Chaque zone contient deux dimensions : proche et éloignée, selon des variations perceptibles influencées par la personnalité des individus et le caractère de leur environnement. Le ton de la voix est souvent utilisé comme mesure de ces distances.

LA DISTANCE INTIME. La présence de l'autre s'impose et peut même devenir envahissante par son impact sur le système perceptif. La vision, l'odeur et la chaleur du corps de l'autre, le rythme de sa respiration, l'odeur de son haleine constituent les signes irréfutables d'une relation d'engagement avec un autre corps. Dans la dimension proche, qui varie entre 0 et 15 cm, l'observateur perçoit difficilement les murmures qui sont échangés entre les personnes. Ces murmures deviennent audibles lorsque les personnes s'éloignent l'une de l'autre et se parlent, à voix basse, à une distance variant entre 15 et 40 cm.

LA DISTANCE PERSONNELLE. Elle désigne la distance fixe qui sépare les gens « sans-contact ». On peut l'imaginer sous la forme d'une petite sphère protectrice ou bulle qu'un organisme crée autour de lui pour s'isoler des autres. Dans la dimension proche, cette bulle de protection varie entre 45 et 75 cm et laisse entendre des voix posées, sur un ton modéré. Selon la dimension éloignée, l'espace devient plus important, entre 75 à 125 cm, et laisse entendre les informations personnelles qui peuvent s'échanger. Le volume de la voix est plus élevé.

LA DISTANCE SOCIALE. La frontière entre la dimension éloignée de la distance personnelle et la dimension proche de la distance sociale marque la limite de l'utilisation de la contrainte physique sur autrui. Entre 1,20 et 2,10 m, les détails intimes du visage deviennent presqu'imperceptibles et personne ne touche ou n'est supposé toucher autrui. Dans la dimension éloignée, de 2,10 à 3,60 m., l'information devient publique sous l'effet d'une voix plus forte.

LA DISTANCE PUBLIQUE. Plusieurs changements sensoriels importants se produisent lorsque l'on passe des distances intimes, personnelles et sociales à la distance publique, située hors du cercle où l'individu est directement concerné, c'est-à-dire à une distance variant entre 3,60 et 7,50 m, où les voix sont plutôt fortes. Les informations transmises ne le sont plus sous le sceau de la confidentialité et elles s'adressent au groupe tout entier. L'éloignement ne favorise plus les contacts physiques et la distance publique, dans sa dimension éloignée (de 7,5 m et plus), oblige l'utilisation de moyens d'amplification de la voix.

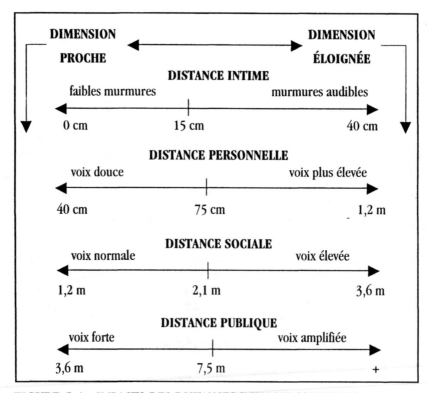

FIGURE 5.1 IMPACTS DES DISTANCES INTERPERSONNELLES.

Hall relie la distance des interactions avec le type et l'intensité des données sensorielles disponibles. Selon Morval (1981), les personnes incluses à l'intérieur d'un cercle dirigent plus d'interventions vers ceux qui leur font face que vers ceux qui se trouvent à leurs côtés. Par contre, dans un autre contexte, l'éloignement peut modifier cette relation puisque discuter avec une personne en face de soi et assez éloignée ne crée pas un contact aussi privilégié et aussi confortable que si la discussion s'engageait avec la personne assise à ses côtés.

Sur un autre plan, les groupes peuvent se sentir menacés selon le type de lieu physique et les caractéristiques d'autres éléments de l'environnement tels le bruit, la chaleur et la lumière.

Ces éléments de l'environnement sont donc des facteurs importants dans la vie de tout groupe ; l'animateur aura à en tenir compte pour l'aider à travailler efficacement. La planification de l'aménagement physique de la réunion, et l'utilisation des moyens appropriés pour favoriser la participation des membres, constituent des éléments essentiels, mais trop souvent ignorés, du travail de l'animateur. Qui n'a pas rencontré un animateur, plein d'assurance, disant : « On verra sur place, demain matin! » ? Quelle surprise lorsqu'il constate que la salle de réunion est immense alors qu'il n'y aura que quinze personnes autour de la table ou encore que la grandeur est adéquate, mais que la pièce voisine est une salle à manger très bruyante.

5.3 LA PRÉPARATION MATÉRIELLE DE LA RÉUNION

On reconnaît universellement que les conditions matérielles ont un effet significatif sur l'état d'esprit d'un groupe. Cet énoncé met en relief l'importance de bien choisir et aménager le lieu de la rencontre pour que les avantages du matériel utilisé soient à leur meilleur. Beauchamp *et al.* (1976) précisent que « selon la qualité du décor, on gardera un souvenir agréable ou glacial, on portera en soi une impression de dynamisme ou d'intimité ou une impression de désert ennuyeux » (p.81). De ces impressions dépendent parfois la poursuite ou l'abandon des rencontres par les membres.

Crémieux (1972) précise que l'organisation matérielle doit créer une ambiance favorable et constituer un facteur d'efficacité. Timbal-Duclaux (1989) ajoute que la nature et l'aménagement de la salle jouent d'autant plus sur ce facteur que leur influence demeure largement inconsciente sur le moment et que souvent, la prise de conscience n'intervient qu'au moment où c'est déjà trop tard.

Selon Sorez (1977), les participants sont maintenant habitués à se réunir dans des locaux agréables et l'animateur doit veiller à l'organisation matérielle de la réunion pour accroître son efficacité. Maccio (1986) observe, pour sa part, que si l'animateur se soucie de fournir à son groupe les meilleures conditions possibles, un minimum de moyens matériels s'avère nécessaire afin que chacun soit à son aise, se considère à l'égal des autres et ait l'esprit disponible pour la tâche à accomplir.

LE CHOIX DU LIEU DE LA RÉUNION. Avant de traiter plus en profondeur de ces éléments d'ordre plutôt matériel, il faut réfléchir au sujet du type d'endroit dont le groupe a besoin. Jones (1987) note qu'il faut se poser des questions qui semblent évidentes lorsque l'on y pense mais que l'on néglige trop souvent d'aborder. Quelle est l'envergure de la réunion ? Combien faut-il prévoir de repas ? Est-ce que les rafraîchissements et les divertissements seront disponibles en quantité et en variété suffisantes ? Le budget est-il suffisant pour la tenue de cette réunion ? Les moyens audio-visuels seront-ils suffisants et assez efficaces pour assurer une présentation adéquate des démonstrations ou des exposés ? L'auteur précise qu'il faut éviter de présupposer que les réunions ne se tiennent que dans des lieux publics comme les hôtels. Selon lui, il existe une quantité d'autres possibilités qui doivent être considérées avec attention avant d'organiser n'importe quelle réunion qui dépasse en importance la simple réunion de comité.

Il ne faut pas hésiter à évaluer la possibilité d'utiliser des endroits comme des bureaux d'associations professionnelles ou industrielles, des institutions d'enseignement secondaire ou postsecondaire et même des lieux de villégiature qui permettront de rompre avec la monotonie et la routine des réunions habituelles.

Le choix du lieu peut dépendre de divers facteurs plus ou moins complexes et contradictoires (Lebel, 1983). Avant tout, il est important d'y avoir réfléchi. Pour la majorité des auteurs, les principaux critères de choix du lieu d'une réunion tiennent compte, d'une part, des besoins sensoriels des participants et, d'autre part, de l'accessibilité et du confort du lieu lui-même :

dimensions de la salle ;

acoustique et moyens de sonorisation ;

éclairage ;

dérangements éventuels et prévisibles ;

accessibilité des lieux ;

aération et température de la salle ;

matériel audio-visuel ;

autres détails.

La salle doit correspondre, autant que possible, au nombre de participants. Elle doit être assez vaste pour que chacun se sente à l'aise dans ses mouvements et puisse éventuellement prendre des notes. Toutefois, dans le cas d'une salle trop grande, les participants éprouveront de la gêne et la discussion, amorcée difficilement, se déroulera avec lenteur (Sorez, 1977).

Si la salle est petite, il s'avère parfois préférable de disposer les chaises en deux rangées, ce qui, cependant, ne favorise pas la participation de ceux qui sont au second rang (Maccio, 1986). Rappelons que, selon Hall (1984), la « bulle » de chacun risque alors d'être menacée. Lebel (1983) ajoute que les participants installés autour de la table doivent pouvoir reculer leur chaise facilement. Il faut également pouvoir circuler derrière eux sans les gêner.

Les figures 5.2, 5.3 et 5.4, tirées du livre *Human Dimenson & Interior Space* de Pareno et Zelnik (1979) illustrent bien l'espace occupé par des personnes autour d'une table. Prévoir la grandeur de la table ne suffit pas, il faut aussi prendre en considération l'espace occupé par les gens quand ils y sont assis et l'aire de circulation autour de chacun d'entre eux.

L'importance de la hauteur des tables et des chaises ne doit pas non plus être négligée. Rien n'est plus inconfortable que de s'asseoir sur les chaises d'une classe d'enfants de six ans lorsque l'on assiste à une réunion de comité de parents. La figure 5.5 indique les hauteurs de mobilier reconnues comme idéales pour des réunions d'ordre général.

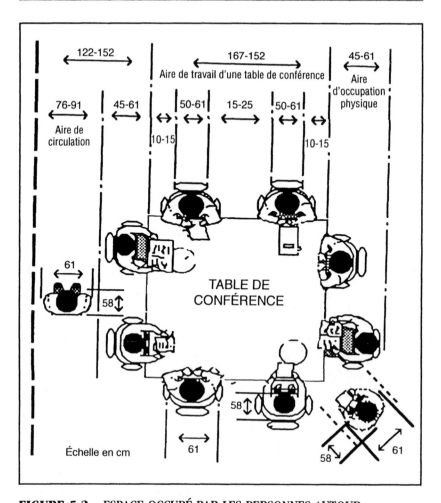

FIGURE 5.2 ESPACE OCCUPÉ PAR LES PERSONNES AUTOUR D'UNE TABLE CARRÉE.

Tiré de Human Dimension and Interior Space. (Traduction libre.)

L'ACOUSTIQUE ET LES MOYENS DE SONORISATION. L'acoustique des grandes salles vides est souvent mauvais, en particulier si elles ne comportent ni draperies, ni moquette ni autre matériau pour en absorber les échos. Les voix « sonnent creux » ou sont atténuées. Il est primordial de chercher à améliorer l'acoustique de toute grande salle avant de s'en servir, chaque participant devant être en mesure d'entendre tout ce qui se dit sans effort. L'acoustique ne se modifie cependant que lorsque la salle est pleine.

Lorsque l'animateur a recours à un système d'amplification électro-acoustique, il se doit d'en vérifier le fonctionnement de même que le mode d'emploi, assez longtemps avant le début de l'activité. Il pourra donc, si nécessaire, le faire réparer ou remettre en ordre. De plus, il est préférable qu'il s'informe de la proximité d'un opérateur compétent en cas d'incident.

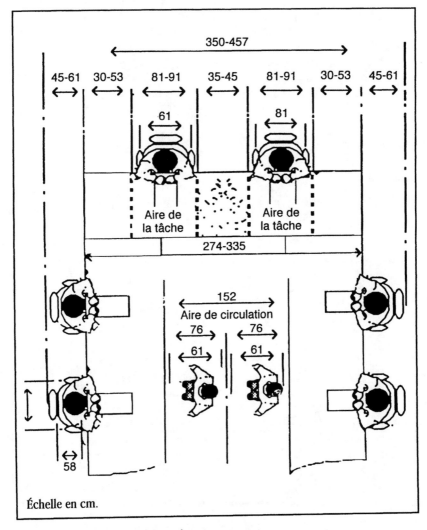

FIGURE 5.3 ESPACE OCCUPÉ PAR LES PERSONNES AUTOUR D'UNE TABLE À CONFIGURATION EN U.

Tiré de Human Dimension and Interior Space. (Traduction libre.)

200

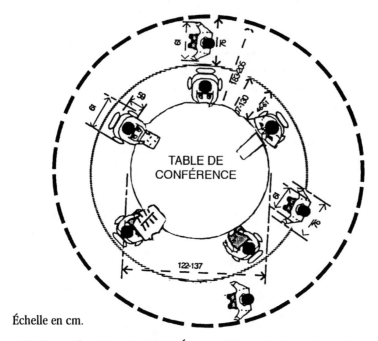

Échelle en cm.

FIGURE 5.4   ESPACE OCCUPÉ PAR LES PERSONNES AUTOUR
D'UNE TABLE CIRCULAIRE.

Tiré de Human Dimension and Interior Space. (Traduction libre.)

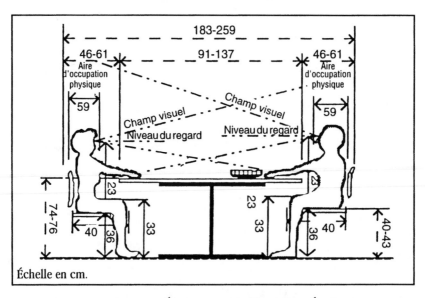

FIGURE 5.5 HAUTEURS IDÉALES DU MOBILIER DE RÉUNION.

Tiré de Human Dimension and Interior Space. (Traduction libre.)

L'ÉCLAIRAGE. Dans le cas de réunions sans exposé et dont le seul objet est la discussion, le contrôle de l'intensité de l'éclairage est moins important. Cependant lorsqu'on prévoit la présentation de documents visuels, il peut être indispensable de réduire l'intensité de l'éclairage afin que les projections soient clairement perceptibles. De plus, la prise en charge du groupe et le contrôle du déroulement de la réunion peuvent être facilités par des effets spéciaux, si l'on veut par exemple réduire l'espace d'une trop vaste pièce, signifier une transition, ou encore mettre en évidence un conférencier ou toute autre personne.

Maccio (1986) précise que la salle doit être claire. Le jour, la lumière naturelle doit entrer avec abondance. La nuit, l'éclairage doit être suffisant, ni trop fort ni trop faible, afin de ne pas fatiguer la vue, de faciliter la lecture du tableau et de permettre à tous de prendre des notes. Gourgand (1969) ajoute que les participants ne doivent pas se trouver face à de larges fenêtres, la lumière en plein visage provoquant fatigue et distraction. C'est habituellement dans les vieux édifices que l'on trouve le plus de carences au niveau de l'éclairage.

LES INFLUENCES PERVERSES. Les réunions peuvent être empoisonnées par des facteurs externes et internes : des bruits qui proviennent de la salle d'à-côté, des gens qui entrent et qui sortent pendant la réunion et des sonneries de téléphone en cours de discussions.

Des distractions de cet ordre ralentissent non seulement le déroulement de la réunion, mais gênent souvent la discussion et empêchent une pleine interaction entre les participants. L'animateur doit donc éviter les salles mal conçues ou ayant des murs trop minces qui laissent passer les bruits extérieurs. Il faut prendre des dispositions pour éliminer les coups de téléphones, les allées et venues des serveurs et autres causes de distractions prévisibles. Les appels téléphoniques devraient être filtrés par des secrétaires et les messages transmis au moment des pauses ou après les réunions.

S'il a le choix, l'animateur évitera les salles avec fenêtres, en particulier quand elles s'ouvrent sur des lieux de travail actif ou de délassement. Si la salle disponible est pourvue de fenêtres, il aura avantage à disposer l'ameublement de manière à ce que les participants leur tournent le dos. Pour la même raison, il vaut mieux éviter les décorations.

Les couleurs sont un autre élément important dont il faut tenir compte. Bien que, dans la majorité des cas, l'animateur ne puisse contrôler efficacement cet aspect, il doit cependant savoir quelle est leur influence sur les gens en réunion. Cela lui permettra d'adapter plus adéquatement le local utilisé.

Grandjean (1983) mentionne que les couleurs dans un lieu de travail ou une salle de réunion peuvent avoir des fonctions bien précises. Elles permettent de ranger et d'identifier les objets. Elles servent à repérer les systèmes de sécurité. Elles amènent des contrastes qui rendent le travail plus facile et, finalement, elles ont un effet psychologique sur les travailleurs. Il ajoute que les taches de couleurs contrastant fortement avec l'environnement attirent l'oeil mais que leur emploi, surtout avec les couleurs vives, ne doit pas être excessif.

L'effet psychologique des couleurs, selon Grandjean, correspond aux phénomènes psychiques qu'elles déclenchent. Certaines couleurs ont un effet psychologique indéniable, variant tout de même d'un individu à l'autre et d'une culture à l'autre. Le tableau 5.1 en fait la description.

COULEUR	IMPRESSION CONCERNANT LA DISTANCE	TEMPÉRATURE	EFFET PSYCHOLOGIQUE
bleu	lointain	froid	reposant
vert	lointain	modérément froid	très reposant
rouge	proche	chaud	très stimulant
orange	très proche	très chaud	excitant
jaune	proche	très chaud	excitant
marron	très proche sentiment de claustrophobie	neutre	excitant
violet	très proche	froid	stimulant à l'agressivité, l'agitation, la fatigue

TABLEAU 5.1   EFFETS PSYCHOLOGIQUES DES COULEURS.

Les couleurs foncées provoquent, en général, une sensation d'oppression et de fatigue ; elles absorbent la lumière et sont d'un entretien difficile. Les couleurs claires, au contraire, sont lumineuses, accueillantes, gaies ; elles réfléchissent la lumière, illuminent une pièce et encouragent la propreté.

Le choix de la couleur d'une pièce dépend de ses fonctions et de ses utilisateurs. Lorsque l'animateur fait le choix d'une salle de réunion, il ne peut pas contrôler la couleur des murs mais il peut cependant en tenir compte dans la disposition de la salle. Par exemple, il évitera de mettre l'orateur principal d'une conférence devant un fond rouge vif ou orangé, de même qu'il s'abstiendra de tenir une réunion de discussion dans une salle aux teintes foncées.

L'accès à la salle de réunion. L'animateur choisira, si possible, une salle où il est facile d'entrer et sortir sans perturber la réunion. Si l'animateur est placé près de la porte, la réunion sera interrompue à chaque fois que la porte s'ouvrira.

Selon Lebel (1983), une salle adaptée est avant tout une salle disponible aux heures souhaitées. Elle doit être également disponible un peu avant le début de la rencontre pour qu'on puisse l'aménager et l'aérer. Il faut aussi prévoir une période de temps suffisante, au-delà de l'horaire prévu, pour ne pas être contraint de bâcler la fin de la réunion.

Aujourd'hui, les personnes handicapées participent en plus grand nombre et de plus en plus souvent à diverses réunions. Il faut donc vérifier la présence de rampes d'accès, l'espace autour de la table, la largeur des portes, etc. De plus, tous les participants à la réunion doivent connaître l'emplacement des sorties d'urgence.

L'AÉRATION ET LA TEMPÉRATURE DE LA SALLE. Dans une salle close, pleine de gens, l'air devient vite vicié, même si personne ne fume, car les appareils de climatisation, de ventilation ou de chauffage sont souvent inadéquats. L'air vicié et le manque d'oxygène ralentissent l'activité des participants qui, très vite, se mettent à bâiller et à somnoler. Avant chaque réunion, donc, l'animateur doit voir à ce que la ventilation soit suffisante, que ce soit au moyen de fenêtres donnant sur l'extérieur ou autrement. Si l'aération paraît insuffisante, le problème peut être contourné. Cela peut signifier qu'il faut diminuer le nombre des participants, réduire la durée des sessions et les interrompre par des pauses pendant lesquelles les portes peuvent rester ouvertes.

Au sujet de la température, Timbal-Duclaux (1989) ajoute que si la salle a été inoccupée et peu chauffée, elle paraîtra trop froide aux premiers arrivants qui auront tendance à se masser près d'une source de chaleur. Il vaut mieux chauffer la pièce avant que pendant la réunion car chaque corps humain dégage de la chaleur qui s'accumulera tout au long de la réunion.

LE MATÉRIEL AUDIOVISUEL ET LES AIDES TECHNIQUES. Pour améliorer l'efficacité de la réunion, on utilise de plus en plus fréquemment des appareils audiovisuels et des aides techniques. Il n'est pas dans notre intention d'en commenter l'utilisation ici, mais plutôt de prévenir l'animateur de certaines contraintes inhérentes à l'utilisation de ces aides.

Il faut d'abord s'assurer de la quantité et de l'état du matériel requis. Il importe de se procurer les lampes de rechange nécessaires, les feuilles, craies, crayons et autre matériel dont on pourrait manquer. Quel que soit le matériel employé, il faut s'assurer qu'il sera un outil efficace au lieu d'un embarras qui fera perdre du temps.

Si l'animateur souhaite employer du matériel audiovisuel, il lui faut le vérifier soigneusement avant la réunion et, par conséquent, arriver au moins dix minutes avant les autres participants pour prévenir toute complication. La salle doit évidemment être dotée des installations élec-triques adaptées à l'équipement audiovisuel utilisé.

Enfin, il est important de prévoir judicieusement l'emplacement de ces aides techniques. Il n'est pas rare que le champ de vision de certains participants soit obstrué par l'appareil ou par l'animateur qui se tient devant le tableau ou derrière le projecteur. Les tableaux et les écrans doivent être dégagés pour éviter qu'ils ne gênent les participants les plus rapprochés (Demory, 1980). La figure suivante fournit de bonnes indica-tions pour éviter ces inconvénients et montre que l'animateur, désigné par la lettre A, est toujours visible par les participants et peut facilement, s'il le désire, intervenir auprès du groupe.

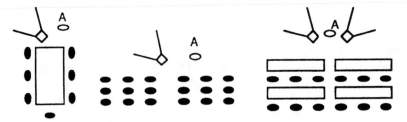

FIGURE 5.6 DISPOSITION DES AIDES TECHNIQUES.

AUTRES DÉTAILS. Une fois la salle aménagée, quelques détails doivent faire également l'objet d'un contrôle. Par exemple, si les règles établies dans le groupe permettent l'usage du tabac, il faut prévoir l'utilisation de cendriers. L'environnement extérieur immédiat de la salle de réunion doit également faire l'objet d'une attention particulière de la part de l'animateur : par exemple, l'emplacement et la dimension des vestiaires. S'il n'y en a pas, il faut prévoir des portemanteaux portatifs. Il faut aussi vérifier l'emplacement et l'état des commodités sanitaires et, enfin, vérifier si l'on dispose d'un endroit pour entreposer le matériel nécessaire à la réunion.

5.4   LA DISPOSITION DE LA SALLE DE RÉUNION

En ce qui concerne le plan de disposition des participants, Gourgand (1969) indique qu'on peut essayer de le tracer lorsque l'on pressent que la position des participants autour de la table peut influencer le déroulement de la discussion. On évitera, par exemple, de disposer face à face deux personnes qui entretiennent des conflits. L'animateur évitera de donner au bavard ou à celui qui a tendance à s'imposer une position physique prépondérante dans le groupe. À l'inverse, le timide, le nouvel arrivé ou celui qui occupe une position hiérarchiquement inférieure, sera placé de façon à ce qu'on ne risque pas de l'oublier. Un bon moyen de régler ces difficultés consiste à préparer des cartons qui identifient les participants et leur place autour de la table. Cela permet à l'animateur, dans certains cas, de se rappeler les noms des participants (Sorez,1977).

Maccio (1986) mentionne que les places doivent être en nombre suffisant pour que chacun soit installé en tout confort et puisse ainsi porter attention au contenu des discussions. Lebel (1983) ajoute qu'il est préférable d'utiliser des chaises plutôt que des fauteuils qui encouragent à la somnolence. Il ne faut pas non plus que des places inoccupées donnent l'impression de séparer les participants. L'animateur doit alors favoriser le regroupement des participants ou, mieux encore, retirer les chaises non utilisées.

Finalement, il doit y avoir suffisamment de tables et de chaises pour que tous les participants aient une place confortable. L'espace individuel doit être assez grand pour que chacun puisse y installer tout ce dont il aura besoin lors de la réunion : documents, papier pour la prise de notes, crayons et autres objets utiles (Maccio,1986).

La disposition des tables doit faciliter les échanges, particulièrement dans les réunions de décision, de résolution de problèmes et de négociation. Chaque participant doit voir tous les autres pour pouvoir s'adresser à eux. Dans le cas des grands groupes, il est possible de mettre les gens en rang mais il faut toujours garder en mémoire que les participants doivent être confortablement installés.

Les participants peuvent être placés selon plusieurs profils de base qui tiennent compte du mode de structuration de la réunion, de son but et du type de groupe. Les tableaux suivants illustrent ces différents profils et indiquent l'opinion qu'en ont les principaux auteurs consultés en animation des groupes restreints.

LA TABLE RECTANGULAIRE OU OVALE

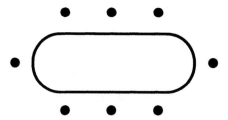

Réunion de décision : convient pour les petits groupes de moins de 15 personnes; utilisée pour les séances de travail, spécialement celles visant à programmer l'action (Timbal-Duclaux, 1989).

Contrôle des échanges : favorise la concentration de l'attention sur l'animateur en bout de table, ce qui renforce son contrôle hiérarchique mais peut freiner la créativité.

Aide matérielle utilisable : permet l'utilisation de tableaux ou de d'autres auxiliaires (Gourgand, 1969).

Accessibilité restreinte aux autres : dans un groupe dépassant plus de 10 personnes, la communication est difficile. Les personnes disposées sur une même ligne ont tendance à communiquer avec leur vis-à-vis mais y parviendront difficilement avec les autres, à part leur voisin immédiat.

Disposition : acceptable (Maccio, 1986).

Réseau centralisé : dans le cas de la table rectangulaire, la disposition des places gêne la communication (Crémieux, 1972).

DISPOSITION EN SALLE DE CLASSE OU AMPHITHÉATRE

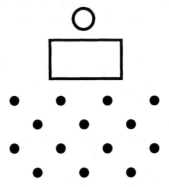

Réunions d'information descendante: convient pour des exposés ou conférences devant un public assez nombreux. Les participants peuvent ou non disposer de tables pour écrire. Les meilleures salles sont carrées ou presque (Timbal-Duclaux, 1989). La communication ne se fait que dans une seule dimension, l'animateur versus les participants (Crémieux, 1972).

Sans feed-back : choix intéressant quand on veut transmettre une information à un auditoire et que le feed-back n'est pas nécessaire et même inutile (Sorez, 1977).

Dépendance : ici, il y a risque de dépendance vis-à-vis l'animateur (Maccio, 1986).

LA DISPOSITION EN U OU EN V

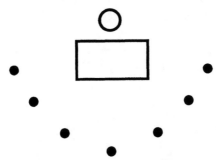

Réunion de formation : excellente disposition pour plusieurs cas : formation, résolution de problèmes en groupe, créativité, information (Timbal-Duclaux, 1989).

Réseau all-chanel : favorise l'échange égalitaire tout en permettant à l'animateur de garder un certain contrôle sur le déroulement de la réunion (Sorez, 1977). Favorise les échanges (Crémieux, 1972).

Feed-back : facilite le feed-back, incite à communiquer avec l'animateur mais favorise peu le dialogue entre les membres. Favorable pour une information avec feed-back ou pour des discussions centrées sur le problème.

LA TABLE RONDE, CARRÉE OU EN TRAPÈZE

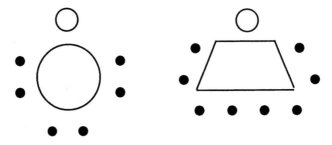

Réunion de discussion : favorise les échanges et met tous les participants à égalité (Gourgand, 1969). Facilite les échanges (Maccio, 1986).

Aide matérielle difficile d'accès: rend difficile l'usage des tableaux, dans le cas de la table ronde spécialement.

Réunion centrée sur le problème ou sur le groupe : cette disposition convient chaque fois que l'on veut inviter au dialogue, dans toutes les discussions centrées sur le problème, le groupe et même dans des réunions d'information avec feed-back (Sorez, 1977).

Aménagement : dans le cas d'un centre vide, il faut éviter que cet espace gêne la communication (Crémieux, 1972).

5.5 L'AMÉNAGEMENT DE L'ESPACE SELON LES DIFFÉRENTS MODES DE STRUCTURATION

La section qui suit illustre l'organisation spatiale de plusieurs modes de structuration. Cette liste n'est pas exhaustive mais donne une idée assez précise des décisions que l'animateur doit prendre lors de l'installation de la salle de réunion.

LE COLLOQUE. Trois ou quatre personnes sélectionnées dans un groupe présentent divers aspects d'un problème à trois ou quatre personnes ressources qui leur répondent. Cet aménagement favorise les prises de positions opposées, à partir desquelles l'auditoire devra façonner son propre jugement.

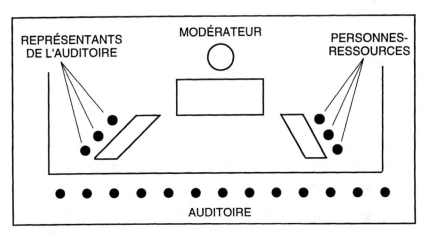

FIGURE 5.7 AMÉNAGEMENT POUR LA TENUE D'UN COLLOQUE.

Cet aménagement convient très bien à un grand groupe de personnes et demande une superficie relativement importante. Ainsi il faut prévoir environ de 2 à 3 mètres carrés par personne. Trois espaces distincts doivent être prévus. D'abord, l'espace du modérateur, qui dirige les débats, doit lui permettre de contrôler, à la fois, les discussions des personnes-ressources et les questions de l'auditoire. D'autres espaces sont prévus de chaque côté du modérateur pour les personnes-ressources ou les représentants de l'auditoire. Enfin, le plus large espace est réservé à l'auditoire, en face du modérateur.

LE FORUM. Le forum consiste à metttre en présence des orateurs ayant des opinions opposées sur un sujet controversé et de leur permettre de justifier leur position devant un auditoire. Chaque orateur dispose d'une durée de temps égale pour présenter ses arguments. La présentation est suivie d'une discussion ouverte avec tout le groupe.

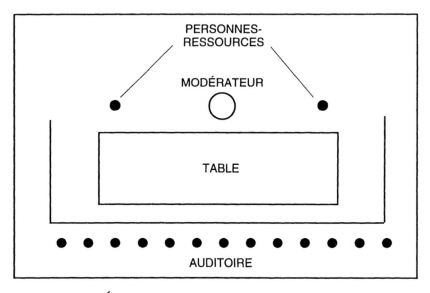

FIGURE 5.8 AMÉNAGEMENT DE LA SALLE POUR LA TENUE D'UN FORUM.

L'aménagement d'une salle en vue de tenir un forum, tel qu'illustré à la figure précédente, convient aussi bien pour un petit que pour un grand groupe. Tout comme pour le colloque, il faut prévoir suffisamment d'espace pour loger tous les participants. À cette fin, un espace de 2 à 3 mètres carrés doit être prévu pour chaque personne.

LE PANEL. Le panel met en présence d'un auditoire des personnes-ressources choisies pour leur compétence à propos d'un sujet controversé. Les panélistes sont regroupés, de chaque côté de l'animateur, en raison de leur prise de position convergente sur le sujet à l'étude.

L'aménagement des lieux pour tenir un panel ressemble, sous plusieurs aspects, à celui du forum. Toutefois, le modérateur prendra garde de disposer les panélistes de manière à conserver le contrôle des discussions en tout temps.

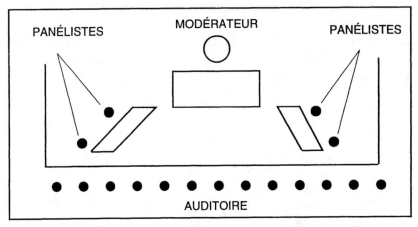

FIGURE 5.9 AMÉNAGEMENT D'UN LOCAL À L'OCCASION D'UN PANEL.

LE SYMPOSIUM. Le symposium permet à un auditoire d'entendre des personnes-ressources sur un sujet de grand intérêt. Chaque personne-ressource est invitée à s'adresser à l'auditoire sur un aspect spécifique du sujet.

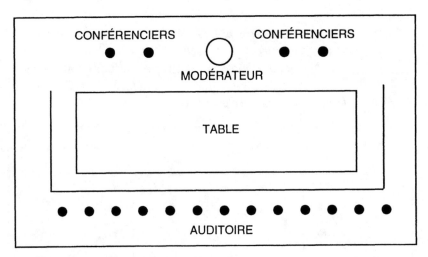

FIGURE 5.10 AMÉNAGEMENT DE LA SALLE POUR UN SYMPOSIUM.

LE JEU DE RÔLES. Le jeu de rôles permet d'aborder une situation problématique par la simulation. Des acteurs acceptent d'assumer le rôle de certains personnages devant un auditoire et d'aborder ainsi le problème présenté. Le modérateur se place en retrait de ces acteurs pour leur permettre la plus grande liberté possible.

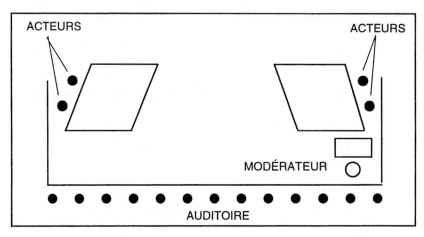

FIGURE 5.11 AMÉNAGEMENT DE LA SALLE POUR UN JEU DE RÔLES.

LA DISCUSSION EN GROUPE RESTREINT. Un groupe de personnes et un animateur se rencontrent pour discuter d'un sujet d'intérêt commun. L'aménagement doit tenir compte de plusieurs fonctions différentes et faciliter la tâche des personnes qui les assument : l'animateur, le secrétaire, la personne-ressource et l'observateur.

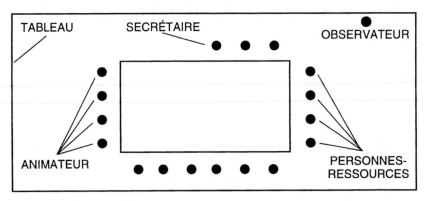

FIGURE 5.12 AMÉNAGEMENT POUR UNE DISCUSSION
EN GROUPE RESTREINT.

L'EXPOSÉ.   L'exposé est une présentation verbale d'un sujet par une personne qualifiée.

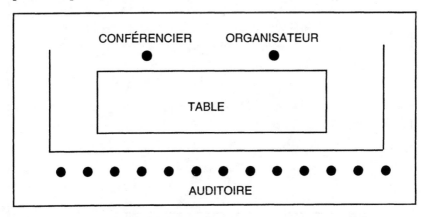

FIGURE 5.13   AMÉNAGEMENT D'UN LOCAL POUR UN EXPOSÉ.

LE PHILLIPS 66 ET LA RUCHE DE BUZZ.   Le groupe est divisé en sous-groupes de 6 personnes pour un Phillips 66, ou de 2 pour une ruche. Les sous-groupes ont une brève période de temps pour discuter d'un sujet ou résoudre un problème. Par la suite, un représentant de chaque équipe expose les résultats de la discussion au groupe entier.

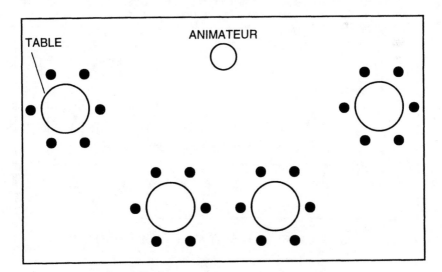

FIGURE 5.14   AMÉNAGEMENT POUR LE PHILLIPS 66.

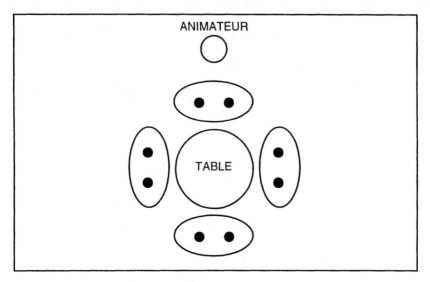

FIGURE 5.15   AMÉNAGEMENT POUR UNE SESSION DE BUZZ.

L'INTERVIEW.   L'interview sert à présenter un sujet à un auditoire. Pour ce faire, un interviewer questionne systématiquement une ou deux personnes-ressources qui livrent ainsi leur point de vue sur le sujet. Pour permettre à l'auditoire de participer davantage, l'animateur se place de l'autre côté de la table, en face de la personne-ressource.

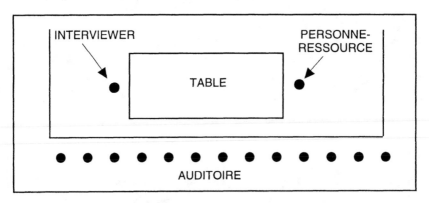

FIGURE 5.16   ORGANISATION SPATIALE POUR UNE INTERVIEW.

LA COMMISSION D'ENQUÊTE.   La commission d'enquête regroupe un ensemble de personnes chargées de recueillir des informations pour le bénéfice d'un groupe. Plusieurs individus sont invités pour leur compétence et sont amenés à se prononcer sur le sujet de l'enquête.

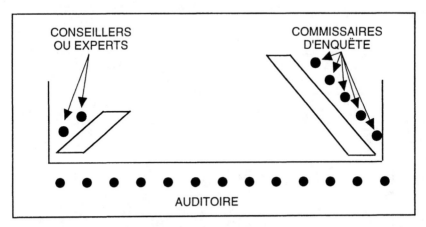

FIGURE 5.17 ORGANISATION SPATIALE POUR UNE COMMISSION D'ENQUÊTE.

L'INTERROGATOIRE ORGANISÉ.   L'interrogatoire organisé est une discussion-interrogation entre des membres qualifiés (experts ou conseillers) et une ou deux autres personnes (les interrogateurs), sous la direction d'un modérateur.

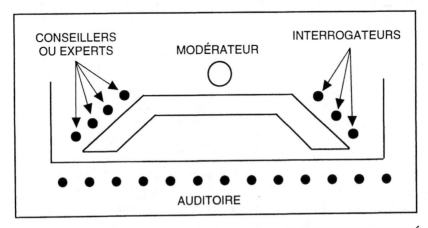

FIGURE 5.18 ORGANISATION SPATIALE POUR UN INTERROGATOIRE ORGANISÉ.

Tel que mentionné au chapitre 4, il est possible et même souhaitable d'utiliser plusieurs modes de structuration lors d'une même réunion. Advenant le cas, il est important de prévoir l'organisation spatiale qui fera le moins de remue-ménage et occasionnera le moins de délais possible lors des changements. Par exemple, dans un congrès, après l'exposé de la problématique, on peut utiliser la technique du Phillips 66 que l'on peut faire suivre d'un panel.

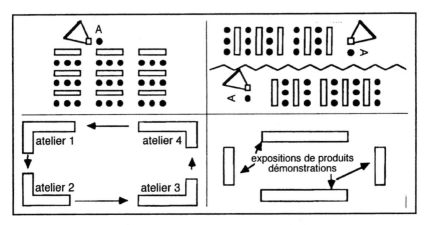

FIGURE 5.19   AMÉNAGEMENT D'UNE GRANDE SALLE POUR PLUSIEURS ACTIVITÉS.

De plus, comme l'indique la figure précédente, l'animateur peut devoir composer avec une salle de grande envergure. Il devra alors l'aménager de manière à tenir plusieurs activités qui se succéderont les unes aux autres.

EN RÉSUMÉ

Le groupe doit s'adapter continuellement à son environnement. Il lui faut autant que possible disposer d'un contexte approprié qui permettra son action efficace.

La préparation matérielle de la réunion exige que l'animateur vérifie plusieurs éléments. Le choix du lieu de la réunion doit être approprié aux participants et au type de réunion prévus. Les dimensions de la salle doivent être proportionnelles au nombre de personnes présentes lors de la rencontre. Son acoustique, son éclairage, son aération et sa température sont autant de facteurs à considérer pour que chacun s'y sente à l'aise. Il faut également éviter les influences perverses qui nuisent à la concentration des participants et accorder une attention spéciale au matériel audio-visuel utilisé.

La disposition de la salle demeure le facteur essentiel de l'organisation spatiale de la réunion. La façon dont les participants sont disposés autour de la table influence les interrelations possibles et donc les discussions. Les dispositions les plus courantes impliquent l'utilisation d'une table rectangulaire, d'une table ronde, ou la disposition en U ou en V d'une salle de classe.

Finalement, l'organisation spatiale des différents modes de structuration de réunions exige une préparation adéquate et une réflexion préalable.

Pour terminer ce chapitre sur l'organisation matérielle des réunions, voici un aide-mémoire pour mener à bien cette opération :

— réservation de la salle adéquate, en fonction du nombre de participants attendus, au jour et à l'heure prévus ;

— fourniture de blocs-notes, crayons, cendriers, etc ;

— café et autres rafraîchissements ;

— disposition des places des participants avec cartons d'identification, si nécessaire, et disposition du mobilier de la salle en fonction de l'objectif de la réunion ;

— vérification du matériel audio-visuel et des pièces de rechanges nécessaires ;

— débranchement de tous les appareils téléphoniques ;

— vérification de l'insonorisation, de l'éclairage et de la température de la salle ;

— localisation des vestiaires, des lieux d'accommodement et des sorties d'urgence.

Comme Gourgand (1969) le mentionne, le soin porté à l'aménagement du local par l'animateur montre l'importance qu'il attache à la réunion et l'attention qu'il porte aux participants.

RÉFÉRENCES

ALTMAN, I. et CHEMERS, M. (1978). Cultural Aspects of Environnement Behavior Relationships dans H.C. Triandis et R. Brislin (Ed) : *Handbook of Crosscultural Psychology*, volume IV. Boston : Allyn and Bacon.

BEAUCHAMP, A. *et al.* (1976). *Comment animer un groupe*. Montréal : Éditions de l'Homme.

CREMIEUX, G. (1972). *Guide pratique de la formation et de l'animation*. Toulouse : Privat.

DEMORY, B. (1980). *Comment animer les réunions de travail en 60 questions*. Montréal : Éditions Agence d'ARC.

GOURGAND, P. (1969). *Les techniques de travail en groupe*. Toulouse : Privat.

GRANDJEAN, E. (1983). *Précis d'ergonomie*. Paris : Éditions d'Organisation.

HALL, E.T. (1971). *La dimension cachée*. Paris : Éditions du Seuil.

HALL, E.T. (1979). *Au-delà de la culture*. Paris : Éditions du Seuil.

HALL, E.T. (1984). *Le langage silencieux*. Paris : Éditions du Seuil.

ITTELSON, W.H. *et al.* (1974). *And Introduction to Environnemental Psychology*, New-York : Holt, Rinehart and Winston,inc.

JONES, M. (1987). *Comment organiser des réunions*. Montréal : Les Éditions La Presse.

LEBEL, P. (1983). *L'animation des réunions*. Paris : Éditions d'Organisation.

LEWIN, K. (1951). *Field Theory in Social Science*. New York : Harper and Row.

MACCIO, C. (1986). *Des réunions efficaces*. Lyon : Chronique sociale de France.

MORVAL, J. (1981). *Introduction à la psychologie de l'environnement*. Bruxelles : Pierre Mardaga, éd.

PANERO, J. et ZELNIK, M. (1979). *Human Dimension and Intérior Space*. New York : Whitney Library of Design.

SEARLES, H. (1986). *L'environnement non-humain*. Paris : Gallimard.

SOREZ, H. (1977). *Pour conduire une réunion*. Paris : Hatier.

TIMBAL-DUCLAUX, L. (1989). *Les réunions : avant, pendant, après*. Paris : Éditions Retz.

Questions

1. L'environnement physique d'un groupe influence généralement la qualité de ses discussions et de ses décisions. *Vrai ou faux*

2. Selon Hall, la distance publique favorise les contacts physiques. *Vrai ou faux*

3. Le micro-environnement d'un système groupe représente les maisons, l'unité du voisinage et le quartier. *Vrai ou faux*

4. Associez chaque couleur avec son effet psychologique.

   a) bleu   1) agressif

   b) rouge   2) très stimulant

   c) violet   3) reposant

5. La forme de la table et sa disposition dans le local influencent les réseaux de communication. *Vrai ou faux*

6. L'ensemble des conditions matérielles de la réunion affecte la performance du groupe qui tient séance. *Vrai ou faux*

7. Il est préférable de tenir les réunions dans les locaux de l'organisation dont le groupe est une partie constituante. *Vrai ou faux*

8. La disposition en U ou en V est adéquate pour une réunion d'information avec feed-back. *Vrai ou faux*

9. L'animateur, pour favoriser la créativité, doit laisser à l'imagination des participants l'initiative de disposer le mobilier et les chaises. *Vrai ou faux*

10. L'animateur s'assure, au début de la réunion, du bon fonctionnement des aides techniques. *Vrai ou faux*

11. Le jeu de rôles ne demande pas une organisation spatiale particulière. *Vrai ou faux*

12. Le contact visuel stimule les communications en groupe. *Vrai ou faux*

13. Les facteurs qui influencent l'espace personnel sont :

    A) les facteurs individuels

    B) les dimensions psycho-sociales

    C) les facteurs d'environnement

    D) toutes ces réponses.

14. Les activités de groupe en réunion se déroulent généralement entre les participants à l'intérieur de ce que Hall nomme :

    A) la distance publique
    B) la distance sociale
    C) la distance personnelle
    D) aucune de ces réponses.

15. La performance d'un groupe est influencée par des conditions de nature physique comme :

    A) l'inconfort du local
    B) l'épuisement du budget
    C) la barrière du langage
    D) aucune de ces réponses.

16. Pendant une réunion, l'accessibilité à un appareil téléphonique sur les lieux-mêmes doit être :

    A) tolérée
    B) bannie
    C) encouragée
    D) aucune de ces réponses.

17. Hall propose une interprétation de la proxémique entre les individus, quelles en sont les principales zones?

    A) la distance intime
    B) la distance sociale
    C) l'espace personnel
    D) le méso-environnement
    E) la distance personnelle
    F) le macro-environnement
    G) la distance publique
    H) le micro-environnement

    I) A,B,E,G,
    J) D,F,H
    K) aucune de ces réponses
    L) toutes ces réponses

18. Parmi les éléments suivants, quels sont ceux qui font partie des critères de choix du lieu de la réunion?

    A) les ressources budgétaires
    B) la taille de la salle
    C) l'accès à la salle
    D) les couleurs de la salle
    E) l'orientation géographique de la salle

    F) A,B,C.
    G) B,C.
    H) A,C,E.
    I) C,D,E.

Simulations

1. LA SÉANCE
2. LE DÉPLACEMENT

SIMULATION 1

LA VÉRIFICATION DE L'AMÉNAGEMENT D'UNE SALLE DE RÉUNION

BUT : apprendre à aménager une salle de réunion de façon optimale.

DURÉE : 45 à 60 minutes.

RESSOURCES : crayons et papier.

ORGANISATION : Former des équipes de 5 à 8 personnes. Nommer un animateur et un secrétaire, avant la rencontre pour leur permettre de se préparer et de fournir aux observateurs une grille d'observation, à leur choix. Nommer deux observateurs qui suivront les instructions de l'animateur.

DÉROULEMENT : Le responsable décrit la situation suivante aux participants :

«Vous faites partie, avec quatorze autres personnes, du conseil d'administration de la Chambre de Commerce des Jeunes. Convoqués pour une réunion de prise de décision urgente, dans un édifice nouvellement construit, vous vous retrouvez onze autour d'une table dans un local inhabituel, obtenu en catastrophe :

— le tour de table est garni de quinze fauteuils profonds ;
— le local comporte un appareil téléphonique ;
— le nécessaire pour la pause-café se trouve dans le corridor adjacent ;
— la porte du local demeure généralement ouverte pour favoriser une meilleure aération ;
— une douzaine de chaises droites sont empilées le long des murs.»

PHASE 1 (durée : 15 minutes)
L'animateur demande aux participants d'évaluer l'aménagement actuel de la salle en regard des besoins du groupe.

— Quels sont les avantages de cet aménagement en regard des besoins du groupe?
— Quels sont les inconvénients de cet aménagement en regard des besoins du groupe?
— Quelles seraient les conséquences d'un tel aménagement sur le fonctionnement et l'efficacité du groupe?

PHASE 2 (durée : 10 minutes)
L'animateur demande aux participants d'émettre des recommandations sur l'aménagement possible de cette salle sans ajouter de matériel. Le secrétaire note les recommandations émises.

PHASE 3 (durée : 10 minutes)
Le propriétaire de l'édifice où se trouve la salle mentionnée vous demande de lui indiquer les modifications à effectuer pour que cette salle puisse accueillir des groupes comme le conseil d'administration de la Chambre de Commerce des Jeunes. L'animateur aide le groupe à établir des priorités quant aux changements à proposer et le secrétaire note les recommandations émises.

PHASE 4 (durée : 10 à 20 minutes)
Le responsable demande au groupe de se réunir en plénière et fait partager les résultats respectifs à l'aide des secrétaires.

ÉLÉMENTS DE RÉFLEXION À PROPOS
DE LA SIMULATION 1

VÉRIFICATION DE L'AMÉNAGEMENT D'UNE SALLE DE RÉUNION

1. **Dans le cas de la réunion du conseil d'administration de la Chambre de Commerce des Jeunes, comment l'aménagement initial de la salle influencerait-il la qualité de la réunion?**

2. **Quels sont les besoins du groupe en matière d'aménagement physique de la salle?**

3. **Selon votre évaluation de la salle, dans quelle mesure celle-ci répond-elle aux besoins du groupe? Pourquoi?**

4. **Les changements que vous proposez au propriétaire de l'édifice vous semblent-ils irréalistes ou trop onéreux? Comment pouvez-vous les rendre plus facilement réalisables?**

5. **Les recommandations des différentes équipes se ressemblent-elles? Comment expliquez-vous cette situation?**

6. **A votre avis, le conseil d'administration de la Chambre de Commerce des Jeunes aurait-il dû choisir un autre local malgré l'urgence de la situation? Pourquoi?**

SIMULATION 2

L'AMÉNAGEMENT D'UNE SALLE ET LA PLANIFICATION DES DÉPLACEMENTS

BUT : Apprendre à prévoir l'aménagement d'une salle pour une réunion comprenant plusieurs parties et déplacements.

DURÉE : 45 à 60 minutes.

RESSOURCES : crayons et papier, acétates, crayons à acétates et rétroprojecteur.

ORGANISATION : Former des équipes d'environ 5 personnes. Nommer un animateur et un secrétaire et leur permettre de se préparer avant la rencontre. L'animateur fournira aux observateurs les grilles d'observation. Nommer deux observateurs qui suivront les instructions de l'animateur.

Le responsable décrit la situation suivante aux participants :

> «Votre équipe est responsable de l'aménagement physique de la salle pour une réunion qui se tiendra durant le congrès annuel de l'Union des municipalités du Québec.
>
> Une cinquantaine de participants sont attendus pour cette rencontre qui se tiendra dans la grande salle rectangulaire de l'hôtel où vous logez. Elle débutera par une conférence du ministre des Affaires municipales et sera suivie d'ateliers thématiques regroupant environ 10 personnes. Suite aux ateliers, se tiendra une plénière qui se terminera par le discours du président du congrès qui désire présenter le programme pour les autres journées du congrès à l'aide d'un rétroprojecteur à acétates.»

PHASE 1 (durée : 30 minutes)
Dans chacune des équipes, l'animateur cherche à déterminer les besoins du groupe de congressistes et de décider d'un plan d'aménagement de départ et des modifications à y effectuer en cours de rencontre pour favoriser un déroulement optimal. Lorsque le groupe a pris sa décision, le secrétaire dessine le plan d'aménagement proposé sur un acétate. Par la suite, l'animateur demande à l'équipe d'identifier les avantages et les inconvénients de cet aménagement.

PHASE 2 (durée : 15 minutes)

Le responsable demande au groupe de se réunir en plénière et chaque secrétaire présente le plan choisi sur acétate ainsi que les avantages et inconvénients qui y sont rattachés.

ÉLÉMENTS DE RÉFLEXION À PROPOS
DE LA SIMULATION 2

AMÉNAGEMENT D'UNE SALLE ET PLANIFICATION
DES DÉPLACEMENTS

1. **Qu'avez-vous prévu durant les transitions entre chacune des parties de la réunion?**

2. **Quels devraient être, en ordre de priorité, les avantages de l'aménagement d'une salle pour ce genre de réunion?**

3. **Serait-il préférable d'utiliser plusieurs salles plutôt qu'une seule? Pourquoi?**

4. **Quelles contraintes avez-vous rencontrées durant la planification de l'aménagement de la salle? Comment les avez-vous contournées?**

5. **Quelles difficultés prévoyez-vous, en ce qui concerne l'aménagement de la salle et les déplacements?**

6. **Votre proposition suppose-t-elle la présence de techniciens durant la rencontre? Combien?**

Lectures commentées

GOFFMAN, E. (1973). *La mise en scène de la vie quotidienne,* *1- La présentation de soi, 2- Les relations en public.* **Paris :** **Éditions de Minuit.**

Pour comprendre et expliquer les interactions entre les personnes, l'auteur adopte le biais de la représentation théâtrale. L'individu devient un acteur qui adapte son rôle à celui des autres.

Par cette analogie, il étudie la façon qu'ont les gens de se présenter et de présenter leurs activités aux autres, les moyens qu'ils utilisent pour orienter l'impression qu'ils produisent et les limites permises dans cette présentation d'eux-même.

En conclusion, Goffman propose un schéma conceptuel caractéristique de la plupart des interactions sociales qui se déroulent dans le décor de la société américaine, dans des situations allant de la plus banale à la plus complexe.

Ce livre contient :
– bibliographie commentée.

HALL, E.T. (1971). *La dimension cachée.* **Paris : Éditions du Seuil.**

C'est à partir de l'observation du comportement spatial des animaux que Hall étend sa recherche à la perception de l'espace et au rôle des distances interpersonnelles dans le fonctionnement humain. Il démontre ainsi que la façon dont l'humain utilise l'espace qu'il maintient entre lui et les autres et celui qu'il construit autour de lui conditionne ses rapports avec ses semblables et reflète sa culture.

Pour mieux faire comprendre l'importance de cette variable dans les différences culturelles, il compare la proxémie des allemands, des anglais et des français, puis celle des japonais et des arabes. Il consacre la dernière partie du livre à la problématique des villes en relation avec les cultures et leurs habitudes proxémiques.

En conclusion, l'auteur insiste sur l'interrelation étroite qui existe entre l'humain et son environnement et sur l'importance de tenir compte de la *dimension cachée* de la culture dans la modification de cet environnement.

Ce livre contient :
– bibliographie.

HALL, E.T. (1984). *Le langage silencieux.* **Paris : Éditions du Seuil.**

Le langage silencieux, c'est la conception du temps et la perception de l'espace, qui varient d'une culture à l'autre. Par de nombreux exemples, l'auteur nous fait comprendre que ce langage est à la base des communications interculturelles et de la connaissance des autres cultures, mais aussi de la nôtre.

Les concepts présentés dans ce livre permettent de mieux comprendre pourquoi des idées et des comportements qui nous semblent normaux sont interprétés d'une toute autre manière par des individus de cultures différentes.

Le lecteur trouvera en annexe un tableau intitulé « Carte de la culture », dont s'est servi l'auteur pour analyser la culture en tant que communication. Celui-ci pourrait s'avérer un outil de classification et de référence utile dans divers champs d'étude.

Ce livre contient :
– bibliographie.

MORVAL, J. (1981). *Introduction à la psychologie de l'environnement.* **Bruxelles : Pierre Mardaga, éd.**

Ce livre s'adresse au lecteur qui veut s'initier à l'étude des transactions avec l'environnement pour mieux comprendre les comportements spatiaux et sociaux quotidiens.

L'auteur se penche d'abord sur les processus psycho-sociaux qui sous-tendent les relations entre l'être humain et son environnement. Il aborde à ce sujet la représentation de l'environnement, les notions d'espace personnel et de distances interpersonnelles, le processus de régulation de l'intimité et les comportements territoriaux.

Dans la seconde partie, il rassemble tous ces concepts dans une application pratique plus particulièrement chez l'enfant évoluant dans son écosystème urbain.

PRATT, H. (1971). *L'Espace multidimensionnel.* **Montréal : Presses de l'Université de Montréal.**

La notion d'espace multidimensionnel présentée dans cet ouvrage se compose de paramètres interdépendants qui définissent l'énergie, la matière, l'information, l'espace et le temps, qui forment un hyperespace.

Selon l'auteur, tout ce qui existe provient de deux éléments essentiels : l'énergie et l'information, prises ici dans leur sens le plus large. De ces deux éléments, un seul nous appartient : l'information. Il permet à l'humain de créer à son gré et d'exprimer son véritable pouvoir à l'intérieur d'un univers dans lequel il doit chercher un certain équilibre en l'observant, le comprenant et s'y adaptant.

Ce livre contient :
bibliographie.

Chapitre
6

LA PLANIFICATION DE L'ACTION DU GROUPE

La qualité d'une réunion
ne peut pas dépasser
la qualité
de sa préparation.

Pierre Gourgan

Plan du chapitre

Contexte théorique

PRÉSENTATION

Le succès d'une réunion, tout comme la réussite de toute démarche collective passe d'abord par sa planification. C'est, en effet, la planification soignée d'une réunion ou de toute autre activité de groupe qui permet d'agir significativement sur les différents aspects déterminants de la vie d'une équipe et, *a fortiori,* sur la qualité de son travail. Une réunion bien préparée inspire la confiance chez les participants et suscite leur intérêt. C'est ce qu'exprime Louis Timbal-Duclaux (1989) lorsqu'il dit qu'une réunion réussie permet aux membres de l'équipe de reprendre des forces dans le groupe. De plus, une planification adéquate incite les participants à confronter sérieusement leurs points de vue de façon à prendre des décisions plus appropriées. Une planification structurée permet également de faire le point sur l'évolution du groupe, de rectifier le tir et de repartir sur de bonnes bases. Comme l'avancent Demory (1980) et Maccio (1986), l'animateur doit prendre conscience que la réunion est un moment de la vie collective du groupe, une occasion pour les membres de se retrouver. Ce laps de temps est privilégié puisque limité et habituellement utilisé avec intensité. Il faut donc y recourir avec parcimonie.

La planification permet de coordonner les efforts de chacun, de centrer les initiatives individuelles sur une cible commune et, comme l'expliquent Mucchielli (1980) ainsi que Mosvick et Nelson (1988), de convenir avec les participants du but de la réunion ainsi que du rôle que chacun aura à jouer pour l'atteindre. Cette démarche impérative permet également de choisir la meilleure structure de communication, d'économiser du temps et d'éliminer les conflits qui surgissent inévitablement lorsque les membres sont placés devant un mandat imprécis. Une préparation de qualité suscite l'intérêt et la motivation, favorise la compréhension, la reconnaissance et l'acceptation des objectifs communs et personnels et développe l'esprit d'équipe en misant sur le sentiment d'appartenance au groupe. De plus, il faut se rappeler qu'un groupe n'est pas l'addition pure et simple des individus qui le composent mais une entité originale à l'intérieur de laquelle se produisent des phénomènes spécifiques qu'il faut apprendre à reconnaître et à utiliser afin d'optimiser sa production.

Mais en quoi consiste la planification d'une réunion ? Selon le Robert encyclopédique, « la planification est l'organisation selon un plan ». Or un plan est un projet élaboré comportant une suite ordonnée d'opérations destinées à atteindre un but. Comme le suggère Mucchielli (1980), le plan a comme fonction de mettre en mouvement un groupe et de le dynamiser en vue de réaliser diverses activités. En somme, planifier c'est traduire une situation en objectifs et prévoir des recours pour leur réalisation. Le plan d'animation d'une réunion peut se définir comme une suite ordonnée d'opérations destinées à mettre en mouvement, donc à animer un groupe pour atteindre des objectifs personnels et collectifs, et ce à l'intérieur de périodes de temps privilégiées.

Planifier l'animation des réunions consiste, d'une part, à se soucier des conditions qui favoriseront la participation et l'animation et, d'autre part, à s'assurer des préparations fonctionnelle et matérielle de la réunion.

Ces deux aspects d'une même planification effectuée par l'animateur se réalisent de manière concomitante, au fur et à mesure que les informations sur le groupe et sur ses objectifs s'avèrent disponibles.

6.1 PLANIFICATION DE L'ANIMATION

La démarche de planification de l'animation amène l'animateur à connaître le groupe avec lequel il veut travailler en cernant d'abord les éléments constitutifs de sa nature actuelle et ses besoins. Comme le montre la figure suivante, cette prise de connaissance, amorcée par la phase de l'inventaire, n'est toutefois que la première étape d'un cheminement plus complexe qui conduira l'animateur à élaborer son plan d'animation et à établir ses attentes envers le groupe et sa production. Lors de la troisième étape, c'est-à-dire celle de la réalisation de la production par le groupe, l'animateur aura déterminé préalablement les aspects qu'il désire évaluer et les modalités de cette évaluation.

L'animateur évalue ensuite l'écart observé entre la situation actuelle du groupe et la situation désirable. Évidemment, pour cela, l'animateur doit d'abord être en mesure de se représenter le fonctionnement idéal du groupe. En cela, il doit s'inspirer d'un cadre théorique qui propose un modèle optimal de fonctionnement en groupe. C'est ce qui lui permettra de saisir l'écart entre le fonctionnement actuel du groupe et le fonctionnement optimal de ce dernier si toutes les conditions favorables étaient réunies.

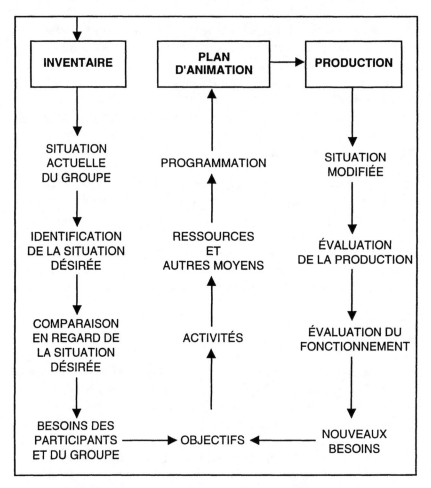

FIGURE 6.1 ÉTAPES DE LA PLANIFICATION DE L'ANIMATION.

Pour être utile, l'évaluation de cet écart doit s'exprimer sous forme de besoins clairement identifiés et, par la suite, convertis en objectifs. Ces objectifs invitent l'animateur à faire des choix quant à l'utilisation des moyens à prendre pour les atteindre. Suite au déroulement prévu de la réunion, ajusté en cours d'exécution, une évaluation est réalisée et son résultat est réintroduit dans le nouveau plan d'animation.

6.1.1 Connaissance de la situation actuelle

Lors de cette première phase, l'animateur cerne la situation actuelle du groupe, c'est-à-dire qu'il collecte et analyse les informations disponibles concernant les participants. Les sources d'informations peuvent être multiples : participants, employeurs, voisins, relations, et autres. De même, le type d'informations obtenues varie: les buts pour lesquels les participants se regroupent, leurs compétences, la nature et la composition du groupe, son environnement interne et son fonctionnement.

LE DOMAINE DES INTENTIONS.   En s'interrogeant sur les intentions des participants et du commanditaire de la réunion, l'animateur cherche à comprendre leurs préoccupations et à les faire connaître à chacun. Idéalement, tous conviendront des mêmes intentions à propos du contenu de la réunion. Ces intentions, voisines des attentes personnelles, peuvent être liées, même étroitement, à la présence de personnes, à la qualité des ressources matérielles mobilisées ou à l'application de certains règlements.

Quelle est l'utilité de la réunion convoquée ? Selon Maccio (1983), une réunion n'a de sens que si elle est située dans le processus de vie collective du groupe concerné. Elle n'est pas une fin en soi. Elle n'est qu'un moyen parmi d'autres pour atteindre un but. Est-ce le moyen le plus efficient ? Sera-t-elle plus efficace que la correspondance, le téléphone ou la note de service ? Est-ce que les participants ont vraiment avantage à échanger leurs informations et à prendre ces décisions collectivement ? La réunion s'impose si on répond par l'affirmative à l'une ou l'autre de ces questions.

Quel est le but de la réunion ? Cette question importante donne l'orientation et les grandes lignes de son contenu. Est-ce qu'une meilleure compréhension du problème ainsi qu'une consultation des opinions différentes sont recherchées ? Est-ce qu'un affrontement des idées est souhaité ?

L'opérationnalisation du but s'exprime sous forme d'objectifs mesurables qui incluent les résultats visés. Comme le souligne Lebel (1983), le but définit la finalité de la rencontre. Il a un caractère lointain et global. Tout comme les intentions, les buts peuvent être apparents, avoués, évidents, réels ou cachés.

Quel est le sujet de la réunion ? Incarnation du but à atteindre, le sujet de la réunion est le fil conducteur, l'élément qui indique aux participants, dès la réception de la convocation, le thème de la discussion. C'est le premier indice qui guide leur préparation et leur réflexion.

LE DOMAINE DU GROUPE. La planification élaborée à partir de la connaissance du groupe permet à l'animateur de s'attarder aux participants eux-mêmes, de saisir leurs statuts et leurs fonctions, d'identifier leur nombre, de situer leur préparation en regard du sujet, de préciser les réseaux de communication qu'ils privilégient et de connaître les caractéristiques de leur groupe.

Qui convoquer à la réunion ? Comment justifier ce choix ? À ces questions de première importance, Lebel (1983) répond :

— les personnes qui préparent les décisions ;
— les personnes qui les font appliquer ;
— les personnes qui les appliquent ;
— les personnes qui les contrôlent.

AIDE-MÉMOIRE	
CONSIDÉRATIONS RELATIVES AU DOMAINE DES INTENTIONS	
UTILITÉ	La réunion est-elle nécessaire ? Est-ce la façon la plus efficace de régler le problème ?
BUT	Quel est le but annoncé de la réunion ? Y aurait-il un autre but ? Lequel ? Quels ont été les « buts annoncés » et les « buts réels » des réunions antérieures ?
THÈME	Le choix et l'utilisation d'une thématique seraient-ils contre-indiqués ? Quelle thématique proposer ? Comment l'exploiter ?
SUJET	Quels seront les sujets traités ? Quels thèmes, sujets de conversation faut-il éliminer ? Quels thèmes ou sujets de conversation faut-il amener pour provoquer des réactions positives ? Les membres sont-ils prêts à les aborder ?
LANGAGE	Quels mots ou expressions faut-il prévoir éliminer du langage pour favoriser un climat serein et respectueux ?

TABLEAU 6.1   AIDE-MÉMOIRE : CONNAISSANCE DU DOMAINE
DES INTENTIONS.

Les personnes compétentes en regard du sujet traité, qui connaissent le but de la réunion et manifestent une volonté réelle de participer sont habituellement des participants de qualité. Cependant, Demory (1980) met en garde l'animateur contre ceux qui s'affrontent systématiquement. L'incompatibilité entre les gens conduit souvent à l'échec.

Il est souhaitable aussi de se questionner sur le choix de l'animateur lui-même. Mosvick et Nelson (1988) soulignent que, même si une personne est responsable d'un groupe, elle n'est pas toujours habilitée à jouer le rôle d'animateur. La personne choisie doit posséder le style de leadership qui convient à la tâche proposée et s'assurer qu'elle connaît bien le groupe.

Le nombre de participants est une autre variable importante. Ce nombre peut varier selon le type de réunion et le mode de structuration employé. Ce facteur indique également la quantité, sinon la qualité, des relations possibles entre les participants.

Certains constats quant au nombre de participants ont été relevés chez des auteurs qui ont traité de l'animation de groupes restreints. Le tableau 6.2 indique l'influence qu'exerce le nombre de personnes sur la participation de chacun.

Pour l'ensemble des auteurs recensés par Boisvert (1988), les interactions qui existent entre les membres permettent aussi de percevoir les phénomènes de communication à l'intérieur du groupe ainsi que la structure de cette communication.

Mais choisir de bons participants n'est pas tout. Encore faut-il qu'ils soient bien préparés. Pour les participants, se préparer à la réunion consiste essentiellement à rassembler les informations en relation directe avec le but fixé, à les mettre en ordre, à réfléchir sur chacune d'elles et à élaborer une position personnelle qui sera la base de discussion de la réunion (Maccio, 1986; Mucchielli, 1980). Gourgand (1969) fait remarquer, qu'en plus de préparer leurs dossiers, il faut que les participants désirent participer activement à la réunion et qu'ils soient disponibles de corps et d'esprit. Comme l'explique Timbal-Duclaux (1989), ils doivent faire preuve d'assurance et d'ouverture, être disposés à écouter et maîtriser l'art des bonnes questions et des bonnes réponses. Ils doivent être capables de synthèse et se montrer respectueux de la discipline de travail acceptée collectivement.

AUTEURS	NOMBRE MINIMUM	NOMBRE MAXIMUM	COMMENTAIRES
Mosvick	5	7	Nombre inférieur à 5: manque de compétences. Nombre supérieur à 7: équilibre rompu, formation de cliques, individus moins impliqués.
Lebel	5	15	Nombre inférieur à 5: pas de réunion mais plutôt des échanges entre les membres. Nombre supérieur à 15: participants en retrait, moins audacieux.
Maccio	4	15	Nombre optimal: 7.
Mucchielli	5	10	Nombre inférieur à 5: groupe pauvre en relations sociales. Nombre entre 5 et 10: nombre optimal d'échanges qui s'établissent. Nombre supérieur à 10: tendance à la formation de sous-groupes.

TABLEAU 6.2   ANALYSE COMPARATIVE DU NOMBRE OPTIMAL
DE MEMBRES DANS LES GROUPES DE DISCUSSION.

Dans un groupe restreint, les échanges sont nécessaires. La communication favorise l'atteinte du but commun. Elle est, aux dires de Litvak (1967), le principal mécanisme de contrôle du groupe.

Dans un groupe où la communication est constante, les échanges se cristallisent en ce que les auteurs appellent des réseaux de communication. On comprend, dès lors, l'importance pour l'animateur de bien connaître les réseaux qui régissent les échanges dans son groupe pour canaliser l'information au bon endroit (Boisvert, 1988). Il ne faudrait pas confondre le réseau de communication officiel, bâti souvent selon la hiérarchie reconnue par l'organisation et le réseau officieux, formé à partir des affinités et des intérêts particuliers des membres. Agir sur l'un n'est pas nécessairement agir sur l'autre.

Généralement, à toute structure reconnue correspond un organigramme, c'est-à-dire une représentation officielle de la structure hiérarchique à l'intérieur du groupe. Elle est le système différencié des rôles et statuts officiels des participants du groupe. Le statut est le poste ou la position hiérarchisée qu'attribue le groupe à un participant à l'intérieur de sa structure. Le rôle correspond au modèle standardisé de comportement conférant le statut (Cartwright et Zander, 1968). Ces rôles et statuts différenciés constituent un système de transformation de la mise en forme du groupe, l'organisation dynamique issue des normes, de la cohésion, des interactions et des interrelations entre les membres.

Les réseaux de communication officieux reflètent également un système différencié de statuts et de rôles qui sont cependant issus, entre autres, des affinités entre les membres du groupe. Formant une structure parallèle plus ténue, des canaux de relations fonctionnelles ou affectives s'établissent entre des membres dont la compatibilité facilite les échanges, même si ces relations outrepassent les réseaux officiels. Les réseaux officieux sont toutefois plus difficiles à reconnaître, à moins d'en faire déjà partie ou de bien connaître le groupe depuis un certain temps.

AIDE-MÉMOIRE	
CONSIDÉRATIONS RELATIVES AU DOMAINE DU GROUPE	
PRÉPARATION	Comment les membres seront-ils préparés? La préparation des membres portera-t-elle surtout sur des composantes : • d'ordre informatif? Les documents d'information présentent-ils des difficultés d'expression..., de vocabulaire..., d'abréviations..., de sigles? • de contenu? d'idées..., de plan..., ou autres...? • d'ordre affectif? mise en cause d'attitudes..., mise en cause de valeurs..., autres...?
RÉSEAU	Quel est le réseau de communication officiel ? Habituel ? Officieux ?
STRUCTURE	Quelle est la structure du groupe ?

TABLEAU 6.3 AIDE-MÉMOIRE: CONNAISSANCE DU DOMAINE DU GROUPE.

LE DOMAINE DE L'ENVIRONNEMENT INTERNE. Pour Mosvick et Nelson (1988), une prise de décisions de haute qualité demande l'entretien de relations harmonieuses entre les membres du groupe, c'est-à-dire le maintien d'une ambiance propice à la production. La notion d'ambiance englobe des dimensions d'ordres social et psychologique qui sous-tendent les échanges socio-affectifs des participants. Plusieurs facteurs présents dans l'environnement interne du groupe influencent cette ambiance tels l'âge, le sexe, le statut socio-économique et le niveau de scolarisation. L'homogénéité ou l'hétérogénéité des membres du groupe en termes de caractéristiques individuelles influence également le groupe dans sa cohésion (Shaw, 1981). Celle-ci se mesure souvent par le degré d'attraction ou de répulsion entre les membres. Existe-il des forces ou des conflits qui influencent le travail de l'équipe ?

La connaissance de cet autre facteur qu'est le mode de participation des membres permet à l'animateur de planifier ses interventions à l'endroit de ces personnes.

Lorsque les membres s'attachent à remplir leur mandat, il est important que tous se sentent aussi concernés par la décision collective. La planification affecte à son tour le processus de prise de décision qui devient mieux intégré et plus productif à la vie du groupe. Ce sentiment individuel de participer à la prise de décision influence positivement l'ambiance en tant que facteur de l'environnement interne du groupe (De Stephen et Hirokawa, 1988).

L'atmosphère dégagée par le lieu de la rencontre est également une variable qui caractérise le processus interne du groupe. Tous les facteurs d'ordre physique propres au cadre matériel de la réunion qui, sous le contrôle de l'animateur, permettent d'éviter certains problèmes techniques entrent dans ce domaine d'analyse de la situation. En effet, l'organisation physique de la rencontre peut influencer la motivation des participants, leur bien-être et, par conséquent, le résultat même de la réunion.

AIDE-MÉMOIRE

CONSIDÉRATIONS RELATIVES AU DOMAINE
DE L'ENVIRONNEMENT INTERNE

◆ Quelles sont les caractéristiques des membres (sexe, statut socio-économique, scolarité, etc.) ?

◆ Entre quels membres existe-t-il des affinités ? Quels sont les effets de ces affinités ? Semble-t-il utile à la réalisation du mandat de mettre à profit de telles affinités ? Quand et comment mobiliser ces amitiés ?

◆ Entre quels membres existe-il des conflits ? Quels sont ces conflits ? Semble-t-il utile à la réalisation du mandat d'agir pour atténuer ou régler ces conflits ? Quel ordre de priorité attribuer à cette conciliation ? Quand et comment entreprendre cette conciliation ?

◆ Quel est l'état des lieux de la réunion ? Comment sont aménagés les locaux ? Quel est l'état de l'équipement et du support technique utilisé pour les réunions ? Quels sont les effets de ces conditions sur la motivation des membres ?

◆ Quel aménagement conviendrait le mieux à la thématique retenue ? Quelles améliorations seraient souhaitables, souhaitées, réalisables ? Quel ordre de priorité accorder à l'entreprise de ces améliorations ? Quand et comment entreprendre ces améliorations ?

◆ Quels membres orientent le groupe vers la réalisation du mandat ? Comment s'y prennent-ils ? Quels membres facilitent le travail ?

◆ Quels membres nuisent à la réalisation du mandat ? Comment s'y prennent-ils ?

◆ Qui sont les silencieux ? Comment les faire s'exprimer ?

◆ Qui sont les bavards ? Comment les faire taire… les « contrôler » ?

◆ Quelle est la source la plus intense et immédiate de motivation chez les membres ? Quelle est l'intensité de leur motivation ?

◆ Comment les membres ont-ils participé aux réunions antérieures ? Comment s'est alors manifestée leur motivation ? Comment accroître ou mieux « harnacher » cette motivation?

◆ Quel climat instaurer pour favoriser des échanges propices à la réalisation du mandat ? Quel ordre de priorité attribuer à cette instauration ? Quand et comment entreprendre cette instauration ?

TABLEAU 6.4   AIDE-MÉMOIRE : CONNAISSANCE DU DOMAINE DE L'ENVIRONNEMENT INTERNE.

LE DOMAINE DU FONCTIONNEMENT DE LA RÉUNION. Les règles, règlements, normes ou procédures utilisés pour l'atteinte des buts appartiennent au domaine du fonctionnement de la réunion.

La manière dont le but est poursuivi constitue la procédure. Elle comporte les normes fixées par le groupe, les règles qu'il s'impose, les tâches attribuées à chacun des participants, les techniques adoptées pour la conduite des discussions. De manière empirique, la procédure consiste en une description chronologique des étapes et techniques qui orientent le groupe vers l'atteinte de ses objectifs.

Maccio (1983) ajoute que, par la procédure, il est possible de maîtriser le contenu et le déroulement de la réunion. C'est le projet de règles du jeu exprimées dans la convocation et, de façon optimale, élaborées et acceptées par tous au début de la réunion. La procédure doit, par l'application de techniques, favoriser l'expression, la cohésion et l'efficacité des membres, donc la création d'un climat favorable. La pertinence de la procédure est fonction des participants en présence, du type et des modes de structuration des réunions employés.

Il est important de s'interroger sur les normes du groupe en tant que directives, officielles ou officieuses. Elles régissent les interactions et les comportements entre les individus.

6.1.2 Identification de l'écart entre la situation actuelle et la situation désirée

LA SITUATION DÉSIRÉE. La situation désirée est tributaire de la perception de l'animateur envers son groupe. Cette perception sera fondée à partir d'un cadre théorique qui permettra de prévoir l'évolution du groupe et d'en entrevoir le fonctionnement optimal. Bouvard et Buisson (1988) proposent d'ailleurs un cadre théorique avec lequel l'animateur est déjà familier (voir figure 1.1).

Le modèle proposé par ces auteurs aide à identifier la situation désirée et ensuite à préciser ce qu'il faut modifier de la situation actuelle.

AIDE-MÉMOIRE

CONSIDÉRATIONS RELATIVES AU DOMAINE
DU FONCTIONNEMENT DE LA RÉUNION

◆ Les membres appliquent-ils spontanément des procédures de réunion déjà établies ?

◆ Ces procédures déjà établies répondent-elles encore aux besoins actuels du groupe ?

◆ Quelles normes de conduite sont recommandées dans le local, avant la réunion, pendant la réunion, après la réunion ?

◆ Quelles normes de conduite sont observées dans le local, avant la réunion, pendant la réunion, après la réunion ?

◆ Les procédures en vigueur sont-elles trop nombreuses ?

◆ Les procédures en vigueur sont-elles appliquées avec trop de rigueur ?

◆ Les procédures en vigueur sont-elles familières à tous les membres ?

◆ Comment réagir à un affrontement en cas de désordre ?

◆ Quelle marge de tolérance accepter ?

◆ Quels moyens de rappel à l'ordre prévoir ?

◆ Quelles conséquences sur la motivation produiront des rappels à l'ordre ?

◆ Quelles réactions peut-on prévoir chez les « indisciplinés » ?

◆ Quelle(s) responsabilité(s) les membres (ou le groupe) peuvent-ils assumer à l'égard du respect de règles qu'ils auraient eux-mêmes promulguées ?

◆ Quelles procédures de déroulement inciteront les membres à des échanges socio-affectifs qui les stimuleront à réaliser le mandat ?

◆ Quelles directives proposer pour favoriser :
  – le respect des autres (droit de parole, interdiction de fumer, etc.)
  – la prise de décision (vote, consensus, plénière, etc.),
    la gestion du temps (code gestuel, période de questions abrégée,
    découpage chronologique du déroulement, etc.) ?

TABLEAU 6.5 AIDE-MÉMOIRE : CONNAISSANCE DU DOMAINE
                DU FONCTIONNEMENT DE LA RÉUNION.

L'IDENTIFICATION DES BESOINS DU GROUPE. La cueillette des données étant effectuée, le portrait du groupe s'est précisé. Il est maintenant nécessaire d'identifier les besoins de ce groupe, à partir desquels l'animateur pourra intervenir. Ces besoins doivent être identifiés avant qu'on puisse modifier ce qui, dans la situation actuelle, s'avère problématique.

Selon Bujold (1980), le besoin est la différence entre la situation existante et la situation idéale. C'est ce qui est jugé nécessaire par un individu ou un groupe d'individus dans un contexte social donné. Ces besoins peuvent être d'ordre économique, social, culturel, professionnel ou autre. Cette étape est essentielle puisqu'elle permet de viser la bonne cible, dans de bonnes conditions.

Il faut donc savoir quels sont les besoins à combler pour déterminer l'écart à franchir et atteindre la situation désirée. Comme l'indique la figure 6.2, la transposition de cet écart en objectifs opérationnels et priorisés, amènera l'animateur à élaborer son plan d'animation. Transformer les besoins en objectifs permet d'éviter la confusion qui prévaut souvent dans les discussions de groupe, et suscite l'implication de chacun des participants (Boisvert, 1990).

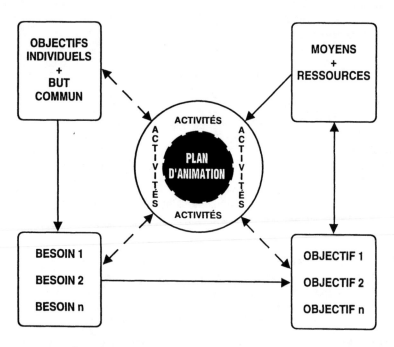

FIGURE 6.2 PLANIFICATION DES ACTIVITÉS D'ANIMATION.

6.1.3   Formulation des objectifs

LES BUTS, OBJECTIFS ET MOYENS.   Le but définit l'orientation à long terme choisie pour répondre à un désir collectif de changement tandis que l'objectif indique la cible à atteindre avec le plus d'exactitude possible. L'objectif est donc différent de la finalité ou du but (Rondeau et Roy, 1990). Le but est plutôt quelque chose de global, tandis que l'objectif est l'aspect particulier par lequel on aborde le but (Maccio, 1983). Le moyen constitue la façon de s'y prendre.

Souvent, sous la pression des participants, l'animateur a tôt fait de réduire son intervention en fonction des moyens qu'il croit disponibles. Pour éviter cette réduction, il faut d'abord transposer les besoins en objectifs et trouver les moyens de les réaliser.

LA DESCRIPTION D'UN BON OBJECTIF.   L'objectif identifie le résultat précis que l'on désire atteindre dans un laps de temps déterminé à partir d'une situation que l'on cherche à améliorer. Une fois défini et accepté, l'objectif devient un guide pour l'action. Il permet d'énoncer clairement le résultat visé et s'appuie sur des critères d'évaluation choisis en fonction du but à atteindre. Un objectif doit donc :

- être clair, précis, c'est-à-dire ne pas porter à interprétation ;
- être centré sur des résultats précis ;
- être évaluable, spécifique à une seule réalité, donc limité ;
- être mesurable sur le plan quantitatif et qualitatif à la fin de la réunion et/ou de la démarche entière (temps et contrôle) ;
- contenir un verbe d'action (dire, décrire, faire, montrer...) ;
- préciser le problème à régler, les personnes concernées, l'action préconisée et les changements à apporter ainsi que le temps de réalisation ;
- être simple, compréhensible et motivant.

Pour plus d'efficacité, l'objectif doit être commun, diffusé, connu et accepté de tous. Il faut qu'il soit acceptable, c'est-à-dire réaliste et réalisable, sans contradiction avec les objectifs légitimes des différents participants. C'est là que se retrouve la nécessité de voir à ce que les différents objectifs d'une même action ou d'un ensemble d'actions soient cohérents entre eux.

Timbal-Duclaux (1989) précise que l'objectif est l'élément qui guide la réunion et qui définit la direction précise dans laquelle le groupe doit progresser. Le choix des objectifs dépend des politiques et des finalités désirées. Lebel (1983) ajoute que l'objectif permet d'évaluer le niveau d'avancement à atteindre à l'issue de la réunion. Bref, il est à la fois l'objet et le thème de la réunion, la question débattue.

LA FORMULATION DES OBJECTIFS. La formulation des objectifs s'amorce dès la fin de la phase de reconnaissance de la situation et devient l'expression concrète de la situation désirée. Un objectif bien formulé fournit normalement un certain nombre de renseignements :

- l'identification du responsable ;
- l'action à accomplir ou le résultat recherché au niveau de l'activité ;
- l'intervalle de temps ou la date de réalisation ;
- les conditions de réalisation ;
- les critères d'évaluation.

Il est indispensable que la personne responsable de l'application de l'objectif soit bien identifiée, de façon à éviter la confusion :

.....les étudiants du cours d'animation.....

L'objectif précise quel est le résultat recherché et s'énonce à l'aide d'un verbe d'action. Ici, le résultat recherché est toujours relié à la situation actuelle du client préalablement identifiée :

....aient réalisé l'organisation et la tenue d'un colloque ayant pour thème l'animation dans les groupes......

Dans certains cas, il convient de fournir des conditions de réalisation qui peuvent influencer le résultat recherché. Elles se doivent d'être énoncées clairement :

.....dans le cadre de leur travail de session.....

Il est important de s'assurer que l'on dispose d'une période de temps suffisante et d'accepter d'investir dans l'atteinte de l'objectif :

.....le 20 décembre 19.....

Comme l'objectif se veut mesurable, il faut être en mesure d'en évaluer le degré de réalisation, tant sur le plan qualitatif que quantitatif. En général, ces critères sont déterminés par des pourcentages, des proportions, des quantités :

> ..., *toutes les étapes de l'organisation*.....

Le résultat final suivant est obtenu :

> « *Que le 20 décembre 19.., les étudiants du cours d'animation, dans le cadre de leur travail de session, aient réalisé toutes les étapes de l'organisation et de la tenue d'un colloque ayant pour thème l'animation dans les groupes.* »

ATTENTION :

- aux objectifs qui ne constituent pas un résultat précis mais bien une phase intermédiaire ou un outil. Exemple : ...les étudiants utilisent un *questionnaire*...

- aux objectifs vagues qui ne précisent pas suffisamment le résultat visé. Exemple : ...les étudiants préparent une *consultation générale*...

- aux responsabilités mal définies ou à une mauvaise identification du responsable. Exemple : ...*qu'un étudiant* élabore un sondage...

La phase de formulation des objectifs demande une analyse minutieuse des besoins du groupe et met à contribution les connaissances de l'animateur.

LA PRIORITÉ DES OBJECTIFS. L'animateur ne peut pas toujours atteindre, en même temps et dans une même réunion, tous les objectifs. Il est donc nécessaire de les prioriser. Pour ce faire, des critères de priorité doivent être établis. Par exemple : l'importance et l'urgence du problème, l'utilité ou la logique de la démarche pour le régler.

L'animateur doit toutefois s'assurer que tous les objectifs aient une place adéquate et une progression normale dans la discussion, de façon à pouvoir évaluer les différentes propositions et, s'il y a lieu, rechercher les compromis et prendre une décision finale efficiente.

L'UTILISATION DES OBJECTIFS PRIORISÉS. Cette étape de priorité des objectifs amène à formuler une distinction importante dans les types d'objectifs. Lebel (1983) affirme qu'il est important de distinguer les objectifs de la réunion et ceux de l'action. Ces derniers donnent une direction aux activités du groupe, et sont donc en relation directe avec le but, alors que les objectifs de la réunion ne portent que sur ce qui sera effectué pendant la durée limitée de cette même réunion.

Les objectifs s'appliquent, entre autres, à plusieurs dimensions :

- Objectifs à propos du groupe: l'intervention ;
- Objectifs à propos de la tâche du groupe : la production ;
- Objectifs à propos des membres du groupe : les relations;
- Objectifs à propos de l'organisation interne du groupe : la participation ;
- Objectifs à propos du fonctionnement de la réunion : la procédure ;
- Objectifs de l'animateur à propos de sa performance : l'animation.

6.1.4   Choix des activités à entreprendre

La vie de tout groupe comporte des processus complexes tels que la prise de décision, la résolution de problèmes, les interactions et l'évaluation. C'est pourquoi il est souvent nécessaire de faire appel à plusieurs types de réunions ou d'activités dans une même rencontre. Il faut être en mesure de choisir le type de réunion le plus approprié aux objectifs fixés. Il est essentiel, également, de prévoir le type de préparation et de participation souhaitées de la part des membres. Selon ces facteurs, l'animateur peut choisir une réunion de type amical, décisionnel, de discussion ou autre. En choisissant un type de réunion, l'animateur décide également de l'étendue du pouvoir des participants sur cette décision (Mosvick et Nelson, 1988). Bref, un choix éclairé quant au type de réunion aura un impact bénéfique sur :

- l'atteinte des objectifs de la réunion ;
- la qualité de la décision ;
- la satisfaction des participants ;
- l'économie de temps et d'argent.

Le choix d'un mode de structuration de réunion dépend des objectifs poursuivis et du type de réunion retenu. Par exemple, il est difficile d'utiliser un mode de structuration de type jeu de rôles à l'intérieur d'une réunion de prise de décision, ou d'organiser un panel-débat dans une réunion de travail.

Par ailleurs, le style de l'animation est tributaire de la personnalité de l'animateur et des besoins perceptibles du groupe. Dans le cadre d'une même réunion, le style d'animation doit s'ajuster en fonction des objectifs fixés et de la dynamique du groupe. Ce choix dépend des mêmes facteurs qui conduisent au choix d'un type de réunion.

Dans une même réunion et selon l'objectif visé, plusieurs techniques d'animation peuvent être utilisées. Par exemple, après une période de présentation du sujet au début de la réunion, on peut engager un exercice de brainstorming suivi d'une prise de décision.

L'animateur doit être attentif au choix de l'environnement physique de la réunion. Plusieurs qualités doivent y être recherchées : proximité, coût, prestige, quiétude et attraction. L'aménagement des lieux de la réunion est aussi important. Le local doit être à l'abri des distractions et des interruptions (Mosvick et Nelson, 1988) et limiter tous les contacts avec l'extérieur (Maccio, l983). Il faut éviter les salles bruyantes, mal éclairées, mal chauffées, trop grandes ou trop petites. Une salle idéale doit être à la fois accessible, confortable et de préférence familière. Il est important de se souvenir que l'aménagement d'une salle influence la structure des interactions (Mucchielli, l980). Le recours aux moyens audiovisuels doit aussi être envisagé judicieusement pour faciliter le travail du groupe et non pour épater la galerie.

6.1.5 *Évaluation*

Selon Mucchielli (l980), évaluer une réunion équivaut à se poser trois questions : que s'est-il passé ? Dans quelle mesure les objectifs ont-ils été atteints ? Quel est le degré de satisfaction ou d'insatisfaction des participants ? Tout comme les autres éléments de la réunion, son évaluation doit être planifiée. Cette planification consiste à déterminer, avant la réunion, le contenu et les modalités d'évaluation.

L'évaluation permet à l'animateur non seulement de réajuster ses interventions lors de la prochaine réunion, mais aussi d'améliorer la participation en agissant avec plus de précision sur les procédures, sur le climat et sur l'aménagement physique.

Maccio (1983) ajoute qu'il faut faire le point et cela en deux temps : en cours d'action et lors du bilan des résultats. En cours d'action, l'animateur vérifie si le mandat de la réunion est bien respecté. Lors du bilan, l'animateur identifie l'écart entre les objectifs et le résultat obtenu. Cette démarche permet de répondre à des questions aussi fondamentales que : les objectifs ont-ils été atteints ? Sinon, pourquoi ? Quelles sont les causes de cette situation ? Quels correctifs peut-on y apporter ?

AIDE-MÉMOIRE

SÉLECTION DES ACTIVITÉS

◆ Quelles sont les formes d'activité et les modes de structuration les plus appropriés aux objectifs poursuivis ?

◆ Quel est mon propre style d'animation ? Est-il adéquat pour la réunion ? Comment puis-je l'adapter ?

◆ Quelles sont les techniques d'animation qui devraient être employées ?

◆ Quelles sont les ressources matérielles qui devraient être utilisées ? Quelle sera leur influence sur la discussion ?

◆ Quelle salle de réunion choisir ? En fonction du style d'animation utilisé, quelles seraient ses caractéristiques idéales ?

◆ Quels sont les accessoires nécessaires : cendriers, papier, crayons, documents, tableaux, matériel audiovisuel ?

◆ Quelle est l'utilité du tableau ? Quels sont les meilleurs moyens audiovisuels à employer ?

TABLEAU 6.6   AIDE-MÉMOIRE : SÉLECTION DES ACTIVITÉS.

6.2 PLANIFICATION DE LA RÉUNION

La planification de la réunion fait référence à sa préparation matérielle et temporelle. Il est important de planifier une réunion en différentes étapes pour permettre une meilleure possibilité d'ajustement aux membres et à l'animateur. Cinq moments sont suggérés : les préparations éloignée, médiane, rapprochée et immédiate ainsi que le suivi. À ces différents moments, l'animateur s'assure de pouvoir prévoir tous les aspects techniques de la réunion.

6.2.1 Préparation éloignée

Trois semaines avant la réunion, l'animateur collige les informations nécessaires à la préparation de son plan d'animation. Il doit recueillir le plus de renseignements possible sur le groupe et sa problématique.

Résumons en citant Noyé (1983) qu'il faut s'interroger sur le degré d'information des participants et prévoir leurs questions ainsi que leurs préoccupations. Les informations concernant le sujet de la rencontre et les participants, comme le mentionne Gourgand (1969), peuvent être recueillies à l'aide d'un plan de recherche qui peut s'élaborer selon plusieurs modèles :

  i)   thèse, antithèse, synthèse ;

  ii) rassemblement des faits, tri et regroupement etc. ;

  iii) constatation d'une situation de fait, recherche des causes ;

  iv) étude des remèdes possibles.

Un autre type de plan de recherche accessible et complet tente de répondre aux questions suivantes : Qui ? Quoi ? Où ? Comment ? Pourquoi ? Avec quel résultat ?

6.2.2 Préparation médiane

Au moment de la préparation médiane, l'animateur formule les objectifs de la réunion qui serviront à orienter son travail et celui des participants. Cette tâche devrait être exécutée avant la rédaction de la convocation et l'élaboration du plan de travail de la réunion. Cette étape, qui a lieu environ deux semaines avant la tenue de la réunion, est le bon moment pour trouver un lieu de rencontre et réserver le matériel nécessaire à la tenue de la réunion. L'estimé des coûts de la réunion est un autre élément souvent négligé mais ô combien important (Jones, 1987). Ce moment est également propice pour prévoir l'organisation spatiale de la réunion en dessinant par exemple, un plan du local et en établissant sur le croquis les dimensions proportionnelles du mobilier (table, chaise, écran, tableau, estrade, etc.). Finalement, l'animateur réserve le local et le matériel en tenant compte du type de réunion, des modes de structuration et des techniques d'animation qui seront utilisés.

Comme le souligne Noyé (1983), une consultation préalable de l'animateur auprès des participants peut être utile pour repérer les sujets de discussion à partir desquels chacun d'eux alimentera les points prévus à l'ordre du jour. La réunion devient alors la mise en commun des réflexions suscitées chez les convoqués. Pour Demory (1980), la réunion commence lorsque les participants reçoivent la convocation. Elle les met en appétit et les invite à une participation active. Elle est un outil important qui donne le ton à la réunion. Elle constitue un contrat moral entre l'organisateur et les participants et souvent le premier et le seul lien qui existe entre eux.

Mosvick et Nelson (1988) suggèrent que, dans la mesure du possible, le responsable contacte les personnes conviées pour leur expliquer brièvement l'objectif de la réunion et le rôle qu'elles sont invitées à y jouer. Chaque personne doit savoir pourquoi elle a été choisie et ce qu'on attend d'elle lors de la réunion. L'animateur peut aussi fournir aux participants une liste de questions auxquelles ils pourraient réfléchir avant la réunion. L'animateur confirmera l'invitation ainsi faite par une convocation écrite, acheminée quelques jours avant la réunion. Auparavant, il aura pris soin de concilier les disponibilités de chacun, tâche souvent difficile.

Selon les suggestions de Maccio (1983), la convocation pourrait contenir les éléments suivants :

- le type de réunion ;
- le thème, l'objectif et le plan de travail (ordre du jour) ;
- l'identification de chaque participant, auquel est associé, si nécessaire, son titre ou sa fonction ;

- l'identification des dossiers joints ou à apporter ;
- les coordonnées précises : heure, lieu, durée, plan d'accès.

Le plan de travail est élaboré à partir des informations recueillies. Hélène Sorez (1977) propose la démarche suivante pour la cueillette des informations : 1) s'imprégner du but pour en saisir toutes les dimensions, 2) rassembler les informations disponibles, 3) rassembler les idées personnelles des membres, 4) classer les informations pour les rendre plus accessibles et 5) structurer le plan à partir duquel le groupe pourra travailler. L'auteure ajoute qu'il faut organiser l'ensemble en fonction du but à atteindre, le plan s'organisant autour de lui. Le plan de travail est donc l'ensemble des sujets ordonnés, susceptibles d'être traités en réunion. Il consiste en une énumération justifiée des thèmes de la réunion et un découpage précis qui facilitera la confrontation des idées. Ce plan ne doit pas être trop chargé, faire place d'abord aux points les plus importants et être acheminé aux membres avant la réunion. L'animateur prévoyant conservera quelques copies supplémentaires, disponibles lors de la réunion.

6.2.3 Préparation rapprochée

La préparation rapprochée permet de fixer le déroulement prévisible de la rencontre, environ cinq à sept jours avant la réunion. Les opérations impliquées à ce stade de la planification sont les suivantes : 1) précision de la nature du plan d'animation, 2) formulation des objectifs spécifiques, 3) détermination des procédures et 4) détermination des interventions avec estimation de leur durée. Pour Demory (1980), l'animateur doit rester intransigeant sur le temps accordé aux échanges d'informations, afin de pouvoir consacrer le maximum de temps et d'efforts au sujet principal de la réunion. Les contraintes de temps, même en phase de recherche d'idées, sont un stimulant pour la concision et la créativité.

L'utilisation d'un protocole de planification permet d'avoir une idée très précise du déroulement prévisible de la réunion et d'en vérifier tous les éléments. C'est également une façon très pertinente de garder une vue d'ensemble de l'activité, comme en témoigne le tableau 6.7.

OBJECTIF	TEMPS	TÂCHES	AMÉNAGEMENT
Créer un climat détendu	10 min.	accueillir les participants	lumière ténue
Présenter le plan de travail	5 min.	vérifier la compréhension de la démarche par le groupe	table ronde
Point 1	20 min.	analyser le problème 1	table ronde et rétroprojecteur
Point 2	20 min.	analyser le problème 2	table ronde et tableau noir
Point 3	15 min.	analyser le problème 3	table ronde
Diminuer la fatigue	15 min.	permettre une pause-santé	table à café
Synthèse finale	10 min.	vérifier le consensus et la compréhension de tous	table ronde
Prévoir la prochaine rencontre	5 min.	s'assurer de la disponibilité des participants	table ronde
Évaluation	10 min.	corriger le tir	table ronde

TABLEAU 6.7 EXEMPLE D'UNE PLANIFICATION SÉQUENTIELLE D'UNE RÉUNION.

Pour l'animateur, il peut s'avérer utile de simuler la réunion avant qu'elle n'ait lieu, particulièrement lorsqu'il ne maîtrise pas bien certaines dimensions de son intervention, telles l'utilisation d'un mode de structuration ou l'application d'une technique particulière. Cela lui évitera d'être surpris par les effets inopportuns de ces techniques et ajoutera au professionnalisme de l'intervention. Il n'est pas souhaitable d'improviser la réunion. Au contraire, l'élaboration de scénarios alternatifs lui permettra de faire face à des changements non planifiés.

6.2.4   *Préparation immédiate*

Deux jours avant la réunion, commence pour l'animateur la période de préparation immédiate. Dans un premier temps, il pourra faire un rappel téléphonique aux personnes invitées afin d'estimer le nombre de présences à la réunion. Dans un deuxième temps, il procèdera aux dernières vérifications d'usage en dressant, comme le présente le tableau suivant, une liste appropriée de l'équipement et des caractéristiques du local.

AIDE-MÉMOIRE

ÉQUIPEMENT

◊ tableau-papier
◊ marqueurs (couleurs)
◊ ruban-cache
◊ aimants
◊ rétroprojecteur
◊ feuilles transparentes
◊ crayons pour acétates
◊ tableau noir
◊ craie et brosse
◊ enregistreuse
◊ projecteur-diapositives
◊ lampe de projecteur
◊ magnétoscope
◊ écran
◊ moniteur
◊ cable-rallonge
◊ _____
◊ _____

LOCAL

◊ nombre de place
◊ espaces de rangement
◊ ventilation
◊ son
◊ prises de courant
◊ accessibilité des portes
◊ sortie/urgence
◊ transport
◊ réception des messages
◊ salles secondaires
◊ _____
◊ _____
◊ _____
◊ _____
◊ _____
◊ _____
◊ _____
◊ _____

TABLEAU 6.8   AIDE-MÉMOIRE POUR LE MATÉRIEL ET LES LOCAUX DE RÉUNIONS.

6.2.5   Suivi et boucle de rétroaction

Le choix du secrétaire doit, si possible, se faire avant la réunion pour que celui-ci puisse également se préparer. Il doit pouvoir dégager le consensus du groupe plutôt que les opinions individuelles. Selon la nature du groupe, équipe de travail ou assemblée délibérante, le secrétaire doit aussi savoir synthétiser clairement et fidèlement les propos dans un bref compte rendu ou un procès-verbal.

Comme le but de la réunion vise à un changement, l'animateur prépare, à ce stade de planification, l'évaluation de la réunion et du groupe. Il s'interroge : le changement souhaité s'est-il produit ? Quelle est l'ampleur du changement survenu ? Les membres du groupe sont-ils satisfaits de leur performance ?

L'animateur s'assure des résultats obtenus en planifiant une nouvelle collecte d'informations qui permettra de constater si l'écart entre l'état souhaité et l'état initialement observé est comblé. Un tel retour à une démarche déjà effectuée établit une boucle de rétroaction dans l'intervention de l'animateur. La quantité et la qualité des informations qu'il veut recueillir guident l'animateur dans la sélection de ses grilles d'observation. Que mesurer ou observer ? ...les objectifs, ...la participation, ...l'ambiance, ...l'atmosphère, ...les procédures, ...la participation, ...les locaux, ...l'évaluation..., etc.

L'évaluation peut donc porter sur tout ce qui concerne la réunion. Qui sera donc en mesure de le faire ? A cause de sa disponibilité restreinte pendant l'activité et de son implication profonde dans la planification, l'animateur ne devrait pas se retrouver l'unique évaluateur. Les participants se trouvant dans une situation similaire, on aura besoin d'un témoin-observateur-évaluateur, libre de toute autre fonction et psychologiquement distant du groupe. Muni de grilles appropriées, il pourra corroborer ou compléter les appréciations des acteurs.

EN RÉSUMÉ

La planification permet de coordonner et de centrer le travail du groupe sur une cible commune et de convenir avec les participants du but de la réunion ainsi que de leur rôle en fonction des visées générales. La planification de l'animation amène l'animateur à connaître le groupe avec lequel il veut travailler, en vérifiant d'abord ce qui constitue sa situation actuelle et ses besoins. Il établit l'écart entre la situation actuelle du groupe et la situation désirée. Cet écart s'exprime sous forme de besoins clairement identifiés et, par la suite, formulés en objectifs. L'animateur s'oblige à des choix quant aux ressources à utiliser et aux moyens à prendre pour les atteindre. À la suite de la réunion, une évaluation est effectuée et le résultat servira de point de départ pour un nouveau plan d'intervention.

CONNAISSANCE DE LA SITUATION ACTUELLE	*Domaine des intentions* utilité de la réunion but de la réunion sujet de la réunion *Domaine du groupe* choix des participants nombre de participants préparation des participants réseau de communication structure du groupe	*Domaine de l'environnement interne* relations entre les participants climat modes de participation *Domaine du fonctionnement* procédure normes production
IDENTIFICATION DE L'ÉCART ENTRE LA SITUATION ACTUELLE ET LA SITUATION DÉSIRÉE	identification des besoins	
FORMULATION DES OBJECTIFS	définition d'objectif but, objectif et moyen formulation d'un objectif priorité des objectifs utilisation des objectifs	
SÉLECTION DES ACTIVITÉS	forme d'activité méthode d'animation technique d'animation environnement physique et aménagement des lieux déroulement de l'activité	
ÉVALUATION DES RÉSULTATS ATTEINTS	évaluation de l'atteinte des objectifs fixés au départ	

TABLEAU 6.9   LISTE DES ÉLÉMENTS DE LA PLANIFICATION DE L'ANIMATION.

La planification de la réunion contient tous les éléments de la préparation spatio-temporelle. Cinq moments sont suggérés : les préparations éloignée, médiane, rapprochée et immédiate ainsi que le suivi. Cette démarche méthodique permet de prévoir les aspects principaux de la réunion.

1. PRÉPARATION ÉLOIGNÉE	cueillette des données et sommaire des informations plan de recherche
2. PRÉPARATION MÉDIANE	objectifs démarche environnement convocation plan de travail (ordre du jour)
3. PRÉPARATION RAPPROCHÉE	choix de la procédure durée des interventions séquences de l'activité simulation scénarios de rechange
4. PRÉPARATION IMMÉDIATE	vérification du matériel et soutien technique aménagement du local
5. SUIVI ET BOUCLE DE RÉTROACTION	compte rendu ou procès-verbal évaluation

TABLEAU 6.10 LISTE DES ÉLÉMENTS DE LA PLANIFICATION DE LA RÉUNION.

RÉFÉRENCES

BOISVERT, D. (1988). *Le groupe restreint, ses aspects caractéristiques.*
Trois-Rivières : Éditions génagogiques.

BOISVERT, D. et al. (1990). *Le plan de services individualisés : participation et animation.* Montréal : Éditions Agence d'ARC.

BOUVARD, C. et BUISSON, M. (1988). *Gérer et animer un groupe.* Paris : Éditions d'Organisation.

BUJOLD, N. (1980). *Critique des instruments de mesure en éducation.*
Québec : Ministère de l'Éducation.

CARTWRIGHT, D. et ZANDER, A. (1968). *Group Dynamics.* New York : Harper and Row.

DEMORY, B. (1980). *Comment animer les réunions de travail en 60 questions.*
Montréal : Éditions Agence d'ARC.

DE STEPHEN, R.S. et HIROKAWA, R.Y. (1988). Small Group Consensus : Stability of Group Support of the Decision Process, and Group Relationship. *Small Group Behavior.* 19, 2, 227-239.

GOURGAND, P. (1969). *Les techniques de travail en groupe.* Toulouse : Privat.

JONES, M. (1987). *Comment organiser des réunions.* Montréal :
Les Éditions La Presse.

LEBEL, P. (1983). *L'animation des réunions.* Paris : Éditions d'Organisation.

LITVAK, E. (1967). *Communication Theory and Group Factors.* E. Thomas (ed.).
Behavioural Science for Social Workers. New York : Free Press.

MACCIO, C. (1983). *Animation de groupes* (6ᵉ éd. rév.). Lyon : Chronique sociale de France.

MACCIO, C. (1986). *Des réunions efficaces.* Lyon : Chronique sociale de France.

MOSVICK, R. et NELSON, R.B. (1988). *Enfin des réunions efficaces.* Paris : Éditions Eyrolles.

MUCCHIELLI, R. (1980). *La conduite des réunions* (8ᵉ éd. rév.).
Paris : Entreprise Moderne d'Édition.

NOYÉ, D. (1983). *Animer les réunions d'expression : guide pratique pour les animateurs de l'expression des salariés.* Paris : INSEP.

RONDEAU, M. et ROY, S. (1990). Évaluer les forces et les besoins de la personne, dans Boisvert, D. (éd.), *Le plan de services individualisés : participation et animation.* Montréal : Éditions Agence d'ARC.

SHAW, M, E. (1981). *Group Dynamics : The Psychology of Small Group Behavior* (3ᵉ éd. rév.). New York : McGraw-Hill.

SOREZ, H. (1977). *Pour conduire une réunion.* Paris : Hatier.

TIMBAL-DUCLAUX, L. (1989). *Les réunions : avant, pendant, après.* Paris : Éditions Retz.

Questions

1. Le plan d'animation vise :
   A) l'apprentissage d'une méthode de travail.
   B) la connaissance de l'opinion de l'animateur.
   C) l'atteinte d'objectifs.

2. La préparation d'une activité suppose que l'animateur soit la personne ressource à propos du contenu. *Vrai ou faux*

3. La préparation lointaine en animation se déroule de 5 à 7 jours avant l'activité. *Vrai ou faux*

4. La préparation immédiate en animation se déroule de 5 à 7 jours avant l'activité. *Vrai ou faux*

5. Toute activité doit viser un ou des objectifs précis. *Vrai ou faux*

6. Pour élaborer un plan d'animation, on se réfère d'abord à l'(aux) objectif(s) de l'activité puis ensuite au (aux) but(s) du groupe. *Vrai ou faux*

7. À quel moment l'animateur doit-il s'informer des caractéristiques du groupe client ?
   A) Lors de la préparation lointaine.
   B) Lors de la préparation médiane.
   C) Lors de la préparation rapprochée
   D) Lors de la préparation immédiate.

8. Qu'est-ce qu'un plan d'animation ?
   A) C'est l'aménagement spécifique et structuré du local.
   B) C'est l'anticipation de la préparation des participants.
   C) C'est une suite ordonnée d'interventions visant un (des) objectif(s).
   D) C'est le compte rendu détaillé des discussions d'une rencontre.
   E) Toutes ces réponses.

9. Lors de la préparation immédiate, l'animateur doit :
   A) S'informer des caractéristiques du groupe.
   B) Envoyer l'avis de convocation.
   C) S'informer du profil des participants.
   D) Aménager le local.
   E) Aucune de ces réponses.

10. L'animateur élabore son plan d'animation en fonction :

   A) Du but du groupe.
   B) Des types de participants.
   C) Des objectifs de l'activité.
   D) Toutes ces réponses.
   E) Aucune de ces réponses.

11. La planification de l'animation inclut un programme
   d'animation pour l'animateur.   *Vrai ou faux*

12. L'évaluation de la réunion ne fait pas partie de la planification. *Vrai ou faux*

13. Lors de la préparation médiane, l'animateur doit :

   a) Réserver le local.
   b) Rédiger le plan d'animation.
   c) S'informer des caractéristiques du groupe.
   d) Expédier les avis de convocation, ordre du jour et autres documents.
   e) Prévoir le matériel et réserver le soutien technique.
   f) S'informer du profil des participants.
   g) Aménager le local.
   h) Accueillir les membres.
   i) Vérifier le matériel.
   j) Planifier l'aménagement du local.
   A) a, b, d et j.
   B) b, c, f, et j.
   C) b, e, g et i.
   D) d, e, i et j.
   E) Aucune de ces réponses.

14. Animer, c'est donner la vie au groupe.   *Vrai ou faux*

15. L'évaluation participative oriente les interventions de l'animateur. *Vrai ou faux*

16. Le plan d'animation détermine les interventions de l'animateur. *Vrai ou faux*

17. Un objectif bien formulé doit donner l'information suivante :

   A) Les critères d'évaluation.
   B) Les conditions de réalisation.
   C) L'identification du responsable.
   D) Toutes ces réponses.
   E) Aucune de ces réponses.

18. L'(Les) objectif(s) de l'activité conditionne(nt) l'(les) objectif(s) du groupe. *Vrai ou faux*

19. La planification d'une réunion permet d'agir significativement sur la qualité du travail de ses membres. *Vrai ou faux*

20. Les tâches de planification de l'animateur sont déterminées par:

A) Les trois fonctions de l'animateur.
B) Les niveaux de fonctionnement du groupe.
C) Les ressources internes et externes du groupe.
D) Les différents objectifs élaborés lors de la planification.
E) Les aspects dynamiques du groupe.
F) Le nombre de membres dans le groupe.
G) Toutes ces réponses.
H) Aucune de ces réponses.

21. L'animation, c'est essentiellement préparer, organiser et animer des activités. *Vrai ou faux*

22. Un objectif de qualité doit, entre autres, viser des résultats à accomplir. *Vrai ou faux*

23. En plus d'inclure un verbe d'action, un objectif de qualité doit aussi être mesurable et vérifiable. *Vrai ou faux*

Simulations

1. DISTINCTIONS ENTRE BESOIN ET OBJECTIF

2. PLANNIFICATION DE L'ANIMATION ET PLANIFICATION DE LA RÉUNION

CAS À UTILISER POUR LES DEUX SIMULATIONS

PLANIFICATION DES SERVICES

Madame, monsieur,

Nous vous faisons parvenir, tel que convenu, une copie du contrat d'animation qui vous a été récemment proposé et que vous avez aimablement accepté. Vous trouverez à la suite du contrat les renseignements que nous possédons concernant l'équipe et ses membres. Vous disposez donc maintenant de toutes les informations nécessaires pour votre travail.

CONTRAT D'ANIMATION

REQUÉRANT : Le directeur général du centre d'accueil et de réadaptation sociale pour adolescents.

ORGANISME : Le Centre d'accueil St-Benoît.

OBSERVATEUR : Aucun observateur.

DATE : Mardi, le 14 mai, de 9h00 à 12h00.

CLIENTÈLE CIBLE : L'équipe multidisciplinaire du centre de jour responsable de la réadaptation sociale des adolescents.

MANDAT DE L'ANIMATEUR : Organiser et animer la première réunion de l'équipe multidisciplinaire. Faire en sorte que le 3 juillet 19.. douze personnes bénéficient d'une planification de services.

MANDAT DU GROUPE : Favoriser la réadaptation des 12 personnes ayant des problèmes d'adaptation sociale par leur admission au centre d'accueil.

TYPE(S) D'ACTIVITÉ ET/OU THÈME : À déterminer selon les besoins.

CARACTÉRISTIQUES GÉNÉRALES DE LA CLIENTÈLE CIBLE : L'équipe multi-disciplinaire est constituée de six membres dont deux éducatrices spécialisées, une psycho-éducatrice, un psychologue, une travailleuse sociale et un technicien en loisirs qui possède aussi un certificat en enfance inadaptée. Tous les membres de l'équipe sont avisés de votre présence et de vos fonctions.

CARACTÉRISTIQUES GÉNÉRALES DE L'ENVIRONNEMENT : L'unité de réadaptation est constituée de cinq pièces et d'une salle de bain avec douche situées dans l'aile nord récemment construite et comprend : une salle de jeux et d'activités physiques, un local multifonctionnel avec paravents, tables et chaises, deux petites pièces pouvant servir aux entrevues individuelles et un local réservé à l'équipe pour la rédaction et le classement des dossiers. Ce dernier local dispose d'une table rectangulaire où peuvent s'asseoir huit personnes. L'unité dispose d'un budget de 10 milles dollars par année pour l'organisation des activités et l'acquisition de matériel divers. La première année, un budget supplémentaire de 6 milles dollars est prévu pour l'achat du matériel de travail, de la papeterie et autres destinés au bon fonctionnement de l'équipe. L'entretien des locaux est assuré par le Centre d'accueil de même que la distribution des dîners et collations. L'unité ne dispose d'aucune commodité culinaire et de repos.

INFORMATIONS DISPONIBLES SUR LE GROUPE : Les membres de l'équipe ne se sont jamais réunis ensemble et ne se connaissent pas encore. Aucun mode de fonctionnement n'a donc pu être adopté encore par le groupe et aucun ne sera imposé par la direction. Aucun membre ne s'est vu attribuer un poste de responsabilité, il reviendra à l'équipe de déterminer si cela est utile et qui occupera ce poste si nécessaire. Il est actuellement impossible de prévoir s'il y aura des conflits au sein de l'équipe. Aucune règle spécifique n'est imposée au groupe à l'exception de celle de ne pas fumer dans les locaux du Centre d'accueil.

INFORMATIONS DISPONIBLES SUR LES MEMBRES DE L'ÉQUIPE : Tous les membres de l'équipe furent engagés selon les mêmes critères de sélection : expérience minimale de trois ans dans le domaine de la réadaptation, expérience de travail en équipe multidisciplinaire, diplôme approprié, implications personnelles dans la communauté (expériences personnelles) et la qualité des lettres de références. Tous les membres furent rencontrés en entrevue individuelle. Vous trouverez ci-après un sommaire des informations recueillies :

Pauline L.

Éducatrice spécialisée. 42 ans. Mariée et mère de trois enfants. Elle a obtenu son DEC en éducation spécialisée au Cégep de Rouyn après six ans d'études à temps partiel. Elle est demeurée au foyer pendant dix ans. Elle travaille par la suite comme bénévole auprès des étudiants décrocheurs. Depuis cinq ans, elle travaille comme éducatrice spécialisée dans une institution pour délinquants. Elle a appris, lors de cet emploi, à côtoyer des psychologues et des travailleurs sociaux. Elle a une présentation soignée, beaucoup d'entregent (semble beaucoup aimer parler) et est très dynamique. Elle possède un très bon potentiel comme meneuse mais démontre peu de jugement. Cette femme est très motivée par l'amélioration de la condition humaine.

Pierrette S.

Éducatrice spécialisée. 37 ans. Elle est mère célibataire d'un enfant ayant des troubles de comportement. Elle a obtenu son DEC en éducation spécialisée au Cégep de Limoilou avec une mention d'excellence. Depuis la fin de ses études elle travaille à l'hôpital Robert Giffard au département de psychologie comportementale pour adolescents. Elle est membre du conseil d'administration du foyer d'hébergement où est logé son enfant. A son travail, elle a oeuvré au sein d'une équipe multidisciplinaire composée de psychologues, psychiatres, infirmières et ergothérapeutes. Sa présentation est acceptable et sa personnalité plutôt réservée. Très connaissante dans son domaine elle semble démontrer peu d'initiative. Sa source de motivation est inconnue.

Nathalie G.

Psycho-éducatrice. 26 ans. Célibataire. A obtenu son bac. en psycho-éducation à l'UQTR et son DEC en technique d'assistance sociale au Cégep de Trois-Rivières. Depuis deux ans et demi elle travaille au Pavillon Bourgeois (institution de réadaptation pour jeunes en difficulté d'adaptation).

Elle a travaillé quatre étés comme monitrice dans une base de plein-air. Sa présentation est très « à la mode ». Elle se dit « à la recherche de l'âme soeur ». Elle n'a jamais travaillé en équipe sauf à la base de plein-air. Très dynamique, elle semble être une excellente meneuse, démontre cependant peu de maturité personnelle et est extravertie. Elle est très intéressée par la conception et l'application de traitements psychologiques fondés sur le loisir.

Marie-Paule D.

Travailleuse sociale. 28 ans. Célibataire. Elle a obtenu son diplôme en travail social à l'Université Mc Gill. Se prépare actuellement à déposer sa thèse de maîtrise pour laquelle elle a reçu deux bourses (FCAR et CRSH). Elle travaille depuis quatre ans à l'institut Philippe Pinel. Elle était responsable de la conception et de l'application d'un modèle de réadaptation pour les adolescents. Sa présentation est excellente, c'est une bonne communicatrice et elle semble être une excellente meneuse au niveau du contenu. Elle est très intéressée à mettre en application ses nouvelles connaissances.

Louis L.

Psychologue. 57 ans. Divorcé, six enfants. Il a obtenu son diplôme de maîtrise en psychologie à l'Université Laval. Il a travaillé en clinique privée pendant 14 ans et est à l'emploi du Centre d'accueil St-Benoît dans les cliniques interne et externe de psychiatrie depuis vingt ans. Il s'est vu attribuer le poste à l'unité de réadaptation par voie de grief syndical. D'une présentation agréable, il démontre peu d'initiative, impulsif mais exprime des préjugés et se montre très sociable envers les femmes en général. Il démontre peu d'intérêt face au travail en équipe et attend que vienne l'âge de la retraite.

Pierre L.

Technicien en loisirs. 34 ans. Il est marié et père de deux enfants. Il a obtenu son DEC en techniques du loisir en 19... Il a travaillé cinq ans au service d'ergothérapie du centre de réadaptation de L'Ilet sur Ponty (France). Depuis quatre ans, il travaille comme consultant dans le réseau des services sociaux de Montréal. Il a une très bonne présentation, il est très dynamique, se dit très ouvert aux échanges d'idées et démontre un sens de l'initiative hors du commun. Il pourrait être un excellent meneur. Il est très intéressé par l'ouverture de l'unité et dit aimer les défis.

SIMULATION 1

DISTINCTIONS ENTRE BESOIN ET OBJECTIF

BUT : distinguer les concepts de besoin et d'objectif.

DURÉE : 45 à 60 minutes en classe.

RESSOURCES : papier, crayons, tableau noir et craies, ou tableau de papier et crayons feutre.

ORGANISATION : Former des équipes d'au plus 3 personnes la semaine précédant l'activité. Chaque équipe se nomme un animateur et un secrétaire.

DÉROULEMENT : Le responsable, une semaine avant la tenue de l'activité, décrit le problème aux participants. Ceux-ci sont invités dans un premier temps à lire le cas individuellement, à identifier leurs questions de façon à avoir une meilleure compréhension de la situation réelle. Lors de la simulation, ils seront amenés à déterminer les besoins à pourvoir et à les modifier en objectifs. Ils pourront le faire à l'aide du modèle suivant :

	SITUATION ACTUELLE	SITUATION DÉSIRÉE	OBJECTIF
CONTENU			
PROCÉDURE			
SOCIO-AFFECTIF			

Les participants, en équipe, mettent en commun leur compréhension du cas en le relisant.

Une fois franchie, cette étape de mise en commun, les étudiants doivent déterminer les besoins et objectifs relatifs à chaque catégorie mentionnée dans le tableau. Le secrétaire prend en note les décisions prises.

Les étudiants reviennent en plénière dans la classe. Chaque secrétaire inscrit au tableau les besoins et objectifs identifiés par son équipe. Le responsable suscite une réflexion sur les résultats obtenus, les différences et ressemblances, etc.

ÉLÉMENTS DE RÉFLEXION À PROPOS
DE LA SIMULATION 1

QUESTIONS

1. **Quelles difficultés avez-vous rencontrées lors de la formulation des objectifs ?**

2. **Quels sont les éléments qui vous ont permis de distinguer les trois concepts de contenu, procédure et socio-affectif ?**

3. **Quelles sont les difficultés que vous avez rencontrées pour définir les besoins (cadre de référence, formulation et identification) ?**

SIMULATION 2

PLANIFICATION DE L'ANIMATION ET PLANIFICATION DE LA RÉUNION

BUT : prendre conscience de toutes les phases et moments de la planification.

DURÉE : 1 heure 30 minutes.

RESSOURCES : papier, crayons, tableau noir et craies, ou tableau de papier et crayons feutre, une salle par équipe de travail.

ORGANISATION : Former des équipes de 6 personnes maximum, une semaine avant la tenue de la simulation. Chaque équipe se nomme un animateur et un secrétaire.

DÉROULEMENT : Dans un premier temps, une semaine à l'avance, le responsable présente aux participants le cas à étudier. Ceux-ci devront en faire une lecture attentive et établir personnellement les premiers éléments d'un plan d'animation. Ils pourront se servir du modèle de protocole de planification de la page suivante.

Dans la deuxième étape, lors de la simulation, chaque équipe refait une lecture attentive du cas proposé.

Chaque équipe met en commun les plans d'animation réalisés individuellement et établit la planification de l'équipe. Le secrétaire inscrit les résultats de l'intégration des plans individuels.

En plénière, chaque secrétaire expose le résultat du projet de planification produit par son équipe. Le responsable suscite la discussion en faisant découvrir les différences et les similitudes des différents plans.

MODÈLE DE PROTOCOLE DE PLANIFICATION					
OBJECTIF	DÉROULEMENT DE LA RÉUNION	TÂCHES DE L'ANIMATEUR	AMÉNAGEMENT	HORAIRE	MATÉRIEL

**ÉLÉMENTS DE RÉFLEXION À PROPOS
DE LA SIMULATION 2**

QUESTIONS

1. Quelles notions théoriques vous apparaissent nécessaires à la réalisation du mandat ?

2. Avez-vous éprouvé des difficultés dans la formulation des objectifs ? Pourquoi ?

3. Le choix du déroulement de l'activité a-t-il été difficile à faire ? Pourquoi ?

4. Comment avez-vous déterminé les différentes tâches de l'animateur durant cette réunion ?

5. Comme animateur éventuel, quelles notions de ce chapitre vous ont aidé à réaliser la planification de l'animation et de la réunion ? Pourquoi ?

6. Quelles ont été vos difficultés dans la réalisation du mandat ?

Lectures commentées

BELL R. *et al.* (1985). *Comment rédiger vos objectifs pédagogiques, guide technique.* Québec : Services des ressources pédagogiques, Université Laval.

Ce petit guide d'une trentaine de pages présente une technique pour rédiger des objectifs spécifiques d'apprentissage, objectifs spécifiques qui peuvent s'appliquer à la production d'une tâche ou à l'atteinte d'un but.

Il offre des indications précieuses quant à la description des éléments composant un objectif, une liste de mots ou d'expressions les illustrant de façon adéquate ainsi qu'une énumération des verbes d'action selon la taxonomie des besoins de Bloom.

C'est un outil précieux pour tout animateur qui doit formuler des objectifs.

Ce livre contient :
   – bibliographie générale.

COLLERETTE, P. et DELISLE, G. (1982). *Le changement planifié.* **Montréal : Éditions Agence d'ARC, 1988.**

Fortement inspiré de l'approche systémique, cet ouvrage propose une méthode de planification et d'intervention pour provoquer un changement dans un groupe ou une organisation.

La formation et le changement des attitudes, les objectifs, la dimension du pouvoir, les résistances dans une stratégie de changement, le modèle du champ de force (Lewin) et le diagnostic sont autant de thèmes que les auteurs explorent pour donner au lecteur une vision globale de la méthode et des variables qui influencent un changement dans un système organisationnel.

Des listes de questions que l'intervenant doit se poser en planifiant un changement pourront être consultées au moment opportun.

Ce livre est un bon outil particulièrement quand on parle de plans de recherche et de plans de travail.

Ce livre contient :
– bibliographie commentée.

JONES, M. (1987). *Comment organiser des réunions.* **Montréal : Les Éditions La Presse.**

Dans l'ensemble, ce livre est un guide de planification pour les réunions de travail, colloques, conférences et congrès.

On y retrouve une liste de contrôle concernant toutes les étapes de réalisation et cela dès six mois avant l'événement. Cet ouvrage est surtout pratique et concerne la deuxième partie de la planification : la réalisation de la réunion. Il est structuré et donne plusieurs exemples pour en assurer au lecteur une meilleure compréhension.

Simple, ce livre n'aborde pas la préparation psychologique de l'animateur et des participants. Il est plutôt le fruit de l'expérience pratique de l'auteur.

LEBEL, P. (1983). *L'animation des réunions.* **Paris : Éditions d'Organisation.**

Livre largement cité dans la littérature sur l'animation, il donne de façon précise les éléments d'un plan d'animation. Des tableaux détaillés, des synthèses claires et concises en font un ouvrage de référence très utile.

Lebel insiste sur le fait que si une réunion est un moyen pour le groupe d'atteindre son but, elle ne peut cependant le faire que dans un environnement favorable, une préparation et une organisation adéquate.

En plus des aspects pratiques liés à la planification, l'auteur fournit des aspects conceptuels concernant la dynamique des groupes, les styles d'animation et de communication interpersonnelles, les plans et méthodes de travail et l'évaluation de la réunion.

Ce livre contient :
– bibliographie commentée.

MACCIO, C. (1986). *Des réunions efficaces.*
Lyon : Chronique sociale de France.

Cet ouvrage sert de guide pratique à tous ceux qui participent ou animent des réunions.

Dans la première partie du livre, les réunions sont présentées comme des outils de travail importants pour les groupes, leur permettant de prendre en charge efficacement les problèmes auxquels ils sont confrontés. Les facteurs humains et leur influence sur l'animateur, les participants et le groupe sont ensuite décrits. Les moyens, méthodes et procédures sont également traités comme des facteurs influençant l'efficacité des réunions.

Écrit sous forme de courts textes, le livre est facile d'accès et permet au lecteur de s'y repérer facilement.

Ce livre contient :
– bibliographie générale.

MOSVICK, R. et NELSON, R.B. (1988). *Enfin des réunions*
***efficaces.* Paris : Éditions Eyrolles.**

L'ensemble du livre donne des indices sur la planification de la réunion. De cours textes mettent en lumière les éléments qui habituellement causent des difficultés lors de la préparation.

On y parle entre autres des erreurs à éviter, de l'environnement changeant de la réunion et de la façon de se sortir de la crise provoquée par la « réunionite ».

Les appendices de ce livre décrivent systématiquement les types de réunions et leur mode de structuration.Une série de tableaux « aide-mémoire » sur leur déroulement (listes de contrôles d'avant réunion, convocation, ordre du jour, suivi) sont des éléments intéressants.

Ce livre contient :
  – bibliographie générale.

MUCCHIELLI, R. (1980). *La conduite des réunions,* **(8ᵉ éd. rév.). Paris : Entreprise Moderne d'Édition.**

Le chapitre cinq sur la conduite des réunions des petits groupes porte particulièrement sur la planification.

L'auteur fait un bref résumé d'une dizaine de pages sur les conditions de préparation et de réalisation de la réunion. D'une façon claire et concise, il énonce les principaux concepts de base de la planification d'une activité.

Dans la deuxième partie du livre, l'auteur présente des exercices pratiques qui aideront le lecteur à mieux identifier les problèmes auxquels l'animateur peut être confronté.

Ce livre contient :
  – bibliographie générale,
  – exercices,
  – simulations.

TIMBAL-DUCLAUX, L. (1989). *Les réunions : avant, pendant, après.* **Paris : Édition Retz.**

On retrouve dans ce livre plusieurs tableaux, synthèses et exercices permettant à l'animateur de vérifier ses connaissances dans le cadre de théories modernes du fonctionnement de l'esprit. À l'aide des différentes listes, il sera en mesure de bien planifier sa réunion.

Ce livre contient :
  – bibliographie générale,
  – exercices.

Conclusion

Un regroupement de personnes est un phénomème réel et observable. Avoir à se joindre à ceux qui sont déjà ensemble donne la sensation d'être soi-même scruté, presqu'à la loupe, par autant de paires d'yeux. Pour les gens de théâtre et chez ceux d'entre nous qui ont expérimenté l'inquiétude d'entrer en scène, le « trac » est familier. Avant de se retrouver sous le feu des projecteurs qui l'expose au regard de la « multitude », l'acteur se remémore son personnage, son rôle, ses répliques ; il met en oeuvre tous les moyens pour se mobiliser face aux attentes de l'auditoire. Qui ne se souvient pas d'avoir connu de semblables préparatifs avec sueurs froides et plaisir mélangés, lors de son entrée dans un nouveau groupe ? On n'entre pas dans un groupe comme dans un moulin, tout comme on ne se présente pas n'importe comment devant un auditoire attentif.

Les « bêtes de scène », acteurs chevronnés, reconnaissent ne pouvoir éviter le trac. C'est même de ne pas l'éprouver qui serait plutôt inquiétant. Avec les années, ils ont évidemment appris à surmonter cette panique. Les animateurs d'expérience, acteurs du quotidien social, ont aussi réussi à dominer cette crampe paralysante que provoquait en eux l'anticipation du contact avec le groupe. Mais pourtant, certains jours, ne prennent-ils pas envie de vouloir se retrouver ailleurs qu'en présence d'un groupe, fut-il une part de leur vie intime comme l'est le groupe familial ? Et, à plus forte raison, ne se préparent-ils pas avant d'entrer en contact avec un groupe pour lequel ils prévoient faire figure de « nouveau venu », d'étranger ?

D'où vient donc cette appréhension devant l'éventualité d'avoir à rencontrer, sinon à affronter un groupe ? Qu'est-ce qui rend le groupe redoutable au point que certaines personnes en deviennent physiologiquement désorganisées et « tombent malades » ? Pourquoi le groupe fait-il peur ? Pourquoi éprouvons-nous si souvent et si facilement ce sentiment de vulnérabilité en présence du groupe et même avant de lui être présenté ? Pour certaines personnes, le groupe effraie encore et encore. Elles envisagent toujours avec terreur la rencontre de cet hydre à (plus ou moins...!) sept têtes.

C'est à apprivoiser le groupe et à exorciser ses peurs que l'animateur doit s'employer. Il est souhaitable que l'animateur parvienne à maîtriser le groupe pour s'en faire désormais un allié, et qu'il cesse d'être perçu comme un adversaire, un piège... Pour en venir là, il faut que l'animateur apprenne à connaître le groupe, lève le voile sur sa véritable nature et démystifie sa réputation. Par dessus tout, l'animateur doit se donner les moyens d'intervenir avec le plus de précision possible.

L'animation, par sa praxis, tout comme la participation d'ailleurs, sont révélatrices de notre propre conception de la personne et de la société. Nous pouvons voir dans le groupe que l'on anime un rassemblement de personnes qu'il nous faut conduire à bon port, en utilisant le « kit » du parfait animateur. Notre intervention sera alors limitée à l'accessoire, à utiliser le minimum de la capacité du client. Au contraire, une véritable conception de l'animation rejette la vision qu'elle n'est que l'application de simples techniques, de simples recettes aussi complexes soient-elles. L'animation, dans le cadre du présent ouvrage, consiste notamment à comprendre les phénomènes de groupe pour mieux en utiliser l'essence et mettre l'énergie qui s'en dégage à la disposition de tous les membres.

En reprenant à notre compte les propos tenu par Limbos (1980) dans son ouvrage destiné aux animateurs des groupes de culture et de loisirs, une animation véritable n'est pas une manipulation des événements et des personnes. Elle tient compte, à la fois, des besoins des personnes, du groupe et de la société, dans un contexte particulier propre à ces personnes, à ce groupe ou à cette société. Le rôle premier de l'animateur est donc de connaître et de comprendre le groupe avec lequel il oeuvre et d'en apprécier les objectifs, de planifier le déroulement des activités, d'utiliser avec adresse sa synergie. Les moyens matériels mis à la disposition de l'animateur viennent soutenir son action et celle du groupe.

Cette animation à caractère démocratique met l'accent sur les forces qui se dégagent du travail en équipe et met en lumière la nécessité d'adopter certains comportements qui aident les autres :

— écouter, discuter, échanger, débattre et exprimer ses idées ;
— prendre des décisions responsables, selon des procédés démocratiques ;
— se répartir les tâches et les responsabilités de manière équitable ;
— contrôler et évaluer les résultats obtenus ;
— réagir en personne socialement mature aux irritants de la vie en groupe.

Au-delà de son savoir à propos du groupe et des techniques qui favorisent son bon fonctionnement, l'animateur doit être constamment centré sur le groupe et solliciter, par une écoute empathique, une participation active de ses membres.

Apprendre à animer, c'est apprendre à décider collectivement et à partager le pouvoir que l'on possède sur les autres et sur les choses. C'est, par le fait même, développer notre compétence en tant qu'être social.

Glossaire

AMBIANCE : Climat de travail facilitant plus ou moins la tâche à accomplir, créé par les relations qu'entretiennent entre eux les membres d'un même groupe.

ANIMATEUR : Nom donné au responsable qui, au sein du groupe, conduit la réunion en favorisant la participation de tous les membres, en stimulant les interactions et en assurant la régulation générale du déroulement.

ANIMATION : Ensemble d'interventions destinées à aider les membres d'un groupe à coopérer en fonction d'un objectif commun.

ATTITUDE : État d'esprit relativement habituel chez un individu, le prédisposant à agir d'une manière donnée dans une situation donnée.

ATTRACTION : Force qui attire quelqu'un vers un ou plusieurs membres d'un groupe, ou vers la tâche à accomplir.

CODE : Signe ou symbole destiné à donner son sens à un message ou à un segment du message. Dans un groupe, les codes doivent être compris par chaque participant pour qu'ils se sentent solidaires les uns des autres.

COHÉSION : Résultat de la force qui unit les membres affectivement et cognitivement à l'intérieur du groupe. Qualité ou intensité de l'attraction que le groupe exerce sur ses membres.

COLLABORATION : Synonyme de coopération, qui, chez les membres d'un groupe, se manifeste notamment par le partage des informations, d'un but ou d'objectifs et par l'aide socio-affective des uns envers les autres.

COMMUNICATION : Processus mettant en relation des personnes échangeant des informations entre elles.

COMMUNICATION CONSOMMATOIRE : Échange d'informations relatives aux relations affectives établies dans le groupe et qui restreint le temps consacré à la productivité du groupe. Expression par un participant de son état affectif ou émotionnel.

COMMUNICATION DIRECTE : Échange entre un ou plusieurs émetteurs et récepteurs en situation de face à face.

COMMUNICATION INCIDENTE : Transmission, sans intention particulière, d'une information aux autres membres du groupe.

COMMUNICATION INSTRUMENTALE : Transmission d'information visant à obtenir chez les autres un effet particulier.

COMMUNICATION NON-VERBALE : Transmission d'informations sans faire appel au langage parlé ou écrit (gestes, postures, intonations, mimiques, etc.).

COMMUNICATION VERBALE : Transmission d'informations à l'aide du langage parlé ou écrit.

CONFORMISME : Tendance de certains membres d'un groupe à accepter inconditionnellement la réalité telle que définie par le groupe tout entier.

CONSENSUS : Accord plus ou moins partagé entre les membres d'un groupe en regard de la décision à prendre ; satisfaction de la participation individuelle dans la prise de décision ; engagement en regard de cette décision et satisfaction en regard du processus de prise de décision utilisé.

COOPÉRATION : Attitude de participation active et collective en regard d'une tâche assumée en co-responsabilité par les membres d'un groupe.

DYADE : Réunion de deux personnes en interaction.

ÉMETTEUR : Personne source du message dans une communication.

ÉNERGIE DE CONSERVATION : Force dégagée par les membres d'un groupe, qui vise au maintien ou au développement des relations socio-affectives entre les membres.

ÉNERGIE DE PRODUCTION : Force dégagée par les membres d'un groupe, visant à la réalisation de la tâche du groupe.

ENVIRONNEMENT : Ensemble de conditions naturelles et culturelles, incluant le facteur temps, qui détermine l'accessibilité et le contrôle de l'espace dans lequel se développe l'individu ou le groupe.

ENVIRONNEMENT EXTERNE : Espace collectif occupé par les personnes, les groupes et les objets composant le voisinage, le quartier, la ville, la communauté urbaine...

ENVIRONNEMENT INTERNE : Espace personnel qui se caractérise par le territoire propre occupé par une personne ou un groupe.

ESPACE : Lieu plus ou moins délimité, dans lequel se situe l'individu ou le groupe.

FEED-BACK : Rétroaction ou retour d'information qui permet l'ajustement de l'émission d'un message.

FONCTIONNEMENT SELON LA PROCÉDURE : Action prépondérante d'un ou plusieurs participants portant sur la manière de procéder pour débattre d'un sujet en groupe ou pour réaliser la tâche.

FONCTIONNEMENT SELON LE CONTENU : Action prépondérante d'un ou plusieurs participants sur le contenu des débats et qui a pour effet de faire progresser la tâche à accomplir.

FONCTIONNEMENT SELON LE SOCIO-AFFECTIF : Action prépondérante d'un ou plusieurs participants à l'égard des relations socio-affectives entre les membres du groupe.

GROUPE : Ensemble de personnes en interrelation dynamique concourant de façon interdépendante à l'atteinte d'un objectif commun.

GROUPE DE TÂCHE : Groupe dont les membres sont réunis pour accomplir un travail ou un projet spécifique.

GROUPE PRIMAIRE : Groupe constitué de membres se connaissant et partageant une existence commune et dont les interrelations sont affectives et spontanées.

GROUPE RESTREINT : Petit groupe primaire composé de quatre à douze membres.

GROUPE SECONDAIRE : Groupe constitué d'un nombre généralement élevé de membres où les interrelations sont souvent indirectes, habituellement contractuelles, et destinées à satisfaire des besoins sociaux, politiques ou économiques.

HÉTÉROGÉNÉITÉ (d'un groupe) : Propriété d'un groupe reposant sur des différences psychologiques, sociologiques, économiques, spirituelles ou culturelles des membres.

HOMOGÉNÉITÉ (d'un groupe) : Propriété d'un groupe reposant sur les similitudes psychologiques, sociologiques, économiques, spirituelles ou culturelles entre les membres.

INTERACTION : Suite d'actions et de réactions ou d'échanges réciproques entre deux ou plusieurs personnes en situation de communication.

INTERDÉPENDANCE : État de dépendance mutuelle réciproque entre tous les membres d'un groupe.

LEADER : Membre du groupe exerçant une influence sur l'ensemble du groupe et sur son fonctionnement.

MEMBERSHIP : Adhésion individuelle, en tant que membre, à un groupe ou à un groupement.

NORME : Principe ou règle adoptés par la majorité des membres, implicitement ou explicitement, en vue de simplifier la production du groupe ou d'encadrer les relations entre ses membres. Le membre qui ne respecte pas une norme est appelé déviant.

ORGANISATION INTERNE : Structure de fonctionnement dont les éléments (normes, codes, activités, ressources) caractérisent le groupe et tendent à lui donner une certaine cohésion.

PARTICIPATION : Engagement volontaire et responsable dans la poursuite d'une action individuelle ou collective.

PARTICIPATION SELON LA PROCÉDURE : Comportements manifestes et systématiques d'un participant ayant pour effet de contribuer à la détermination de la manière dont la tâche sera accomplie.

PARTICIPATION SELON LE CONTENU : Comportements manifestes et systématiques d'un participant qui contribue à la réalisation de la tâche par ses idées à propos du contenu du travail à accomplir.

PARTICIPATION SELON LE SOCIO-AFFECTIF : Comportements manifestes et systématiques d'un participant ayant pour but d'influencer les relations entre les membres du groupe.

POSTURE : État relativement fixe, où le corps s'immobilise, ou tend à le faire, qui manifeste certaines attitudes de la personne.

PROCÉDURE : Ensemble de règles et de formalités devant être observées par les membres d'un groupe pour parvenir au résultat désiré.

PROXÉMIQUE : Étude de l'utilisation de l'espace par l'homme.

QUADRETTE : Réunion de quatre personnes en interaction.

QUINTETTE : Réunion de cinq personnes en interaction.

RÉCEPTEUR : Personne à qui est destiné le message à l'intérieur d'une communication.

RÉPULSION : Attitude d'un participant manifestant de l'antipathie envers un autre membre du groupe ou envers la tâche à accomplir.

RÉSEAUX DE COMMUNICATION : Ensembles complexes des canaux reliant les émetteurs et récepteurs et à l'intérieur desquels transitent les informations.

RÉSEAUX OFFICIEUX : Réseaux établis selon les besoins et les affinités des participants et qui ne sont pas non reconnus par l'organisation.

RÉSEAUX OFFICIELS : Réseaux identifiés et reconnus par l'organisation.

RÉUNION : Activité permettant aux membres d'un groupe de se retrouver habituellement en un même endroit au même moment. Toutefois, la réunion asynchrone et la téléconférence font exception à cette règle.

RÔLE : Ensemble des conduites, actions ou comportements caractéristiques qu'une personne adopte dans un groupe.

SOCIOGRAMME : Schéma représentant des réseaux de relations à l'intérieur d'un groupe.

SOCIOMÉTRIE : Technique d'analyse et d'évaluation des relations entre les membres d'un groupe.

SOLIDARITÉ : Union morale entre les membres d'un groupe ayant conscience d'une communauté d'intérêts.

SOUTIEN TECHNIQUE : Ressources matérielles utilisées par l'animateur, telles que les moyens audiovisuels facilitant son travail auprès des groupes.

STATUT : Valeur, rang hiérarchisé accordé à quelqu'un par les autres membres d'un même groupe et correspondant habituellement à l'exercice de certaines responsabilités.

STYLE DÉBONNAIRE : Attitude de l'animateur laissant le groupe aller de lui-même. Se manifeste par l'absence de comportements d'aide, d'orientation ou de contrôle de la procédure auprès du groupe.

STYLE DÉMOCRATIQUE : Attitude de l'animateur manifestant des comportements favorables à l'exercice du pouvoir par l'ensemble du groupe.

STYLE DIRECTIF : Attitude de l'animateur manifestant des comportements favorisant son propre exercice du pouvoir au détriment d'une prise en charge collective.

SYNERGIE : Action coordonnée des membres d'un groupe qui concourent à l'atteinte d'un objectif unique.

SYNTALITÉ : Phénomène ou produit collectif plus grand que la sommation des productions individuelles.

SYSTÈME : Ensemble structuré d'éléments interreliés s'auto-influençant dans l'exercice de leurs spécificités.

TECHNIQUE D'ANIMATION : Procédé utilisé par celui qui guide le groupe afin de lui permettre d'atteindre ses objectifs avec le maximum de performance.

TRIADE : Réunion de trois personnes en interrelation.

LES MODES DE STRUCTURATION DES RÉUNIONS

L'ASSEMBLÉE DÉLIBÉRANTE

DESCRIPTION GÉNÉRALE

L'assemblée délibérante permet de structurer les réunions de groupe au cours desquelles les membres peuvent s'informer, discuter et prendre des décisions. Des règles strictes dictent le déroulement de l'assemblée délibérante. Au Québec, ces règles se retrouvent dans des documents dont les plus connus sont le code de procédures des assemblées délibérantes, appelé aussi communément code Morin, et le code des assemblées délibérantes dans les coopératives.

La proposition donne lieu à des délibérations qui conduisent, à leur tour, à des résolutions. Les procédures définissent les types de propositions et leurs applications et elles encadrent l'ensemble du fonctionnement de la réunion. Dans une assemblée délibérante, l'animateur est appelé président d'assemblée.

APPLICATIONS

Il est possible de structurer toutes les réunions de prise de décision à l'aide des règles des assemblées délibérantes. Elles s'appliquent fréquemment aux assemblées de conseils d'administration, aux assemblées générales et aux assemblées de commissions.

DÉROULEMENT *

ÉTAPES	DESCRIPTION
1. **Vérifier le quorum**	Le président d'assemblée ou le secrétaire procèdent à l'appel des participants de l'assemblée pour vérifier si le nombre permet de tenir la réunion, conformément aux règles en vigueur.

ÉTAPES	DESCRIPTION
2. **Ouvrir l'assemblée**	Le président d'assemblée déclare la réunion ouverte, demande la lecture et l'approbation de l'ordre du jour ainsi que du procès-verbal de la dernière assemblée.
3. **Délibérer**	Le président d'assemblée anime la discussion selon l'ordre du jour accepté, en faisant respecter les règles de conduite de la réunion.
3.1 **Présenter l'état de la question**	Le président d'assemblée ou le membre de l'assemblée le plus concerné par le point à l'ordre du jour explique aux autres le contexte et les enjeux de la question traitée.
3.2 **Proposer**	Un des membres de l'assemblée émet une proposition concernant le sujet à l'ordre du jour. Cette proposition est notée par le secrétaire et permettra la poursuite de la discussion.
3.3 **Appuyer la proposition**	Le président d'assemblée anime une discussion sur la proposition émise. Il distribue le droit de parole en ne permettant à chaque membre d'intervenir qu'une seule fois.
3.4 **Discuter**	Le président d'assemblée demande à un membre qui appuie la proposition émise de se manifester. Si personne n'appuie la proposition, la discussion se termine et une autre proposition doit être soumise pour que les délibérations reprennent.
3.5 **Discuter**	Le président d'assemblée anime la discussion sur la proposition appuyée jusqu'à ce que le sujet semble épuisé ou que l'un des membres demande le vote.
3.6 **Voter**	Le président relit la proposition et demande aux membres de se prononcer pour ou contre cette dernière afin qu'une décision soit prise. La décision est notée et le président passe au point suivant.

*Les étapes décrites se répètent autant de fois que le nombre de propositions émises au cours de l'assemblée le requiert.

ÉTAPES	DESCRIPTION
4. **Lever l'assemblée**	Lorsque l'ordre du jour est épuisé, le président d'assemblée demande une proposition de levée de l'assemblée.
5. **Rédiger le procès-verbal**	Suite à l'assemblée délibérante, le secrétaire rédige un résumé des discussions et des décisions prises selon les règles de rédaction des procès-verbaux.

CARACTÉRISTIQUES

Avantages	Assure un déroulement démocratique des délibérations.
	Oblige les participants à se concentrer sur une seule proposition et à éviter les discussions hors d'ordre.
	Favorise l'ordre dans la prise de décision dans les grands groupes.
Limites	Peut paraître trop formaliste et cérémonieux.
	Demande de la pratique avant que la procédure soit bien maîtrisée, tant de la part des participants que de la part du président d'assemblée.

VARIANTE

Selon le contexte et la taille du groupe, les procédures de l'assemblée délibérante peuvent être adaptées aux besoins des membres.

L'ATELIER

DESCRIPTION GÉNÉRALE

L'atelier regroupe trois à huit personnes ayant un intérêt commun ainsi qu'un ou plusieurs experts dans le but d'explorer un sujet spécifique ou d'accomplir une tâche. Le petit groupe écoute des exposés, assiste à des démonstrations, discute des divers aspects du sujet, étudie, travaille et évalue. Ce mode de structuration vise à transmettre de l'information par l'expérimentation et le partage des connaissances.

APPLICATIONS

Lorsque l'on souhaite transmettre des connaissances dans un contexte de formation ou effectuer une tâche comprenant plusieurs parties dans une réunion de travail, l'atelier s'avère un mode de structuration adéquat. Il constitue également une façon de diviser un grand groupe afin de favoriser les interactions et la participation active de tous.

DÉROULEMENT

ÉTAPES	DESCRIPTION
1. **Présenter l'atelier**	L'animateur ou la personne-ressource présente le contenu, le matériel et le programme de l'atelier.
2. **Démontrer**	L'animateur ou la personne-ressource effectue une démonstration ou un exposé sur le sujet de l'atelier.
3. **Discuter**	L'animateur anime une discussion entre les participants et la personne-ressource sur la démonstration ou l'exposé précédent.
4. **Effectuer la tâche**	L'animateur aide le groupe à réaliser son mandat, à reproduire l'expérimentation ou à trouver une solution.
5. **Résumer les résultats**	Un représentant du groupe résume les résultats de la réalisation de la tâche et l'animateur effectue une synthèse du contenu de l'atelier.

CARACTÉRISTIQUES

Avantages	Favorise la participation active de tous les membres.
	Développe la collaboration et l'aptitude au travail d'équipe.
	Permet d'accomplir une tâche complexe en la divisant en plusieurs parties.
Limites	Exige une bonne connaissance du sujet de la part de l'animateur.
	Multiplie le nombre d'animateurs nécessaires par le nombre de sous-groupes ou d'ateliers.
	Requiert un local différent pour chaque sous-groupe.

VARIANTE

Lorsque l'on divise un grand groupe en plusieurs ateliers, il s'avère intéressant de faire suivre d'une plénière pour partager les résultats de chaque sous-groupe au grand groupe.

LE COLLOQUE

DESCRIPTION GÉNÉRALE

Souvent utilisé à toutes les sauces, le terme colloque désigne un mode de structuration qui consiste en une discussion publique entre trois ou quatre représentants de l'auditoire et trois ou quatre personnes ressources ou experts. Les représentants du groupe conversent avec les personnes-ressources à propos de divers aspects d'une question, et ce avec l'aide d'un modérateur dans le but de mieux comprendre un problème ou une situation.

APPLICATIONS

Le colloque constitue un mode de structuration pertinent lorsque l'on souhaite démontrer au groupe les avantages et les désavantages d'un projet ou stimuler l'intérêt des membres envers une situation. De plus, il s'avère utile pour réduire la distance entre le groupe et les personnes-ressources.

DÉROULEMENT

ÉTAPES	DESCRIPTION
1. **Introduire le sujet**	L'animateur présente brièvement le sujet, la situation ou le problème à discuter. Il précise les procédures et les modalités d'intervention des participants et des membres de l'auditoire.
2. **Présenter les participants**	L'animateur présente les six à huit participants ou leur demande de se présenter eux-mêmes. Il mentionne notamment les champs de spécialisation des personnes-ressources.

ÉTAPES	DESCRIPTION
3. **Échanger**	L'animateur dirige une discussion entre les intervenants. Les représentants de l'auditoire et les personnes-ressources posent des questions, expriment leurs opinions et soulèvent leurs points de vue. Selon le cas, l'animateur peut accepter certaines interventions du public.
4. **Conclure et résumer**	Lorsque le temps disponible est écoulé ou que le sujet semble épuisé, l'animateur effectue une synthèse de la discussion.

CARACTÉRISTIQUES

Avantages — Oblige les personnes-ressources à écouter les besoins de l'auditoire et à répondre à ses questions.

Comble la distance entre les personnes-ressources et le groupe.

Offre une grande souplesse dans le contenu de la discussion.

Permet une participation et une représentation de l'auditoire.

Limites — Nécessite un minimum de connaissance du sujet de la part de l'auditoire.

Requiert des qualités d'argumentation, de vivacité et de curiosité de la part des représentants de l'auditoire.

Demande aux personnes-ressources et aux représentants de l'auditoire une capacité à s'exprimer brièvement.

LE DÉBAT PUBLIC

DESCRIPTION GÉNÉRALE

Dans un débat public, trois à six personnes expertes ou choisies dans l'auditoire discutent d'un sujet devant un public. D'une durée minimale de trente minutes, le débat public se déroule dans une ambiance de conversation, sans discours préalablement préparé de la part des participants.

APPLICATIONS

Le débat public convient à des réunions où l'auditoire s'avère trop nombreux pour permettre une discussion directe avec ses membres et les personnes choisies pour présenter leurs points de vue. Il permet de définir un problème ou un sujet, de montrer les avantages et les inconvénients d'une situation ou de ses différents aspects. De plus, il peut aider le groupe à affronter une question controversée sans s'y impliquer directement.

DÉROULEMENT

ÉTAPES	DESCRIPTION
1. **Introduire le sujet et les procédures**	L'animateur présente brièvement le sujet, la situation ou le problème dont il sera question. Il précise les procédures et les modalités d'intervention des interlocuteurs et des membres de l'auditoire.
2. **Présenter les interlocuteurs**	L'animateur présente les interlocuteurs ou leur demande de se présenter eux-mêmes.
3. **Discuter**	L'animateur lance la discussion par une question ouverte ou un commentaire qui suscite l'expression des opinions des interlocuteurs. Il conduit ensuite le débat en prenant soin de favoriser un climat de conversation informelle.
4. **Conclure et résumer**	Lorsque le temps disponible est écoulé ou que le sujet semble épuisé, l'animateur effectue une synthèse de la discussion.

CARACTÉRISTIQUES

Avantages	Aide à identifier les convergences et divergences d'opinions.
	Suscite l'intérêt de l'auditoire en raison de la présence interactive des interlocuteurs.
Limites	Ne favorise pas l'expression verbale active de l'auditoire.
	Suppose que les interlocuteurs savent être brefs et précis.
	Peut ne laisser place qu'à un point de vue si quelques interlocuteurs s'y rallient et monopolisent le temps de parole.

Limites *(suite)*   Requiert une certaine maturité de l'auditoire pour accepter la confrontation de plusieurs points de vue.

VARIANTE

Interrogatoire organisé : Le débat se déroule entre une personne, membre de l'auditoire ou autre, qui interroge trois à cinq personnes-ressources du groupe ou de l'extérieur du groupe.

LA DISCUSSION EN GROUPE RESTREINT

DESCRIPTION GÉNÉRALE

La discussion en groupe restreint réunit cinq à vingt participants qui échangent des idées et des opinions sur un sujet d'intérêt commun. Il s'agit d'une discussion assez structurée et méthodique basée sur la coopération. Le but de ce type de discussion peut consister à résoudre un problème, à prendre une décision ou à partager des informations.

APPLICATIONS

La discussion en groupe restreint permet de préciser ou d'explorer une situation ou un problème pour en élargir la compréhension de chacun. Elle s'avère utile lorsque l'on souhaite que tous les membres du groupe participent et qu'une opinion de groupe se forme dans le respect des idées de chacun. De plus, elle crée une atmosphère de compréhension entre les membres.

DÉROULEMENT

ÉTAPES	DESCRIPTION
1. **Choisir un secrétaire**	L'animateur demande aux participants de choisir un secrétaire qui se chargera de la prise en note des décisions du groupe.
2. **Présenter le sujet de discussion**	L'animateur ou l'un des membres présente le sujet de discussion et, au besoin, aide le groupe à fixer ses objectifs. Il précise ensuite les procédures à suivre au cours de la discussion pour obtenir la parole, prendre des notes, etc.

ÉTAPES	DESCRIPTION
3. **Discuter**	L'animateur dirige la discussion. Il se charge de distribuer également le droit de parole, il encourage la participation de tous, il reformule les propos plus ou moins clairs, il soulève des aspects ou des faits oubliés par le groupe, il effectue régulièrement des synthèses partielles, il obtient l'accord sur ce qui est noté, il arrête les apartés, etc.
4. **Conclure et résumer**	Lorsque le temps disponible est écoulé ou que le sujet semble épuisé, l'animateur résume la discussion et, au besoin, aide le groupe à préciser le partage des tâches et à déterminer les mandats de chacun en regard des décisions prises.

CARACTÉRISTIQUES

Avantages	Permet un maximum d'interactions entre les participants.
	Partage la responsabilité du contenu entre tous les membres.
	Favorise les associations d'idées.
Limites	Peut s'avérer inefficace si un ou quelques membres monopolisent le temps de discussion.
	Requiert une certaine habileté et une écoute attentive de la part de l'animateur.
	Dépend de l'information préalable et de la préparation des membres.
	Nécessite une bonne capacité d'écoute de la part des participants.

L'EXPOSÉ OU CONFÉRENCE

DESCRIPTION GÉNÉRALE

Un exposé ou une conférence consiste en la présentation d'un sujet par un orateur qualifié devant un auditoire composé de personnes partageant des objectifs d'information communs. Dans sa forme la plus conventionnelle, ce mode de structuration ne présuppose aucune interaction avec le public pendant le discours.

APPLICATIONS

Le choix de l'exposé ou conférence comme mode de structuration de réunion est surtout conseillé lorsque l'on souhaite transmettre beaucoup d'information à une grande quantité de personnes à un même moment. Il sert à présenter un problème, des solutions, les résultats d'une analyse ou toute autre information structurée.

DÉROULEMENT

ÉTAPES	DESCRIPTION
1. **Présenter l'orateur**	L'animateur présente l'orateur à l'auditoire en soulignant les moments importants de la carrière de ce dernier afin de souligner la pertinence de sa présence en regard du sujet présenté.
2. **Présenter les objectifs de l'exposé**	Selon l'entente intervenue entre l'orateur et l'animateur, l'un des deux énonce au public les objectifs de la conférence.
3. **Introduire l'auditoire au sujet**	L'orateur présente le sujet de son exposé et précise les idées directrices de son discours.
4. **Exposer le contenu**	L'orateur expose à son auditoire le contenu de sa conférence en prenant soin de faire ressortir les éléments clés et d'effectuer de brèves synthèses à la fin de chacune des parties de son discours.
5. **Conclure l'exposé**	L'orateur termine son exposé par une synthèse des idées formulées et parfois en laissant son auditoire sur certaines questions.
6. **Répondre aux questions de l'auditoire**	Une fois l'exposé terminé, l'animateur remercie l'orateur et donne la parole aux membres de l'auditoire qui désirent poser des questions.

CARACTÉRISTIQUES

Avantages	Permet une présentation structurée, systématique et sans interruption des faits ou opinions.
	Peut être accompagné d'instruments audiovisuels.
	Simple à mettre sur pied.
	Permet de transmettre une assez grande quantité d'informations.
Limites	Requiert une bonne préparation de la part de l'orateur.
	Ne permet l'expression des idées que d'une seule personne.
	Ne demande pas de participation verbale du public, ce qui rend difficile l'évaluation des effets de l'exposé.
	Nécessite une bonne capacité de concentration de l'auditoire.
	À tendance à être trop utilisé.

VARIANTE

Exposé ou conférence avec équipe de réaction : Avant le début de l'exposé, l'auditoire se nomme trois à cinq représentants. Ceux-ci sont chargés de poser des questions à l'orateur à des moments opportuns, par exemple à la fin de chaque partie de l'exposé, afin de clarifier certains propos ou de faire approfondir un aspect qui intéresse plus particulièrement le groupe. Cette variante s'avère surtout utile lorsque le sujet traité est complexe.

LE FORUM

DESCRIPTION GÉNÉRALE

Le forum constitue une discussion dirigée, entre un groupe de vingt-cinq personnes ou plus et une ou plusieurs personnes-ressources. Cette discussion, d'une durée de quinze à soixante minutes, complète souvent un autre mode de structuration comme la conférence ou le panel. Le forum et ses nombreuses variantes peuvent structurer adéquatement les réunions d'information ascendante.

APPLICATIONS

Le choix du forum comme mode de structuration d'une réunion convient particulièrement aux situations où l'on souhaite obtenir les idées et les opinions du groupe et connaître ses besoins et ses intérêts. Il permet d'approfondir la discussion au-delà de la formule de type questions-réponses.

DÉROULEMENT

ÉTAPES	DESCRIPTION
1. **Introduire le sujet et les procédures**	L'animateur présente brièvement le sujet, la situation ou le problème à discuter. Il précise les procédures et les modalités d'intervention des participants et des membres de l'auditoire. Il vérifie la compréhension des procédures afin d'assurer le bon déroulement de la discussion.
2. **Présenter les personnes-ressources**	L'animateur présente les personnes-ressources ou leur demande de se présenter.
3. **Discuter**	L'animateur dirige une discussion entre les membres de l'auditoire et les personnes-ressources. Les représentants de l'auditoire et les personnes-ressources posent des questions, expriment leurs opinions et commentent les réponses.
4. **Conclure et résumer**	Lorsque le temps disponible est écoulé ou que le sujet semble épuisé, l'animateur effectue une synthèse de la discussion.

CARACTÉRISTIQUES

Avantages	Permet une participation active de l'auditoire.
	Oblige les personnes-ressources à tenir compte des besoins et des intérêts du groupe.
	Offre une grande souplesse dans le contenu de la discussion.

Avantages *(suite)*	Permet d'éclairer et d'approfondir des questions qui semblent confuses pour l'auditoire ou les personnes-ressources.
Limites	Requiert un animateur habile à diriger les discussions et à stimuler la participation.
	Ne permet pas toujours à tous les membres de l'auditoire d'intervenir en raison du temps disponible ou du monopole de la discussion par une minorité.
	Nécessite des capacités d'adaptation et de la souplesse de la part des personnes-ressources.
	Requiert un aménagement de l'espace propice à la discussion malgré le grand nombre de participants.

VARIANTES

Forum de réaction en chaîne : L'auditoire est divisé en sous-groupes assignés à différents aspects du sujet. Chaque sous-groupe se nomme des représentants chargés d'intervenir verbalement et un secrétaire qui résume les débats concernant la partie du sujet traitée par son équipe à la fin de la discussion.

Forum d'entrevue : Le forum est précédé d'une séance de questions que l'animateur pose aux personnes-ressources devant l'auditoire.

Forum-débat : Le forum est précédé par la présentation d'une argumentation par des personnes-ressources qui ont des opinions différentes sur le sujet à discuter.

L'INTERVIEW

DESCRIPTION GÉNÉRALE

Le mode de structuration de réunion que constitue l'interview permet à un représentant du groupe de poser à un expert plusieurs questions sur un sujet donné devant l'auditoire. L'interviewer devient le lien entre le groupe et la personne-ressource qui provient souvent de l'extérieur. L'interview, d'une durée de cinq à quarante-cinq minutes, peut être suivi, selon les variantes utilisées, de questions de l'auditoire.

APPLICATIONS

L'interview s'avère particulièrement utile lorsque les membres du groupe sont en trop grand nombre pour poser librement des questions à l'invité. Il sert à obtenir des renseignements ou des opinions sur un sujet, à intéresser le groupe à une problématique ou à explorer et analyser un problème. De plus, il constitue une façon intéressante de connaître l'opinion d'une personne-ressource sur une expérience ou une pratique du groupe.

DÉROULEMENT

ÉTAPES	DESCRIPTION
1. **Présenter la personne-ressource**	L'interviewer présente au groupe la personne-ressource, souvent en retraçant ses expériences et ses publications passées et il rappelle le sujet de l'interview.
2. **Procéder à l'entrevue**	L'interviewer pose à la personne-ressource des questions qui, souvent, lui ont été suggérées par le groupe lors de rencontres préparatoires. Toutefois, il sait s'adapter à la discussion et proposer des questions spontanées en fonction des propos de son invité qui s'efforce de répondre aux questions selon ses connaissances et son expérience professionnelle.
3. **Effectuer une synthèse**	Dès que toutes les questions sont abordées, l'interviewer présente au groupe une synthèse des propos de la personne-ressource et remercie cette dernière.

CARACTÉRISTIQUES

Avantages

Stimule l'intérêt du groupe par l'interaction verbale entre l'interviewer et la personne-ressource.

Permet à la personne-ressource de clarifier, approfondir et donner des exemples selon la compréhension de son interlocuteur.

Évite à la personne-ressource une longue préparation, comme pour une conférence, par exemple.

Limites   Repose beaucoup sur les qualités d'interviewer du représentant du groupe.

Ne permet pas d'interaction avec l'auditoire (dans sa forme originelle).

Ne permet pas une présentation détaillée de l'information.

VARIANTES

Commission d'enquête : la personne-ressource est interviewée par plusieurs personnes, (de trois à six) devant un auditoire.

Interview forum : L'interview est suivie d'une discussion ouverte avec le groupe entier, ce qui favorise une plus grande participation de l'auditoire.

Interview avec équipe de réaction : Au cours de l'entrevue, à des moments opportuns pour l'interviewer et pour la personne-ressource, une équipe de trois à cinq personnes membres de l'auditoire est chargée de poser des questions à la personne interviewée afin de clarifier ce qui semble encore obscur.

LE JEU DE RÔLES ET LE SOCIODRAME

DESCRIPTION GÉNÉRALE

Dans le jeu de rôles et le sociodrame, des membres volontaires du groupe jouent une scène de trente à quarante-cinq minutes à partir d'une situation hypothétique. Ils décident du déroulement de l'action en fonction de la manière dont ils croient que la situation devrait évoluer et en essayant d'adopter des attitudes typiques. Suite à cette représentation des acteurs, le groupe discute de ce qu'il a vu. La formule de la discussion peut varier.

Le jeu de rôles vise plus particulièrement la formation des individus à la résolution de problèmes alors que le sociodrame a pour but de résoudre des conflits réels de groupes.

APPLICATIONS

Le jeu de rôles et le sociodrame permettent aux membres du groupe de mieux comprendre leurs opinions et sentiments, ainsi que ceux des autres. Ils permettent l'évaluation des tensions du groupe et l'extériorisation des préoccupations de ses membres. Le plus souvent, ils sont utilisés pour dépersonnaliser une situation interne au groupe ou pour analyser des problèmes impliquant des composantes affectives car ils permettent au groupe de vivre une expérience commune. Tout ceci constitue une bonne base à la discussion.

DÉROULEMENT

ÉTAPES	DESCRIPTION
1. **Définir la situation de départ**	L'animateur, souvent assisté des membres, délimite une situation de départ. Il précise le lieu et l'époque de l'action, les caractéristiques des personnages, leur histoire antérieure et ce qui les réunit.
2. **Choisir les acteurs et les personnages**	Le choix des acteurs s'effectue le plus souvent sur une base volontaire. Pour le choix des personnages, l'animateur laisse les membres se répartir les rôles qu'ils veulent assumer. Toutefois, il suscite les décisions et sollicite les indécis afin d'en arriver à une distribution de rôles qui satisfasse le groupe.
3. **Laisser place à l'improvisation**	Les acteurs jouent la scène à partir de la situation de départ, mais le déroulement de l'action leur appartient.
4. **Arrêter le jeu**	L'animateur met fin à la représentation au bout de trente à quarante-cinq minutes, lors d'un moment fort du jeu.
5. **Analyser et interpréter le jeu**	L'animateur suscite une discussion en posant des questions sur les sentiments éprouvés par les acteurs et les observateurs durant la présentation. Selon qu'il s'agit d'un problème à analyser ou d'une situation à extérioriser, l'animateur oriente la discussion pour atteindre l'objectif de départ.

CARACTÉRISTIQUES

Avantages	Stimule l'auditoire.
	Permet à chacun de connaître les opinions et les sentiments des autres.
	Présente une situation de manière plus vivante.
Limites	Demande une certaine maturité du groupe en raison de l'implication émotionnelle.
	Risque de devenir un passe-temps s'il est trop ou mal utilisé.
	Peut causer de l'anxiété chez les acteurs à cause de l'implication émotionnelle qu'il suppose.

LE PANEL

DESCRIPTION GÉNÉRALE

Pour la tenue d'un panel, de trois à six personnes-ressources sont choisies en raison de la diversité de leurs opinions sur un sujet, afin d'en discuter devant un auditoire. Il s'agit en fait d'une discussion informelle d'une durée de quinze à quarante-cinq minutes entre « spécialistes » reconnus pour leurs connaissances et la facilité avec laquelle ils s'expriment devant plusieurs personnes. Ce mode de structuration vise l'obtention, par le public, d'informations variées sur un sujet donné.

APPLICATIONS

L'utilisation du panel est prescrit dans les cas où l'on désire considérer plusieurs aspects d'une situation afin de porter un jugement ou de prendre une décision plus judicieuse. On l'utilise aussi lorsque l'on veut clarifier un problème ou si l'on veut s'assurer d'une certaine objectivité par la présentation d'opinions diversifiées.

DÉROULEMENT

ÉTAPES	DESCRIPTION
1. **Présenter les panélistes**	L'animateur, appelé ici modérateur, présente les membres du panel au groupe et rappelle les procédures concernant la prise de parole par les panélistes.
2. **Introduire le sujet de discussion**	L'animateur présente ensuite le sujet qui sera discuté et met en évidence l'importance de ce sujet pour le groupe et les panélistes.
3. **Discuter**	L'animateur lance le débat par une question et donne la parole aux panélistes. Si un silence gênant se produisait, l'animateur aura prévu quelques questions.
4. **Résumer**	Dès que la discussion est terminée, l'animateur propose un résumé qui met en perspective les différents points de vue émis.

CARACTÉRISTIQUES

Avantages

Stimule l'intérêt du public par le recours à plusieurs personnes-ressources.

Se déroule habituellement dans un climat détendu et informel.

Permet une certaine mise en scène théâtrale stimulante pour le public.

Limites

A avantage à être complété par une technique plus interactive qui permet à l'auditoire de s'exprimer sur les opinions émises ou d'approfondir certains aspects traités.

Suppose un animateur très habile à guider une discussion.

Nécessite une connaissance minimale du sujet de la part de l'auditoire.

Il peut être difficile de réunir plusieurs experts sur un même sujet, au même moment.

Peut donner lieu à une monopolisation de la parole par l'un des panélistes, en manque de prestige.

VARIANTE

Panel forum ou Panel débat : À la fin de la discussion des panélistes, le modérateur anime une discussion ouverte entre les orateurs afin d'approfondir les points de vue et de confronter les idées.

LE SÉMINAIRE

DESCRIPTION GÉNÉRALE

Dans un séminaire, cinq à vingt-cinq participants, parfois accompagnés d'un expert, échangent sur un sujet qu'ils ont préalablement étudié individuellement. Ce mode de structuration favorise l'évolution du travail sur un thème donné grâce à la collaboration des membres du groupe.

Le séminaire peut se tenir de façon périodique ou continue, par exemple durant deux journées intensives. Selon les utilisateurs, la forme et les procédures du séminaire peuvent varier.

APPLICATIONS

Le séminaire convient particulièrement bien dans les réunions de formation et les réunions de travail. Il est utilisé pour connaître et résoudre un problème, pour approfondir une situation ou pour organiser certaines activités telles les colloques ou les congrès.

DÉROULEMENT

ÉTAPES	DESCRIPTION
1. **Préparer le séminaire individuellement**	L'animateur convie les participants à une séance préparatoire au cours de laquelle ces derniers se mettent d'accord sur le thème à étudier et sur les aspects traités par chacun.
2. **Présenter les recherches**	Lors d'une ou de plusieurs rencontres subséquentes, l'animateur demande à chaque participant de présenter les résultats de sa recherche sur l'un des aspects du sujet à l'étude.

ÉTAPES	DESCRIPTION
3. **Discuter des résultats**	Suite à chaque exposé, l'animateur dirige une discussion sur les résultats présentés. Les participants posent des questions et commentent le contenu de la présentation qui peut être plus ou moins formelle.
4. **Associer les résultats**	Une fois toutes les recherches présentées, l'animateur (ou l'expert) aide les participants à relier certains résultats et à déterminer les utilisations possibles des nouveaux contenus ainsi créés.

CARACTÉRISTIQUES

Avantages	Permet à la personne responsable de la formation, si tel est le cas, d'évaluer la compréhension des participants et l'atteinte des objectifs.
	Demande la participation active de tous les membres du groupe.
	Favorise la formation plus directement que les techniques d'enseignement classiques.
	Profite tant aux experts qu'aux profanes.
Limites	Exige une préparation importante de la part de chaque participant.
	Suppose des habiletés de recherche de la part des participants.
	Peut limiter la créativité et l'initiative si les organisateurs déterminent trop précisément les sujets à étudier.

LE SYMPOSIUM

DESCRIPTION GÉNÉRALE

Le symposium consiste en une suite de courts exposés sur les différents aspects d'une même question ou d'un problème. Ces exposés, d'une durée maximale de vingt minutes chacun, sont réalisés par trois à cinq personnes considérées comme expertes en cette matière. Il s'agit d'exposés complémentaires, non concurrentiels.

APPLICATIONS

Le recours au symposium est recommandé lorsque l'on souhaite explorer un problème complexe qui gagne à être décomposé en plus petites parties. Cette division peut s'effectuer à partir des composantes du problème, des points de vue qui s'y rapportent ou des solutions qu'on y propose. Le symposium s'avère également utile lorsque l'on considère qu'il est important de présenter les différents points de vue qui existent dans le groupe.

DÉROULEMENT

ÉTAPES	DESCRIPTION
1. **Introduire le sujet**	L'animateur, aussi appelé modérateur, expose au groupe le sujet traité et les thèmes abordés par les orateurs.
2. **Présenter les orateurs**	L'animateur présente rapidement chacun des orateurs en précisant le thème dont ils traiteront. Il rappelle à l'auditoire et aux « experts » les procédures à suivre : durée des exposés, absence d'interventions entre les orateurs et par le public.
3. **Exposer les points de vue**	À tour de rôle, les orateurs s'expriment sur l'aspect du problème qu'ils doivent aborder. L'animateur veille à ce que chacun respecte le temps qui lui est alloué et effectue de courts liens entre les exposés.
4. **Résumer les exposés**	L'animateur ou l'un des membres du groupe propose une synthèse des propos tenus par les orateurs en veillant à souligner chacun des points de vue.

CARACTÉRISTIQUES

Avantages	Présente l'information de façon organisée.
	Favorise l'écoute et aide à l'apprentissage en raison de la succession de courts exposés.
	Incite les orateurs à se préparer en raison de la présence des autres « experts ».

Limites   Ne permet pas une participation active des auditeurs.

Peut être difficile à réaliser en raison des difficultés à réunir, dans un même lieu et au même moment suffisamment d'experts pour couvrir tous les aspects majeurs de la problématique.

VARIANTES

Symposium-colloque : À la fin des exposés, le modérateur anime une discussion entre les orateurs afin d'approfondir les points de vue et de confronter les idées.

Symposium-débat : Suite au symposium ou au symposium-colloque, les membres de l'auditoire peuvent intervenir pour donner leur avis sur le sujet présenté ou pour poser des questions aux orateurs.

Symposium avec équipe de réaction : Une équipe de trois à cinq représentants de l'auditoire est mandatée pour poser des questions aux orateurs après chacun des exposés afin de clarifier certains aspects du sujet ou de faire connaître les besoins du groupe.

LES TECHNIQUES DE PRIORITÉS ET DE PLANIFICATION

LA PRIORITÉ G.U.T.

DESCRIPTION GÉNÉRALE

La technique de priorité de Charles H. Kepner et Benjamin B. Tregoe, communément appelée technique G.U.T., consiste en un processus de choix rationnels basés sur des critères permettant d'évaluer différentes options pour sélectionner celle qui répond le mieux aux besoins d'un groupe. Elle aide à dégager des priorités parmi plusieurs besoins ou objectifs afin de prendre une décision. Les trois lettres désignent les mots gravité (G), urgence (U) et tendance (T) qui sont en fait trois critères d'orientation d'une prise de décision.

APPLICATIONS

La priorité G.U.T. peut être utilisée au moment de la construction du plan d'action ou de la planification de la mise en oeuvre d'une décision. Elle permet d'analyser et de choisir les besoins ou les objectifs prioritaires. Elle peut être couramment utilisée, entre autres, dans le domaine des services sociaux lors de la réalisation de plans de services individualisés.

DÉROULEMENT

ÉTAPES	DESCRIPTION
1. **Présenter les options**	L'animateur rappelle aux membres du groupe les options qui s'offrent à eux. Ces options peuvent découler de décisions antérieures du groupe ou provenir de l'extérieur.

ÉTAPES	DESCRIPTION
2. **Confronter chacune des options avec le G.U.T.**	L'animateur demande au groupe d'évaluer chaque option à l'aide de trois critères du G.U.T.:
	La gravité : Quelle est la gravité ? Quelle est l'incidence de cette option sur nous et les autres ?
	L'urgence : Quel est le temps disponible ? Que se passe-t-il si cette option est laissée en suspens ?
	La tendance : Quelle a été l'évolution de cette option ? Quelle ampleur peut-elle prendre ?
3. **Ordonnancer les options**	À l'aide de l'évaluation des options sur la base des critères de gravité, d'urgence et de tendance, l'animateur aide le groupe à classer les options par ordre de priorités. Pour faciliter cette tâche, le groupe peut quantifier sur une échelle déterminée l'importance des options pour chacun des critères.

CARACTÉRISTIQUES

Avantages	Oblige à une certaines rigueur dans la priorité des besoins ou des objectifs.
	Supprime l'étape de la recherche aléatoire de critères.
	Aide à prévoir les conséquences des choix possibles.
	Assure l'objectivité des critères.
Limites	Limite les critères en nombre et en nature.

LE SYSTÈME PERT

DESCRIPTION GÉNÉRALE

Développé par la Marine américaine au cours des années cinquante, le système Pert constitue une technique de planification et de suivi de la mise en oeuvre de solutions. Aussi appelé méthode du cheminement critique, le système Pert permet de coordonnéer l'exécution d'un projet complexe en considérant les contraintes d'antériorité ou de simultanéité des tâches à réaliser.

APPLICATIONS

L'utilisation du système Pert s'avère pertinente pour la planification et la coordination de tout projet complexe, qu'il implique une seule personne ou des ressources humaines nombreuses. Cette technique permet à toute organisation de prévoir la façon la plus efficace de réaliser un projet.

DÉROULEMENT

ÉTAPES	DESCRIPTION
1. **Déterminer objectifs**	L'animateur précise avec le groupe la tâche à accomplir et l'objectif final du projet.
2. **Faire la liste des tâches**	L'animateur demande aux participants d'énumérer toutes les tâches nécessaires à l'atteinte de l'objectif final de façon exhaustive. Il note les tâches au tableau.
3. **Classer les tâches**	L'animateur demande aux participants de placer les tâches en ordre chronologique, d'identifier les tâches qui forment une suite (liens d'antériorité) et celles qui doivent être effectuées simultanément. Un secrétaire reproduit graphiquement les tâches et les liens qui les unissent (antériorité, simultanéité).
4. **Déterminer l'échéancier**	L'animateur révise le groupe des tâches et demande au groupe d'évaluer la durée nécessaire à la réalisation de chacune d'elles. Le groupe détermine des durées minimale et maximale pour chaque tâche. Par la suite, le groupe additionne la durée des tâches et calcule l'échéancier du projet en y ajoutant des dates pour les durées minimales et maximales.
5. **Évaluer le réalisme des délais**	L'animateur aide le groupe à évaluer la viabilité des délais en considérant les autres activités des participants, la fréquence des rencontres, etc. Les délais sont réajustés en fonction de la situation du groupe.

ÉTAPES	DESCRIPTION
6. **Établir le cheminement critique**	À l'aide du graphique déjà réalisé, l'animateur aide le groupe à établir le chemin critique ou le plan directeur du projet. Cela consiste à identifier les tâches cruciales du système Pert, à prévoir les obstacles possibles et à relier d'un trait foncé le cheminement identifié.
7. **Effectuer le suivi**	Au fur et à mesure qu'avance le projet, l'animateur et le groupe ajustent les tâches et les dates du graphique selon le déroulement des tâches.

CARACTÉRISTIQUES

Avantages	Oblige le groupe à prévoir les obstacles et à atteindre l'objectif.
	Permet de visualiser le projet dans son ensemble.
	Incite à une utilisation efficace des ressources.
	Permet une adaptation de la technique aux besoins du groupe.
Limites	Demande beaucoup de réflexion et de temps.
	Requiert un suivi constant et serré, surtout dans le cas de projets très complexes.

VARIANTE

Le système SAPS consiste à faire précéder le système **PERT** d'une technique de résolution de problèmes comprenant cinq étapes : 1) identifier le problème, 2) établir les critères pour évaluer les solutions, 3) analyser les causes du problème, 4) chercher des solutions et 5) choisir la meilleure solution et la mettre à l'essai.

Bibliographie

ADAMS, W.C. *et al.* (1980). Social Facilitation and Social Desirability. *Psychological Reports*, 47, 3, Pt 2, 1297-1298.

ALINSKY, S. (1976). *Manuel de l'animateur social*. Paris : Seuil.

ALTMAN, I. et CHEMERS, M. (1978). Cultural Aspects of Environnement Behavior Relationships, dans H.C. Triandis et R. Brislin (Ed) : *Handbook of Crosscultural psychology*, volume IV. Boston : Allyn and Bacon.

ALUMNI, D. (1964). *L'animation culturelle*. Paris : Editions Ouvrières.

AMADO, G. et GUITTET, A. (1975). *La dynamique des communications dans les groupes*. Paris : Armand Colin.

AMBLES, H. (1972). *Information et animation socio-culturelles*. Paris : Presses Universitaires de France.

ANCELIN-SCHUTZENBERGER, A. (1972). *L'observation dans les groupes de formation et de thérapie*. Paris : EPI.

ANCELIN-SCHUTZENBERGER, A. (1972). *Vocabulaire des techniques de groupe*. Paris : EPI.

ANCELIN-SCHUTZENBERGER, A. (1981). *Le jeu de rôles*. Paris : Entreprise Moderne d'Édition.

ANDERSON, H. et BREHMER, B. (1977). Social Facilitation and Inhibition in the Social Judgment Theory Paradigm. *UMEA Psychology Reports, (132)*.

ANZIEU, D. et MARTIN, J-Y. (1982). *La dynamique des groupes restreints*. (7e éd. rév.). Paris : Presses Universitaires de France.

ARCHAMBAULT, Y. (1970). *La satisfaction des enseignants face à leur participation à trente éléments de prise de décision*. Montréal : Édition Université de Montréal.

ARENTS, R.L. et TOUZET, J. (1979). *Techniques d'expression professionnelle*. Paris : Licet.

ARGYLE, M. (1972). *La psychologie des relations interpersonnelles*. Paris : Édition Paulines.

ATALLAH, P. (1989). *Théories de la communication : histoire, contexte, pouvoir*. Québec : Presses de l'Université du Québec.

AUBIN, G. (1979). *La technique du groupe nominal appliquée à l'analyse locale des programmes de formation*. Montréal : C.A.D.R.E.

AUBRY, J.-M. et ST-ARNAUD, Y. (1963). *Dynamique des groupes*. Montréal : Éditions de l'Homme, 1975.

AUGER, H. *et al.* (1981). *Jeux pour parler, jeux pour créer : dynamique de groupe et prise de parole*. Paris : Clé international.

AZNAR, G. *et al.* (1971). *La créativité dans l'entreprise : organisation pratique et technique*. Paris : Éditions d'Organisation.

AZNAR, G. *et al.* (1976). *56 fiches d'animation créative*. Paris : Éditions d'Organisation.

BADIN, P. (1965). *Problèmes de la vie en groupes*. Toulouse : Privat.

BALES, R.-F. (1950). *Interaction Process Analysis : A Method for the Study of Small Groups*. Cambridge : Addison-Wesley.

BALES, R.F. et STRODTBECK, F.L. (1951). Phases in Group Problem Solving, *Journal of Abnormal and Social Psychology, 46*, 485-495.

BANY, M.A. et JOHNSON, L.V. (1971). *Dynamique des groupes et éducation.* Paris : Dunod.

BARNHART, S.A. (1976). *Introduction to Interpersonal Communication.* New York : Thomas Y. Crowell.

BARTOLI, A. et HERMEL, P. (1986). *Piloter l'entreprise en mutation.* New York : Thomas Y.Crowell.

BASS, B.-M. (1960). *Leadership, Psychology, and Organizational Behavior.* New York : Harper & Row.

BASS, B.-M. et NORTON, F.-T.M. (1951). Group Size and Leaderless Discussions. *Journal of Applied Psychology, 48,* 120-128.

BASSO, J.A. (1983). *Les groupes de pression.* Paris : Presses Universitaires de France.

BAVELAS, A. (1948). A Mathematical Model for Group Structures. *Applied Anthropology, 7,* 16-30.

BAVELAS, A. (1950). Communication Patterns inTask-Oriented Groups. *Journal of the Acoustical Society of America, 22,* 725-730.

BAZIN, R. (1978). *Organiser les sessions de formation.* Paris : Entreprises Moderne d'Édition.

BEAL, G.M. *et al.* (1969). *Les secrets de la dynamique des groupes.* Paris : Chotard.

BEAUCHAMP, A. *et al.* (1976). *Comment animer un groupe.* Montréal : Éditions de l'Homme.

BEAUDOT, A. (1973). *La créativité.* Paris : Dunod.

BECKHARD, R. (1956). *How to Plan and Conduct Workshops and Conferences.* New York : Association Press.

BELAND, C. (1969). *Les assemblées délibérantes.* Ville Mont-Royal (Qc.) : Édition Robel.

BELANGER, J. (1973). *Des réunions de travail plus efficaces.* Paris : Éditions d'Organisation.

BELL, R. *et al.* (1985). *Comment rédiger vos objectifs pédagogiques, guide technique.* Québec : Service des ressources pédagogiques, Université Laval.

BELLENGER, L. (1978). *Les techniques d'argumentation et de négociation.* Paris : Entreprises Moderne d'Édition.

BELLENGER, L. (1984). *Etre constructif dans les négociations et les discussions.* Paris : Entreprises Moderne d'Édition.

BENJAMIN, A. (1978). *La pratique de la relation d'aide et la communication.* Paris : Entreprises Moderne d'Édition.

BERGERON, J.L. (1979). Un cadre théorique pour l'étude de la relation entre la participation et la motivation au travail. *Relations industrielles, 34, 3,* 497-499.

BERGERON, J.L. *et al.* (1979). *Les aspects humains de l'organisation.* Chicoutimi (Qc) : Gaëtan Morin.

BERGERON, P.G. (1983). *La gestion moderne.* Chicoutimi (Qc) : Gaëtan Morin.

BERRY, D.R. (1969). *Guide pratique de l'animateur, formation dans l'entreprise.* Paris : Entreprises Moderne d'Édition.

BERTCHER, H.J. (1979). *Group Participation : Techniques for Leaders and Members.* Beverly Hill : SAGE Publications, 1988.

BERTCHER, H.J. et MAPLE, F. (1977). *Creating Groups*. Beverly Hills : Sage Publications, 1984.

BESNARD, P. (1980). *L'animation socio-culturelle*. Paris : Presses Universitaires de France.

BESSIS, P. et JAOUI, H. (1972). *Qu'est-ce que la créativité ?* Paris : Dunod.

BEVILLE, G.(1977). *60 fiches, jeux de communication*. Paris : Éditions d'Organisation.

BIRDWHISTELL, R. (1970). *Kinesics and Context, Essays on Body Notion Communication*. Philadelphie : University of Pennsylvania Press.

BIRNBAUM, A.S. (1975). Social Correlates of Field Articulation in Adolescents : The Effect Upon Productivity in the Presence of Others. *Dissertation Abstracts International, 36, 4-B*, 1959-1960.

BLAIS, M. (1972). *Participation et contestation*. Montréal : Beauchemin.

BLANC, B., *et al.* (1989). *Actions collectives et travail social*. Paris : Entreprises Moderne d'Édition.

BOIREL, R. (1955). *L'invention*. Paris : Presses Universitaires de France.

BOISVERT, D. (1988). *Le groupe restreint : ses aspects caractéristiques*. Trois-Rivières : Éditions génagogiques.

BOISVERT, D. (1989). *Le procès verbal : un outil de travail efficace*. Montréal : Éditions Agence d'ARC.

BOISVERT, D. *et al.* (1990). *Le plan de sercices individualisé : participation et animation*. Montréal : Éditions Agence d'ARC.

BOISVERT, D. et POISSON, M., (1986). *Le langage non verbal : mesure et signification des postures*. Trois-Rivières : UQTR. Texte non édité.

BOISVERT, M-T. (1978). Réflexion sur les effets secondaires de la pratique de la mesure et de l'évaluation. *Québec-Français, 4, 30*, 25 à 28.

BONBOIR, A. (1972). *La docimologie*. Paris : Presses Universitaires de France.

BORET, M. et PEYROT, J. (1969). *Le résumé de texte*. Paris : Chotard.

BOTTOM, M. (1980). *50 fiches de créativité appliquée*. Paris : Éditions d'Organisation.

BOUDON, M. (1974). *Comment organiser rencontres et sessions*. Paris : Centurion.

BOURINOT, J.G. (1972). *Règle de procédure*. Montréal : La Presse.

BOUVARD, C. et BUISSON, M. (1988). *Gérer et animer un groupe*. Paris : Les Éditions d'Organisation.

BOYER, J-Y. et CHEVALIER, G. (1981). *La création verbale, activités d'expression orale et écrite*. Montréal : Édition Ville-Marie.

BRADFORD, L.P. (1976). *Making Meetings Work*. La Jolla (CA) : University Associates.

BRAY, R.M. et SUGGARMAN, R. (1980). Social Facilitation Among Interacting Groups : Evidence for Evaluation-Apprehension Hypothesis. *Personality and Social psychology Bulletin, 6, 1*, 137-142.

BRIEN, M. (1982). *Parlez pour qu'on vous écoute, réussir à parler en groupe et en public*. Montréal : Le Jour.

BROWN, G. (1970). *Le diagnostic d'entreprise*. Paris : Entreprises Moderne d'Édition.

BUJOLD, N. (1980). *Critique des instruments de mesure en éducation.*
Québec : Ministère de l'Éducation.

BULLA DE VILLARET, H. (1973). *Introduction à la sémantique de Korzybski.*
Paris : Édition Le courrier du livre.

BUNKER, B.B. *et al.* (1977). Can Doing Research Have Useful Effects on Students ?
High School Behavioral Science, 4, *2,* 59-67.

BURGOON, M. *et al.* (1974). *Small Group Communication : A Functional Approach.*
New York : Holt, Rinehart and Winston Inc.

BURKE, W.B. et BECKHARD, R. (1970). *Conference Planning.*
La Jolla (CA) : University Associates.

BURWITZ, L. et NEWELL, K.M. (1972). The Effects of the Mere Presence of Coactors on
Learning a Motor Skill. *Journal of Motor Behavior,* 4, *2,* 99-102.

CANGELOSI, J. (1988). *Classroom Management Strategies : Gaining and Maintaining
Student's Cooperation.* New-York : Longman.

CARKHUFF, R.R. (1978). *L'art de résoudre un problème.* Québec : Édition St-Yves.

CARTWRIGHT, D. et ZANDER, A. (1968). *Group dynamics.* New York : Harper and Row.

CAUDE, R. (1964). *Organiser et s'organiser.* Paris : Centurion.

CAUDE, R. (1976). *Discussions relatives aux leçons, les techniques des réunions.*
Paris : Comité National de l'Organisation Française.

CAUDE, R. (1976). *Les techniques de conduite des réunions.* Paris : Comité National de
l'Organisation Française.

CHALVIN, D. *et al.* (1984). *Les réunions d'expression des salariés.* Paris : Entreprises
Moderne d'Édition.

CHANDEZON, G. et LANCESTRE, A. (1984). *46 fiches de formation à l'animation des
réunions.* Paris : Éditions d'Organisation.

CHARPENTIER, N. (1979). *Une mesure comparative de la sensibilité à la communication
non-verbale chez une population francophone unilingue. Mémoire de maîtrise inédit,
U.Q.T.R.*

CHARRON. D. (1989). *Introduction à la communication.* Ste-Foy : Presses de l'Université
du Québec.

CHELL, E. (1985). *Participation and Organisation,* New York : Schoken Books.

CHEVREFILS, A. (1978). *Le rôle des animateurs sociaux.* Montréal : Édition Coopératives
Albert St-Martin.

CHOSSON, J-F. (1975). *L'entraînement mental.* Paris : Seuil.

CLARK, C. (1962). *Brainstorming.* Paris : Dunod.

COHEN, A.M. (1962). Changing Small Group Communication Networks. *Administrative
Science Quarterly,* 6, 443-462.

COHEN, A.M. et SMITH, R.D. (1976). *The Critical Incident in Growth Groups.*
La Jolla (CA) : University Associates.

COHEN, J.L. (1979). Social Facilitation : Increased Evaluation Apprehension Through
Permancy or Record. *Motivation and Emotion,* 3, *1,* 19-33.

COHEN, J.L. (1980). Social Facilitation : Audience Versus Evaluation Apprehension Effects. *Motivation and Emotion,* 4, *1,* 21-34.

COHEN, J.L. et DAVIS, J.H. (1973). Effects of Audience Status, Evaluation, and Time of Action on Performance with Hidden-Word Problems. *Journal of Personality and Social Psychology,* 27, *1,* 74-85.

COLLERETTE, P. et DELISLE, G. (1982). *Le changement planifié.* Montréal : Éditions Agence d'ARC, 1988.

CONQUET, A. (1963). *Comment communiquer lire, voir, écouter, écrire, parler, discuter* (3ᵉ éd.). Paris : Entreprises Moderne d'Édition.

CONQUET, A. (1965). *Comment faire un exposé.* Paris : Centurion.

CONQUET, A. (1965). *Savoir écouter, secret d'efficacité.* Paris : Centurion.

CONQUET, A. (1966). *Comment travailler en groupe.* Paris : Centurion.

CONTY, J.M. (1959). *Psychologie de la décision.* Paris : Éditions d'Organisation.

COOLEY, C.-H. (1909). *Social Organization.* New York : Scrilnes, 1929.

COQUERET, A. (1963). *Comment diriger une réunion.* Paris : Centurion.

COREY, G. *et al.* (1982). *Group Techniques.* Monterey : Brooks/ Cole Publishing Company.

CORRAZE, J. (1980). *Les communications non-verbales,* Paris : Presses Universitaires de France.

COSPEREC, J-L. (1985). *Préparer, conduire, exploiter les réunions.* Paris : Roudil.

COTE, C. (1975). *Ti-cul l'animateur.* Montréal : Édition Coopératives Albert-St-Martin.

COTE, C. et HARNOIS, Y.G. (1978). *L'animation au Québec : sources, apports et limites.* Montréal : Édition Coopératives Albert St-Martin.

COTE, N. *et al.* (1986). *Individu, groupe et organisation.* Chicoutimi : Gaëtan Morin.

COUTTS, L.M. et SCHNEIDER, F.W. (1975). Visual Behavior in an Infocused Interaction as a Function of Sex and Distance. *Journal of Experimental Social Psychology,* 11, *1,* 64-77.

COUVERT, R. (1979). *L'évaluation des programmes d'alphabétisation Unesco.* Paris : Presses de l'Unesco.

CREMIEUX, G. (1972). *Guide pratique de la formation et de l'animation.* Toulouse : Privat.

CRUZ, J.B. (1972). *Feedback Systems.* New York : McGraw-Hill.

CUNNINGHAM, J.B. et McINNES, C.L. (1978). *Evaluation des programmes communautaires.* Ottawa : Ministère des Approvisionnements et Services.

DACEY, J. (1989). *Fondamentals of Creative Thinking.* Massachusetts : Lexington Books.

DAIGNEAULT, A. (1975). *L'évaluation de l'enseignant.* Montréal : Association des Institutions d'Enseignement secondaire.

DALKEY, N.C. (1967). *Delphi.* Santa Monica : Rand Corporation.

DALY, J.D. (1973). The Relationship Between Personality Characteristics of Counselor-Trainers and their Ability to Communicate and Discriminate Facilitatively. *Dissertation Abstracts International,* 33, 7-A, 3285.

DARRE, J-P. (1978). *Liberté et efficacité des groupes de travail.* Paris : Éditions Ouvrières.

DAUW, D. et FREDIAN, A. (1971). *Creativity and Innovation in Organizations.* Iowa : Edition Kendall/Hunt.

DAVIS, L.N. et Mc CALLON, E. (1974). *Planning, Conducting Evaluation Workshops.* Austin : Learning Concepts.

DAVIS, P.A. (1979). Social Facilitation in Group Problem Solving as Applied to Cognitive Aspects of Beginning Undergraduate College Science Laboratories. *Dissertation Abstracts International,* 39, *12*-A, 7263-7264.

DE KETELE, J.M. *et al.* (1988). *Guide du formateur.* Bruxelles : De Boeck Éditions Universitaires.

DELAIRE, G. (1985). *Commander ou motiver.* Paris : Éditions d'Organisation.

DELAMATER, J. (1974). A Definition of Group, *Small Group Behavior,* 5, 30-44.

DELBECQ, A.L. *et al.* (1975). *Group Techniques for Program Planning : A Guide to Nominal Group and Delphi Processes.* Glenview (Ill.) : Scott, Foresman.

DE LIGNY, G. (1982). *Pratique des cercles de qualité.* France : Éditions Hommes et Techniques.

DEMAREST, M. et DRUEL, M. (1975). *La créatique, psycho-pédagogie de l'invention.* Paris : Le courrier du livre.

DEMONQUE, M. et ERCHENBERGER, J-Y. (1968). *La participation.* Paris : France-Empire.

DEMORY, B. (1974). *La créativité en pratique.* Paris : Chotard.

DEMORY, B. (1976). *La créativité en 50 questions.* Montréal : Éditions Agence d'ARC.

DEMORY, B. (1980). *Comment animer les réunions de travail en 60 questions.* Montréal : Éditions Agence d'ARC.

DEMORY, B. (1984). *La créativité en pratique et en action.* Montréal : Éditions Agence d'ARC.

DEMORY, B. (1990). *Créativité ? Créativité... Créativité !* Montréal : Éditions Agence d'ARC.

DEPRE, T. (1982). *L'art de la négociation.* Paris : Le Hameau.

DE SCHIETERE, J.C. et TURCOTTE, P.R. (1977). *La dynamique de la créativité dans l'entreprise.* Montréal : Presses de l'Université de Montréal.

DESJARDINS, D. (1987). *Étude exploratoire des modalités de fonctionnement de 7 groupes de croissance personnelle.* Montréal : Info-croissance.

DE STEPHEN, R.S. et HIROKAWA, R.Y. (1988). Small Group Consensus : Stability of Group Support of the Decision Process, and Group Relationship. *Small group Behavior,* 19, *2,* 227-239.

DEVERS, T. (1985). *Communiquer autrement.* Paris : Éditions de l'Organisation.

DE VITO, J.A. (1976). *The Interpersonal Communication Book.* New York : Harper and Row.

DEVROEDE, M. et SOULIERES, A. (1976). *L'observation directe à dimension humaine : art et science.* Marieville : Leduc et cie.

D'HAINAULT, L. *et al.* (1979). *Programme d'études et éducation permanente.* Paris : Presses Universitaires de France.

DIMOCK, H.G. (1986). *Planning Group Development.* Guelph (Ont) : Center for Human Resource Development.

DIONNE, P. et OUELLET, G. (1981). *La gestion des équipes de travail.* Chicoutimi : Gaëtan Morin .

DIVERREZ, J. (1971). *Pratique de la direction participative.* Paris: Entreprises Moderne d'Édition.

DIVERREZ, J. (1978). *L'appréciation du personnel,* (2ᵉ éd.) Paris : Entreprises Moderne d'Édition.

DOUGLAS, T. (1983). *Groups.* New York : Tavistock.

DOUGLAS, T. (1983). *Groups : Understanding People Gathered Together.* New York : Tavistock Publications.

DOYLE, M. et STRAUS, D. (1986). *Réunions, mode d'emploi.* Paris : Albin Michel.

DREVILLON, J. (1973). *Psychologie des groupes humains.* Paris : Bordas.

DROUARD, H. (1973). *Le public d'une institution de formation socio-éducatif.* Institut National d'Éducation Populaire Marly-le-Roy.

DRUCKER, P.F. (1971). *La formation des dirigeants d'entreprises.* Paris : Éditions d'Organisation.

DUBOIS, J. (1972). *Psychologie des groupes et management.* Paris : Dunod.

DUNNING H. (1986). *Guide pour la conduite des réunions syndicales.* Genève : Bureau international du travail.

EDINGER, J.A. et PATTERSON, M.L. (1983). Non Verbal Involvement and Social Control. *Psychological Bulletin, 93, 1,* 30-56.

EDWARDS, J.M.B. (1968). Creativity : Social Aspects. *International Encyclopedia of the social sciences, 3,* 442-455.

EVERETT, R. et KINCAID, D. (1981). *Communication Networks,* New York : Free Press.

FARACE, R.V. *et al.* (1977). *Communicating and Organising.* New York : Random House.

FARIS, R.E.L. (1968). Creativity : Genius and Ability. *International Encyclopedia of the social sciences,* vol. *3,* 457-461.

FAST, J. (1971). *Le langage du corps.* Paris : Stock.

FAST, J. (1979). *Talking Between the Lines : How We Mean More than We Say.* New York : Viking Press.

FAWCETT HILL, W.M. (1984). *Learning Thru Discussion.* Beverly Hills : Sage Publications.

FERNAND, M. (1976). *Votre rapport, comment le présenter ?* Paris : Roudil.

FERNANDEZ, J. (1988). *Réussir une activité de formation.* Montréal : St-Martin.

FIEDLER, F.-E. (1967). *A Theory of Leadership Effectiveness.* New York : McGraw-Hill.

FIEDLER, F.E. *et al.* (1976). *Improving Leadership Effectiveness.* New York : John Wiley & Sons.

FIGHIERA, G. *et al.* (1980). *Congrès, séminaires, voyages de stimulations.* Paris : Presses Universitaires de France.

FILIATRAULT, P. et PERRAULT, Y.G. (1974). *L'administration et la prise de décision.* Montréal : Édition du Jour.

FISHER, B.A. (1980). *Small Group Decision Making : Communication and the Group Process.* Montréal : McGraw-Hill.

FLAMENT, C. (1965). *Réseaux de communication et structure de groupe.* Paris : Dunod.

FOMBEUR, J. F. (1971). *Formation en profondeur, dynamique de groupe et psychodrame.* Paris : Dunod.

FRANCIS, D. et YOUNG, D. (1979). *Improving Work Groups.* San Diago : University Associates.

FULLER, R.B. (1980). *Manuel d'instruction pour le vaisseau spatial Terre.* Montréal : Les Éditions Jean Basile.

FUSTIER, M. (1977). *La résolution des problèmes, méthodologie de l'action.* (3e éd.). Paris : Entreprises Moderne d'Édition.

FUSTIER, M. (1982). *Pratique de la créativité.* Paris : Entreprises Moderne d'Édition.

GAILLARD, C. *et al.* (1974). *Techniques et techniciens de groupes.* Paris : Institut de l'environnement.

GAUQUELIN, P. *et al.* (1971). *La formation psychosociale dans les organisations.* Paris : Presses Universitaires de France.

GAUTHIER, G. (1982). *Le counseling de groupe.* Québec : Presses de l'Université du Québec.

GERAY, C. (1977). *Le compte rendu de lecture.* Paris : Hatier.

GHIGLIONE, R. *et al.* (1980). *Manuel d'analyse de contenu.* Paris : Colin.

GHISELIN, B. (1952). *The Creative Process.* New York : New American Library.

GINGRAS, P. et LAVOIE, C. (1986). *Femmes de 40 ans et plus : guide d'animation.* Québec : Ministère de la santé et des services sociaux.

GIRARD, F. (1987). *Les assemblées délibérantes.* Montréal : Éditions de l'Homme.

GIRARD, L. (1987). *Processus de prise de décision : la technique du groupe nominal.* Trois-Rivières, U.Q.T.R., inédit.

GIRARD, N. et SIMARD, C. (1981). *Le feed-back dans la communication orale.* Montréal : Édition Ville-Marie.

GODBOUT, J. (1983). *La participation contre la démocratie.* Montréal : Éditions Saint-Martin.

GOFFMAN, E. (1973). *La mise en scène de la vie quotidienne, 1- La présentation de soi, 2- Les relations en public.* Paris : Éditions de Minuit.

GOGUELIN, P. (1973). *La psychologie dans les organisations : travaux pratiques.* Paris : Centre de Documentation Universitaire.

GORDON, T. (1977). *Cadres et dirigeants efficaces.* Paris : Belfond.

GORDON, T. (1980). *Leaders efficaces.* Paris : Belfond.

GOURGAND, P. (1969). *Les techniques de travail en groupe.* Toulouse : Privat.

GOURGAND, P. (1978). *La pratique du commandement.* Toulouse : Privat.

GRANDJEAN, E. (1983). *Précis d'ergonomie.* Paris : Éditions d'Organisation.

GRAWITZ, M. (1981). *Méthodes des sciences sociales.* Paris : Dalloze.

GROSSENS, F. (1970). *Patrons et cadres, sachez diriger conférences, discussions et négociations.* Paris : Éditions d'Organisation.

GRUERE, J-P. (1978). *33 fiches d'analyse de relations de groupe.* Paris : Éditions d'Organisation.

GRUERE, J-P. *et al.* (1984). *Optimiser les ressources humaines dans l'entreprise.* Paris : Entreprises Moderne d'Édition.

GUAY, J. (1987). *Manuel québécois de psychologie communautaire.* Chicoutimi : Gaëtan Morin.

GUIOT, J-M. (1981). *Organisations sociales et comportements.* Montréal : Éditions Agence d'ARC.

GUIOT, J-M. et BEAUFILS, A. (1985). *Comportement organisationnel.* Chicoutimi : Gaëtan Morin

GUITTET, A. (1983). *L'entretien.* Paris : Colin.

GULLAHORN, J.T. (1952). Distance and Friendship as Factors in the Gross Interaction Matrix. *Sociometry, 15,* 123-134.

HACCOUN, R.R. et KLIMOSKI, R.J. (1975). Negotiator Status and Accountability Source : A Study of Negotiator Behavior. *Organizational Behavior and Human Performance,* 14, *3,* 342-359.

HACCOURT, M. *et al.* (1989). *Groupes efficaces.* Bruxelles : Vie Ouvrière.

HALL, E.T. (1971). *La dimension cachée.* Paris : Éditions du Seuil.

HALL, E.T. (1979). *Au-delà de la culture.* Paris : Éditions du Seuil.

HALL, E.T. (1984). *Le langage silencieux.* Paris : Éditions du Seuil.

HAMEL, C. (1978). *Instrument de diagnostic pédagogique.* Québec : Ministère de l'Éducation. Service général des communications.

HAMELET, M.P. (1968). *Pour ou contre la participation.* Paris : Didier.

HARE, A.-P. (1971). *Handbook of Small Group Research,* New York : Free Press (1976).

HARE, A.P. (1977). *Creativity in Small Groups.* Beverly Hills : Sage Publications.

HARRISON, R.P. (1974). *Beyond Words ; An Introduction to Nonverbal Communication.* Englewood Cliffs : Prentice-Hall.

HASLING, J. (1975). *Group Discussion and Decision Making.* New York : Thomas Y. Crowell.

HEAP, K. (1987). *La pratique du travail social avec les groupes.* Paris : Entreprises Moderne d'Édition.

HEROLD, P.L. (1976). Evaluation Apprehension and Implied Evaluation as Co-Determinants of Social Facilitation. *Dissertation Abstracts International,* 35, *1*-B, 543-544.

HERSEY, P. et BLANCHARD, K. (1969). *Management of Organizational Behavior : Utilizing Human Resources.* Englewood Cliff : Prentice Hall (1988).

HILLERY, J.M. *et al.* (1975). Group Size Effects in Employment Testing. *Educational and Psychological Measurment,* 35, *4,* 745-750.

HINDE, R.A. (1972). *Non Verbal Communication.* Cambridge : Cambridge University Press.

HOROWITZ, R. et SAMUELS, S.J. (1987). *Comprehending Oral and Written Langage.* Toronto : Academic Press.

ITTELSON, W.H. *et al.* (1974). *And Introduction to Environnemental Psychology,* New-York : Holt, Rinehart and Winston,inc.

IVANCEVICH, J.M. (1977). *Organizationnal Behavior and Performance.* Santa Monica (CA) : Goodyear Pub. Co.

JACKSON, J.M. et WILLIAMS, KD. (1985). Social Loafing on Difficult Tasks : Working Collectively Can Improve Performance. *Journal of Personnality and Social Psychology*, 49, 4, 937-942.

JACOTEY, C. (1972). *Principes et techniques des entreprises*. Paris : Delmas.

JAMES, W. T. (1932). A Study of the Expression of Bodily Posture, *Journal of General Psychology*, 2, 3, 405-437.

JANNE, H. (1970). *Le système social.* Bruxelles : Institut de Sociologie de l'Université Libre de Bruxelles.

JOHNSON, D. et JOHNSON, F.-P. (1983). *Joining Together* (2nd ed.). Englewood Cliff : Prentice Hall.

JOHNSON, L.V. et BANY, M.A. (1974). *Conduite et animation de la classe.* Paris : Dunod.

JONES, M. (1987). *Comment organiser des réunions.* Montréal : Les Éditions La Presse.

KAEPPELIN, P. (1987). *L'écoute, mieux écouter pour mieux communiquer.* Paris : Entreprises Moderne d'Édition.

KAPFERER, J-N. (1987). *Rumeurs, le plus vieux média du monde.* Paris : Le Seuil.

LANDRY, Y. (1983). *Créer, se créer.* Montréal : Éditions Québec/Amérique.

LANGEVIN, J.L. *et al.* (1979). *La direction participative par objectifs.* Québec : Presses de l'Université Laval.

LANQUARD, R. (1980). *Congrès, séminaires, voyages de stimulations.* Paris : Presses Universitaires de France.

LAPASSADE, G. (1967). *Groupes, organisation et institutions.* Paris : Gauthier-Villars.

LAPRA, *et al.* (1984). *Les réunions d'expression des salariés.* Paris : Entreprises Moderne d'Édition.

LARSON, E.C. et LaFASTO, F.M.J. (1989). *Teamwork : What Must Go Right, What Can Go Wrong,* Beverly Hills : SAGE Publications.

LASSEY, W.R. (1976). *Leadership and Social Change.* Iowa : City University Associates.

LATIERE, G. (1971). *Analyse de système et techniques décisionnelles.* Vienne : Dunod.

LAUNAY, R. (1982). *La négociation.* Paris : Entreprises Moderne d'Édition.

LAVERGNE, J-P. (1983). *La décision.* Paris : Entreprises Moderne d'Édition.

LAVERRIERE, J. et PAILLY, G. (1977). *75 fiches pour organiser le travail en groupe.* Paris : Éditions d'Organisation.

LAWSON, E.D. (1965). Change in Communication Nets, Performance, and Morale. *Human Relations, 18,* 139-147.

LEATHERS, D.G. (1976). *Nonverbal Communication Systems.* Boston : Allyn et Bacon.

LEAVITT, H.J. (1951). Somme Effects of Certain Communication Patterns on Group Performance. *Journal of Abnormal and Social Psychology, 46,* 38-50.

LEBEL, P. (1980). *Méthodologie des communications.* Paris : Entreprises Moderne d'Édition.

LEBEL, P. (1980). *Pratique de la concertation et des réunions d'échanges.* Paris : Entreprises Moderne d'Édition.

LEBEL, P. (1983). *L'animation des réunions.* Paris : Éditions d'Organisation.

LEBON, G. (1895). *Psychologie des foules.* Paris : Presses Universitaires de France, (1963).

LECAMUS, G. (1989). *Les racines de la socialité.* Paris : Centurion.

LEFEBVRE, G. (1975). *Savoir organiser, savoir décider.* Montréal : Éditions de l'Homme.

LEIPP, E. (1977). *La machine à écouter, essai de psycho-acoustique.* Paris : Masson.

LEMAITRE, P. (1987). *Des méthodes efficaces pour étudier les problèmes.*Paris : Chotard et Associés.

LENOIR, R. (1982). *L'individu, les groupes et l'état.* Paris : École nationale d'administration.

LEVESQUE, B. (1979). *Animation sociale, entreprises communautaires et coopératives.* Montréal : Édition Coopératives Albert St-Martin.

LE VEUGLE, J. (1977). *Devenir animateur et savoir animer.* Toulouse : Privat.

LEVI-STRAUSS, C. (1962). *La pensée sauvage.* Paris : Plon.

LEVY-LEBOYER, C. (1974). *Psychologie des organisations.* Paris : Presses Universitaires de France.

LEWIN, K. (1951). *Field Theory in Social Science.* New York : Harper and Row.

LIFTON, M.W. (1967). *Working with Groups.* London : Wiley & Sons.

LIMBOS, E. (1968). *L'animation des groupes de jeunes dans les activités de loisirs.* Paris : Fleurus.

LIMBOS, E. (1971). *L'animateur socio-culturel.* Paris : Fleurus.

LIMBOS, E. (1974). *Pratique et instrument de l'animation socio-culturelle.* Paris : Fleurus.

LIMBOS, E. (1975). *Mises en situations et exercices pour animateurs de groupes.* Paris : Fleurus.

LIMBOS, E. (1979). *L'animateur et le groupe de jeunes.* Paris : Fleurus.

LIMBOS, E. (1979). *La formation des animateurs de groupes de jeunes.* Paris : Entreprises Moderne d'Édition.

LIMBOS, E. (1980). *Les problèmes humains dans les groupes.* Paris : Entreprises Moderne d'Édition.

LIMBOS, E. (1981). *L'animation des groupes de culture et de loisirs* (2ᵉ éd.). Paris : Entreprises Moderne d'Édition.

LIMBOS, E. (1984). *Les barrages personnels dans les rapports humains.* Paris : Entreprises Moderne d'Édition.

LIMBOS, E. (1986). *La participation.* Paris : Entreprises Moderne d'Édition.

LITVAK, E. (1967). Communication Theory and Group Factors. E. Thomas (ed.). *Behavioural Science for Social Workers.* New York : Free Press.

LOBROT, M. (1974). *L'animation non-directive des groupes.* Paris : Payot.

LONG, T.J. et BOSSHART,D. (1974). The Facilitator Behavior Index. *Psychological Reports,* 34, 3, Pt 2, 1059-1068.

LUFT, J. (1970). *Introduction à la dynamique des groupes.* Toulouse : Privat.

MACCIO, C. (1980). *Autorité, pouvoir, responsabilité : du conflit à l'affrontement, la prise de décision.* Lyon : Chronique sociale de France.

MACCIO, C. (1983). *Animation de groupes.* (6e éd. rev.). Lyon : Chronique sociale de France.

MACCIO, C. (1986). *Des réunions efficaces.* Lyon : Chronique sociale de France.

MacKINNON, D.W. (1968). Creativity : Psycological Aspects. *International Encyclopedia of the social sciences,* vol. *3,* 435-441.

MacKINNON, D.W. (1978). *In Search of Human Effectiveness.* New York : Creative Synergetic Associates.

MAIER, N.R.F. (1963). *Problem Solving Discussion and Conferences.* New York : McGraw-Hill.

MAISONNEUVE, J. (1966). *Psycho-sociologie des affinités.* Paris : Presses Universitaires de France.

MAISONNEUVE, J. (1984). *La dynamique des groupes* (7ᵉ éd. rév.). Paris : Presses Universitaires de France.

MARCHAND, C. (1974). *Observation et animation de groupes d'enfants d'âge pré-scolaire en milieu défavorisé.* Montréal : Université de Montréal.

MARTENS R. et LANDERS, D.M. (1972). Evaluation Potential as a Determinant of Coaction Effects. *Journal of Experimental Social Psychology,* 8, *4,* 347-359.

MASON, J.G. (1968). *How to Be a More Creative Executive.* New York : McGraw-Hill.

MAWELL, M.A. (1978). The Efficacy of Human Relations Training for Adolescents. *Dissertation Abstracts International,* 39, 2-A, 744-745.

McCAUGHAN, N. (1978). *Group Work Learning and Practice.* London : George Allen & Unwin.

McCORDIC, W.J. *et al.* (1978). *La prise de décision en éducation.* Toronto : Association canadienne d'éducation.

McDAVID, J.-W. et HARARI, H. (1968). *Social Psychology : Individuals, Groups, Societies.* New York : Harper & Row.

McGRAW, D. (1979). *Le développement des groupes populaires à Montréal.* Montréal : Édition Coopératives A. St-Martin.

MEAD, M. et BYERS, P. (1968). *The Small Conference.* Paris : Mouton.

MEGE, R. (1961). *L'animateur des loisirs collectifs.* Paris : Centurion.

MEGLINO, B.M. (1976). The Effect of Evaluation on Dominance Characteristics : An Extension of Social Facilitation Theory. *Journal of Psychology,* 92, *2,* 167-172.

MEHRABIAN, A. (1967). Orientation Behaviors and Nonverbal Attitude Communication, *Journal of Communication, 17,* 324-332.

MEHRABIAN, A. (1969). Some Referents and Measures of Non Verbal Behavior, *Behavior Research Method and Instrumentation,* 1, *6,* 203-207.

MEHRABIAN, A. (1972). *Nonverbal Communication.* Chicago : Aldine.

MEIGNIEZ, R. (1970). *L'analyse de groupe.* Paris : Éditions Universitaires.

MEISTER, A. (1969). *Participation, animation et développement ; à partir d'une étude rurale en Argentine.* Paris : Éditions Anthropas.

MEISTER, A. (1974). *La participation dans les associations.* Paris : Éditions Ouvrières.

MEREDITH, G.M. (1977). Differential Outcomes for Seminar and Laboratory Formats in Higher Education. *Psychological Reports,* 43, *3,* Pt 1, 1003-1006.

MERRITT, R. et WALLEY, D. (1977). *The Group Leader's Handbook.* Champaign (Ill.) : Research Press.

MIALARET, G. (1979). *Vocabulaire de l'éducation.* Paris : Presses Universitaires de France.

MICHALOS, A.C. (1978). *Foundations of Decision-Making.* Ottawa : Canadian Library of Philosophy.

MICHAUD, C. (1976). *La décision dans l'action collective.* Paris : Centre de recherches d'urbanisme.

MIDDLEMAN, R. (1968). *The Non verbal Method in Working with Groups.* New York : Association Press.

MILES, M.B. (1970). *Learning to Work in Groups.* New York : Teachers College Press, Columbia University.

MILLER, A.G. (1972). Role Playing : An Alternative to Deception ? A Review of the Evidence. *American Psychologist, 27,* 623-636.

MILLS, T.-M. (1967). *The Sociology of Small Groups.* Englewood Cliffs : Prentice-Hall.

MISSENARD, A. (1982). *Balint : histoire et actualité.* Paris : Dunod.

MORENCY, M.A. (1978). *Animation sociale, l'expérience du B.A.E.Q.* Paris : Ministère des forêts et du développement rural.

MORENO, J.L. (1970). *Les fondements de la sociométrie* (2ᵉ éd. revue et augmentée). Paris : Presses Universitaires de France.

MORIN, V. (1938). *Procédure des assemblées délibérantes.* Montréal : Beauchemin.

MORRIS, D. (1978). *La clé des gestes.* Paris : Bernard Grasset.

MORRIS, K.T. et CINNAMON, K.W. (1973). *A Handbook of Verbal Group Exercises.* Springfield : Thomas.

MORTENARD DE BOISSE, J. et NICOLAS, P. (1984). *La gestion du temps d'organisation.* Paris : Éditions d'Organisation.

MORVAL, J. (1981). *Introduction à la psychologie de l'environnement.* Bruxelles : Pierre Mardaga, éd.

MOSVICK, R. et NELSON, R.B. (1988). *Enfin des réunions efficaces.* Paris : Éditions Eyrolles.

MOULLEC, Y-M. (1985). *L'ABC d'une réunion réussie.* Paris : Édition de l'Épargne.

MUCCHIELLI, A. (1983). *Rôles et communications dans les organisations.* Paris : Entreprises Moderne d'Édition.

MUCCHIELLI, R. (1976). *Psychologie de la relation d'autorité.* Paris : Entreprises Moderne d'Édition.

MUCCHIELLI, R. (1978). *Le sondage d'opinion.* Paris : Entreprises Moderne d'Édition.

MUCCHIELLI, R. (1979). *Opinions et changements d'opinion.* Paris : Entreprises Moderne d'Édition.

MUCCHIELLI, R. (1980). *La conduite des réunions* (8ᵉ éd. rév.). Paris : Entreprises Moderne d'Édition.

MUCCHIELLI, R. (1980). *La dynamique des groupes*. Paris : Entreprises Moderne d'Édition.

MUCCHIELLI, R. (1980). *Le travail en équipe*. Paris : Entreprises Moderne d'Édition.

MUCCHIELLI, R. (1980). *L'analyse de contenu des documents et des communications*. Paris : Entreprises Moderne d'Édition.

MUCCHIELLI, R. (1980). *L'interview de groupe* (5ᵉ éd. rév.). Paris : Entreprises Moderne d'Édition.

PALMADE, G. (1972). Une conception des groupes d'évolution, dans *Dynamique des groupes : les groupes d'évolution*. Paris : Épi, 43-82.

PANERO, J. et ZELNIK, M. (1979). *Human Dimension and Interior Space*. New York : Whitney Library of Design.

PAQUETTE, A. (1985). *Intervenir avec cohérence*. Montréal : Québec/Amérique.

PARÉ, A. (1977). *Créativité et pédagogie ouverte*. Laval : Édition N.H.P.

PAULUS, P.B. *et al.* (1978). An Analysis of the Mirror-Inducced Objective Self-Awareness Effect. *Bulletin of the Psychonomic Society*, 12, *1*, 8-10.

PEDLER, M. (1978). La formation des négociateurs. *Journal of European industrial training*, vol. *1*, no. 4, 5, 6, vol. *2*, no.1. 98p.

PENLAND, P.R. et FINE, S. (1974). *Group Dynamics and Individual Development*. New York : M. Dekker.

PERREAULT, Y.G. (1973). *Recherche opérationnelle : techniques décisionnelles*. Montréal : Presses de l'Université du Québec.

PESSEMIER, E.A. (1966). *La décision de lancement d'un nouveau produit : une approche analytique*. Paris : Chiron.

PFEIFFER, J. et JONES, J.E. (1976). *Formation aux relations humaines*. Strasbourg : Euro Training.

PFEIFFER, S. (1970). *Structures Experiences for Human Relations Training*. Cinq volumes. Iowa City : University Associates.

PFEIFFER, W. (1982). *Le répertoire de l'animateur de groupe*. Montréal : Actualisation.

PHILLIPS, G.M. (1973). *Communication and the Small Group* (2ᵉ éd.). Indianapolis : Bobbs-Merrill.

PHILLIPS, V.K. (1976). The Effects of Social Facilitation on Creative Behavior. *Dissertation Abstracts International*, 36, *12*-B, 6451-6452.

PIERON, H. (1968). *Vocabulaire de la psychologie* (4ᵉ éd). Paris : Presses Universitaires de France.

POPPER, J. (1973). *La dynamique des systèmes*. Paris : Éditions d'Organisation.

PORTER, L.W. (1977). *Communication in Organizations*. Harmondsworth : Penguin books.

PORTER, W. et McKIBBIN, L.E. (1988). *Management Education and Development*. New York : McGraw-Hill.

POUJOL, G. (1978). *Le métier d'animateur*. Toulouse : Privat.

POWELL, T.J. (1987). *Self-Help Organizations and Professionnal Practice.* Maryland : National association of social workers.

PRIAT, H. (1971). *L'espace multidimensionnel.* Montréal : Presses de l'Université de Montréal.

PRIEUX, M. (1984). *Nous sommes tous des génies... comment développer sa créativité.* Paris : Édition Le Hameau.

PRZYLUSKI, J. (1940). *La participation.* Paris : Presses Universitaires de France.

QUESNEL, L. (1981). *100 psycho-jeux.* Paris : Centurion.

KATZER, J. *et al.* (1978). *Evaluating Information.* Toronto : Addison-Wesly.

KAUFMAN, R. (1979). *Identifying and Solving Problems : An Approach.* La Jolla (CA): University Associates.

KELADA, J. (1974). *La gestion et la prise de décision.* Montréal : Aquila Ltée.

KEMP, C.G. (1970). *Perspectives on the Group Process.* Boston : Houghton Mifflin.

KESTERSON, B. (1987). The Effect of Worker Motivation on Group Performance. *Dissertation Abstracts International,* 47, *11*-B, 4688.

KEY, M.R. (1975). *Paralanguage and Kinesics,* Metuchen : The Scare Crow Press.

KIRSCHENBAUM, H. et GLASER, B. (1978). *Developping Support Groups, A Manual for Facilitators and Participants.* La Jolla (CA): University Associates.

KIRST, W. et DIEKMEYER, U. (1975). *Entraînement à la créativité.* Tournai: Casterman.

KLEIN, J. (1970). *La vie intérieure des groupes.* Paris: Édition E.S.F.

KLEINKE, C. (1979). *La première impression.* Montréal : Éditions de l'Homme.

KNOWLES, M. et KNOWLES, H. (1969). *Introduction to Group Dynamics.* (7e éd.), New York: Association Press.

KRIEF, B. (1968). *L'animation de l'équipe de vente.* Paris: Dunod.

KRUGGER, R.A. (1988). *Focus groups.* Beverly Hills : Sage Publications.

LABORIT, H. (1970). *L'homme imaginant.* Paris: 10/18.

LAFLAMME, M. (1981). *Le management : approche systémique, théorie et cas.* Chicoutimi: Gaëtan Morin.

LAGANIERE-CAJOLET, H. *et al.* (1983). *Rédaction technique.* Sherbrooke: Édition Laganière.

LAMOUREUX , H. *et al.* (1984). *L'intervention communautaire.* Montréal : Éditions Saint-Martin.

RAIFFA, H. (1973). *Analyse de la décision - introduction au choix dans un avenir incertain.* Paris : Dunod.

RAJECKI, D.W. *et al.* (1977). Social Facilitation of Human Performance : Mere Presence Effects. *Journal of Social Psychology,* 102, *2,* 297-310.

RAVENNE, C. (1985). *Rechercher et innover en groupe.* Paris : Entreprises Moderne d'Édition.

REMOUCHAMPS, R. et MATHOT, R. (1972). *L'efficacité du travail en équipe.* Bruxelles : Vie ouvrière.

ROBERT, K.H. et PORTER, L.W. (1977). *Communication in Organizations : Selected Readings.* Harmondsworth : Penguin books.

ROBERT, M.A. (1969). *Psychologie du groupe.* Bruxelles : Vie ouvrière.

ROBINSON, M. (1984). *Groups.* New York : John Wiley & Sons.

ROCHEBLAVE-SPENLE, A-M. (1969). *La notion de rôle en psychologie sociale.* Paris : Presses Universitaires de France.

ROGER, E.M. et KINCAID, D.L. (1980). *Communication Networks : Toward a New Paradigm for Research.* Londres : The Free Press.

ROGER, E.M. et SHOEMAKER, F. (1972). *The Communication of Innovations : A Cross Cultural Approach.* Illinois : Free Press.

ROGERS, C. (1968). *Le développement de la personne.* Montréal : Bordas, 1976.

ROGERS, R.W. et KETCHEN, C.M. (1979). Effects of Anonymity and Arousal on Agression. *Journal of Psychology, 102, 1,* 13-19.

ROHRBAUGH, J. (1981). Improving the Quality of the Group Judgment : Social Judgment Analysis and the Nominal Group Technique. *Organizational Behavior and Human Performance, 28, 2,* 272-288.

RONDEAU, M. et ROY, S. (1990). Évaluer les forces et les besoins de la personne. dans Boisvert, D. (éd)., *Le plan de services individualisés : participation et animation.* Montréal : Éditions Agence d'ARC.

ROSENBERG, M.J. et HOVELAND, C.I. , cité dans Thomas, R. et Alaphilippe, D. (1983). *Les attitudes,* Paris : Presses Universitaires de France.

ROTH, J.T. (1978). Social Facilitation in Vigilance : Coaction and Evaluation Effects. *Dissertation Abstracts International, 38, 8-B,* 67-89.

ROUQUETTE, M-L. (1973). *La créativité.* Paris : Presses Universitaires de France.

ROUSSEAU, G. (1977). *Les réunions dans la vie des groupes.* Toulouse : Privat.

RYAN, C. (1962). *Les comités : esprit et méthodes.* Montréal : Institut canadien d'éducation aux adultes, 1968.

SANDERS, M. et McCORMICK, E. (1987). *Human Factors in Engineering and Desing* (6ᵉ éd.). New York : McGraw-Hill Company

SASFY, J. et OKUN, M. (1974). Form of Evaluation and Audience Expertness as Joint Determinants of Audience Effects. *Journal of Experimental Social Psychology, 10, 5,* 461-467.

SATIR, V. (1967). *Conjoint Family Therapy : A Guide to Theory and Technique.* Palo Alto (CA) : Science and Behaviour Books.

SCHEFLEN, A.E. (1972). *Body Language and the Social Order,* Englewood Cliff : Prentice-Hall.

SCHENDLER-RAIMAN, E. et LIPPITT, R. (1975). *Taking Your Meetings Out of the Doldrums.* La Jolla (CA) : University Associates.

SCHULTZ, B.G. (1989). *Communicating in the Small Group.* New York : Harper and Row.

SEARLES, H. (1986). *L'environnement non-humain.* Paris : Gallimard.

Secrétariat d'état auprès du premier ministre chargé de la jeunesse et des sports. (1987-88). *Les professionnels de l'animation : rapport d'enquête* (tomes *1* et *2*). La documentation française. Nancy.

SERRUYS, J.W. (1973). *Initiation à la dynamique de groupe.* Bruxelles : Vie ouvrière.

SEYMOUR, G.E. (1979). Archanalysis : A Review Method for Social Science. *Dissertation Abstracts International,* 39, *10*-B, 5153.

SHAW, M.-E. (1954). Some Effects of Problem Complexity Upon Problem Solution Efficiency in Different Communication Nets. *Journal of Experimental psychology, 48,* 211-217.

SHAW, M.-E. (1981). *Group Dynamics : The Psychology of Small Group Behavior* (3ᵉ éd. rév.). New York : McGraw-Hill.

SHAW, M.-E. et ROTHSCHILD, G.H. (1956). Some Effects of Prolonged Experience in Communication Nets. *Journal of Applied Psychology, 40,* 281-286.

SIGBAND, N.B. (1986). *Communication for Management and Business.* London : Scott, Foresman and company.

SILVERMAN, P.R. (1980). *Mutual Help Groups.* Beverly Hills : Sage Publications.

SIMARD, G. (1989). *La méthode du « focus group ».* Laval : Mondia.

SIMON, P. et ALBERT, L. (1978). *Les relations interpersonnelles* (3ᵉ éd.). Montréal : Éditions Agence d'ARC.

SIMON, S.B. *et al.* (1979). *A la rencontre de soi-même, 80 expériences de clarification de valeurs.* Québec : Éditions de l'Institut de développement humain.

SMITH, D. (1978). Diady Encounter : The Foundation of Dialogue and the Group Process. *Small Group Behaviour, 9,* 287-304.

SMITH, P. et PETERSON, M.F. (1988). *Leadership, Organizations and Culture.* Beverly Hills : SAGE Publication.

SORA MANAGEMENT. (1975). *La maîtrise des coûts administratifs par l'analyse de la valeur.* Paris : Entreprises Moderne d'Édition.

SORENSON, R. (1963). *How to Be a Board or Committee Member.* New York : Association Press.

SOREZ, H. (1977). *Pour conduire une réunion.* Paris : Hatier.

ST-ARNAUD, Y. (1978). *Les petits groupes : participation et communication.* Montréal : Presses de l'Université de Montréal.

ST-JULES, H. (1986). *La créativité dans les organisations.* Montréal : Éditions Agence d'ARC.

ST-PIERRE, H. (1975). *La participation pour une véritable prise en charge responsable.* Québec : Presses Universitaires de Laval, 1985.

ST-PIERRE, H. et BOISVERT, D. (1985). *L'univers de la participation.* Trois-Rivières : Éditions génagogiques.

ST-YVES, A. (1971). *Relations humaines et dynamiques de groupes.* Montréal : Renouveau pédagogique.

ST-YVES, A. (1973). *L'apprentissage de l'animation psycho-sociale.* Québec : Édition St-Yves.

STEINER, Y. D. (1972). *Group Process and Productivity.* New York : Academic Press.

STAFF of «INNOVATION». (1971). *Decision Making in a Changing World.* Princeton : Awerback Publishers.

STEFANIC-ALLMAYER, K. (1966). *La technique de la décision et son élaboration.* Paris : Eyrolles.

STOGDILL, R.-M. (1959). *Individual Behavior and Group Achievement.*
New York : Oxford University Press.

STORR, A. (1972). *Les ressorts de la création.* Paris : Laffont.

STOTLAND, E. et CANNON, L.K. (1972). *Social Psychology ; a Cognitive Approach.*
Philadelphia : Saunders.

STREET, W.R. (1974). Brainstorming by Individuals, Coacting and Interacting Groups.
Journal of Applied Psychology, 59, *4,* 433-436.

STUFFLEBEAM, D.L. (1980). *L'évaluation en éducation et la prise de décision.*
Victoriaville : NHP.

SUCHMAN, E.A. (1967). *Evaluative Research.* N.Y. : Russell Sage Foundation.

TARBATONI, P. et JARNIOU, P. (1975). *Les systèmes de gestion : politiques et structures.*
Paris : Presses Universitaires de France.

TESSIER, R. et TELLIER, Y. (1973). *Changement planifié et développement des
organisations.* Paris : EPI.

THAYER, R.E. et MOORE, L.E. (1972). Reported Activation and Verbal Learning as a
Function of Group Size (Social Facilitation) and Anxiety-Inducing Instructions. *Journal of
Social Psychology,* 88, *2,* 277-287.

THELEN, H.A. (1970). *Dynamics of Groups at Work* (10e éd.). Chicago : The University of
Chicago Press.

THERY, H. (1964). *Les groupes sociaux : forces vives ?* Paris : Centurion.

THERY, H. (1966). *Équiper et animer la vie sociale.* Paris : Centurion.

TIMBAL-DUCLAUX, L. (1989). *Les réunions : avant, pendant, après.* Paris : Édition Retz.

TORAILLE, R. (1985). *L'animation pédagogique aujourd'hui.* Paris : ESF.

TRECKER, H.B. (1979). *Working with Groups Commitees and Communities.*
Chicago : Follett Publishers.

TRICHAUD, L. (1976). *L'animation et les hommes.* Paris : Synchro.

TRUDEAU-MASSE, S. (1971). *Questionnaires d'auto-évaluation du travail en équipe.*
Montréal : Centre interdisciplinaire de Montréal.

VANCEVICH, J.M. (1977). *Organizational Behavior and Performance.*
Santa Monica : Goodyear Pub. Co.

VAN COILLIE-TREMBLAY, B. (1976). *Guide pratique de correspondance et de rédaction.*
Québec : Éditeur officiel du Québec.

VANOYE, F. (1973). *Expression communication.* Paris : Colin.

VANOYE, F. (1976). *Travailler en groupe.* Paris : Hatier.

VAYER, P. et RONCIN, C. (1986). *Le corps et les communications.* Paris : Vigot.

VICKERS, G. (1968). *Value Systems and Social Process.* London : Tavistock.

VON OECH, R. (1983). *Créatif de choc.* Paris : Albin/Michel,1986

WACKENHEIM, G. (1969). *Communication et devenir personnel.* Paris : EPI.

WATZLAWICK, P.*et al.* (1967). *Pragmatics of Human Communication, A Study of Interactional Patterns, Pathologies and Paradoxes.* New York : W.W. Norton.

WATZLAWICK, P. *et al.* (1972). *Une logique de la communication.* Paris : Seuil.

WEAVER, R.L. (1984). *Understanding Interpersonal Communication* (3ᵉ éd.). Glenview : Scott, Foresman and Co.

WELSH, J.S. (1987). Effects of Evaluation Apprehension, Observation, and Task Difficulty on Social Facilitation : A Test of the Zajonc and Cottrell Hypotheses. *Dissertation Abstracts International,* 47, 8-B, 3582.

WESENFELDER, R. (1982). *50 « trucs » pour réussir une réunion.* Paris : Éditions d'Organisation.

WESTLEY, F. et WATERS, J.A. (1988). Group Facilitation Skills for Managers. *Management Education and Development,* 19, 2, 134-143.

WIDNER, C. (1980). *La communication non-verbale.* Moncton : Université de Moncton.

WILCOX, M.A. (1976). When Children Discuss : A Study of Learning in Small Groups. *Elementary School Journal,* 76, 5, 302-309.

WILLIAMS J.M. (1976). Effects of Evaluative and Nonevaluative Coactors Upon Male and Female Performance of Simple and Complex Motor Tasks. *Dissertation Abstracts International,* 36, 8-B, 4236.

WINKIN, Y. (1980). *La nouvelle communication.* Paris : Seuil.

WOOD, J.T. *et al.* (1986). *Group Discussion.* New York : Harper and Row.

ZANDER, A. (1986). *Making Groups Effective.* San Francisco : Jossey-Bass.

ZASTROW, C. (1985). *Social Work with Groups.* Chicago : Nelson-Hall.